OBSERVATOIRE FRANCE LOISIRS DE LA LECTURE

**FRANÇOIS DE SINGLY**

*Professeur à l'Université de Rennes*
*Directeur du Groupement de Recherche (CNRS)*
*« Sociologie de la famille »*



# lire à 12 ans

*Une enquête sur les lectures des adolescents*

NATHAN

DU MÊME AUTEUR :

*Fortune et infortune de la femme mariée*, Paris, PUF, 1987.
*Gens du privé, gens du public. La grande différence*. En collaboration avec Claude Thélot, Paris, Dunod, 1989.

*A ma mère*

 — ISBN 2.09.13008.X

# INTRODUCTION

*Burgess :*
A quelle heure qu'on dîne, James ?
*Morell :*
Pas avant une couple d'heures.
*Burgess* (avec une résignation plaintive) :
Donnez-moi un bieu liv' pour lire d'vant l'feu, James. Vous s'rez bien gentil.
*Morell :*
Quelle espèce de livre ?... Un bon livre ?
*Burgess* (poussant presque un hurlement de reproche) :
Ah ! non, non ! Quêque chose d'amusant pour passer l'temps. (Morell prend un journal illustré sur la table et le lui offre. Il l'accepte humblement) Merci, James.

G. Bernard Shaw : *Candida.*

## LE RENDEMENT DU PLAISIR

Au bonheur de lire (titre de l'éditorial du magazine *Pages*), le plaisir de lire, la joie par les livres (titre d'une association de promotion de la lecture), *J'aime lire* (titre d'un magazine) : les mots accolés à la lecture sont empruntés à un registre précis, non pas celui du travail et de la peine, mais celui de la satisfaction et de la délectation. Ces expressions confirment, apparemment, l'opinion de Burgess, dans *Candida.* Lui aussi est contre l'ennui et pour le contentement ; seulement, pour atteindre ces objectifs, il refuse les « bons livres » et se plonge dans les ouvrages illustrés. Morell est désolé, comme l'est un bibliothécaire devant un jeune qui résiste à l'évidence du plaisir de lire.

Les jeunes de 12 ans qui lisent par plaisir consacrent beaucoup plus de temps aux livres que les autres. Aucun doute, l'association de ces deux mots — plaisir et lecture — est apprise par ceux qui sont convertis à cette pratique. Les parents partagent aussi cette manière de voir. Ce sont les mères des faibles lecteurs qui estiment que la lecture doit apporter surtout de bonnes bases d'orthographe, de vocabulaire, de culture générale. Par contre, les mères des forts lecteurs ne sont pas gênées par l'évocation du plaisir : un livre est écrit pour susciter de telles réactions.

Plaisir et lecture font donc bon ménage, du moins chez les pratiquants. Mais un tiers est caché dans les coulisses qu'il faut montrer, quitte à rompre un peu le charme de cette scène. C'est la réussite scolaire. Sinon comment expliquer que les grands lecteurs soient aussi des bons élèves ? Inversement, un quart des bons élèves et trois cinquièmes des moyens ou mauvais élèves sont des petits lecteurs. Le plaisir de lire a un coût élevé puisque seuls y accèdent « naturellement » les jeunes qui réussissent à l'école. Vivre avec un père ou une mère disposant d'une bonne dot scolaire n'est pas, non plus, inutile. Deux fois plus de grands lecteurs parmi les jeunes qui ont un père diplômé au moins d'une licence que parmi ceux qui ont un père ayant au plus le certificat d'études primaires. Le bonheur de lire se paye, le plus souvent, avec un capital scolaire, d'origine familiale ou personnelle.
La perspective peut être renversée : la lecture, derrière le désintérêt officiel, est une pratique qui contribue à ouvrir les portes de la réussite scolaire, puis sociale. Les mères qui font de grands projets scolaires pour leurs jeunes de 12 ans sont celles qui, à la maison, peuvent les observer en train de lire souvent. Avoir le nez dans les livres ne rend myope, ni les jeunes, ni leurs mères.

## LIVRE OU TÉLÉVISION, IL FAUT CHOISIR

Une autre manière de calculer le prix du plaisir de lire est de resituer cette activité parmi les loisirs des jeunes adolescents. Le bonheur de lire s'obtient en échange d'une consommation modérée de bandes dessinées, d'émissions de télévision, dont l'attrait n'est pas faible. Non, ce ne sont pas des idées préconçues ! Les jeunes télespectateurs assidus — plus d'une heure par jour — passent peu de temps à lire contrairement à ceux qui évitent un trop grand voisinage du petit écran. La manière dont se déroule la concurrence entre plaisirs dévoile les enjeux sociaux et culturels de la pratique de lecture.

« 10 raisons de ne pas lire ». Un tel titre dans un magazine culturel est impensable, alors qu'un journal spécialisé dans les programmes de télévision n'hésite pas à inscrire sur sa couverture « 10 raisons pour ne pas avoir la télévision ». Lorsqu'on ne lit pas, on avoue, avant tout, son manque de temps, preuve qu'on devrait lire. Lorsqu'on ne regarde pas la télévision, on n'a pas à s'excuser, certains même s'en glorifient. Ces deux pratiques n'ont pas le même statut culturel, l'une est « légitime », l'autre non.

## LE PRINCIPE DE RÉALITÉ

La perspective sociologique adoptée dans cet ouvrage intègre cette vision parce qu'elle reprend la définition culturelle de cette pratique. Le mot « lecture » est ambigu, il désigne d'une part une pratique courante de décriptage de messages écrits (tels les indications dans la rue, les panneaux publicitaires, les horaires de bus, les imprimés administratifs), et d'autre part l'appropriation de certains biens culturels, considérés comme des « livres » et à qui est réservé ordinairement le terme « lecture ». Cette enquête repose exclusivement sur le second sens de ce mot. Elle vise à comprendre comment, alors que beaucoup de jeunes savent « lire », peu « lisent », comment le passage entre le premier niveau et le second niveau s'opère. Pour éviter des lourdeurs de style, l'expression exacte « lecture de livres » sera souvent remplacée par « lecture », au risque, une fois de plus, de renforcer l'évidence de la vision « légitimiste » du monde.

La spécificité du regard sociologique se situe ailleurs, avec le rappel du principe de réalité. Il ne suffit pas d'aligner des bonnes intentions pour faire une politique efficace en faveur du livre, encore faut-il connaître la diversité sociale du rapport à la lecture. Le détour par l'analyse des pratiques ou des non-pratiques existantes est nécessaire, sinon l'intention de diffuser la lecture reste un vœu pieux. Dans quelles conditions naît l'amour du livre ? Sur quels points est-il plus facile — ou, plus exactement, moins difficile — d'intervenir? Plaider pour que tout le monde lise n'a d'intérêt que si, dans le même temps, tout est fait pour que les facteurs qui favorisent l'évidence du livre soient connus.

## BRISEUR DE RÊVES

Mais cet arrêt momentané sur l'image du présent que produit la sociologie n'est pas toujours apprécié. Il brise ou semble briser l'enchantement de ceux qui lisent. Ces derniers conçoivent la lecture comme un plaisir et oublient le travail de socialisation qui rend possible cette jouissance. Aussi résistent-ils à l'évocation des conditions sociales qui provoquent la transformation des contraintes en satisfaction culturelle.

A quoi bon une enquête sociologique? Les partisans des pratiques culturelles se posent cette question, persuadés que les différences sociales comptent peu. Ainsi, dans une page de publicité pour une émission sur la musique à la télévision, relève-t-on cette affirmation: « La musique n'est pas seulement l'affaire d'une élite... Eve Ruggieri continue de respirer en notre compagnie la musique parce que l'émotion qu'elle procure est unique et la même pour tous, qu'on soit prince ou cordonnier » (*Le Monde*, 29 avril 1989). La passion veut ignorer les frontières sociales et culturelles — ce qui n'interdit pas de souligner dans le même texte que la présentatrice est qualifiée parce qu'elle a été « baignée de musique entre ses parents musiciens et son premier prix de conversatoire ».

## L'HISTOIRE SOCIALE DE LA PASSION DE LIRE

Cet ouvrage veut établir l'histoire sociale de la passion de lire. C'est pourquoi ce sont des jeunes de 12 ans qui ont été interrogés. En effet, à cet âge le règne absolu de la prescription parentale s'achève. Pour lire, les jeunes adolescents doivent aimer lire. Ils doivent être « convertis ». Peu lisent, on le verra, par obligation, ou par incitation directe. Cette période charnière apparaît comme la plus favorable pour mettre en lumière certains des facteurs qui freinent ou qui accélèrent l'intériorisation du besoin de lire.

L'Observatoire France-Loisirs de la lecture, à la fin de l'année 1988, a soutenu et financé ce projet centré sur la lecture des jeunes adolescents. 1066 jeunes de 12 ans ont été interrogés, ainsi que leurs mères, par les soins de l'organisme B.V.A. qui a été chargé de la passation des deux questionnaires [1].

L'échantillon de cette enquête ne correspond pas à l'échantillon standard, représentatif de la population française. Il a été construit en référence à une conception de l'identité sociale des jeunes adolescents, comprenant trois dimensions, susceptible *a priori* d'influer fortement sur l'accès à la lecture:

— *Leur milieu social:* c'est un indicateur synthétique des richesses, matérielles et symboliques, détenues par les parents et qui constituent l'environnement éducatif pour les jeunes. Pour en saisir les effets sur la lecture, des jeunes de six milieux sociaux — avec des pères ouvriers, employés, instituteurs, membres des professions intermédiaires, cadres supérieurs, professeurs — ont été sélectionnés.

— *Leur âge:* tous les jeunes étaient, en 1988, dans l'année de leur 12 ans. Cette concentration sur une année autorise, contrairement à d'autres enquêtes sur des classes d'âge plus larges, un traitement selon non seulement «l'âge officiel», mais aussi «l'âge institutionnel». En fonction de la classe dans laquelle le jeune poursuit ses études, peut être déduit la précocité, la normalité, le retard par rapport aux normes de l'institution scolaire. Que l'on approuve ou non un tel fait, dans la société française ce décalage entre l'âge officiel et l'âge institutionnel est un élément de distinction sociale et scolaire important, permettant de prévoir en grande partie l'avenir de la personne concernée. Une des orientations de l'enquête est de comprendre les relations entre ce rapport à l'école et la pratique de lecture [2].

---

1. Ce travail doit beaucoup à Nathalie Bardelle-Thiraux de l'Institut B.V.A. pour la collecte des données, à Bernadette Seibel coordinatrice de l'Observatoire France-Loisirs de la lecture pour son soutien et ses conseils, et à Chantal de Singly pour sa lecture critique.

2. Au moment même où le rapport Migeon sur l'apprentissage de la lecture insiste sur une telle démarche.

— *Leur sexe:* à une époque où la différenciation sexuelle semble s'atténuer, l'univers de la lecture reste-t-il un monde conquis en priorité par les femmes et les jeunes filles ?

## DIFFÉRENCES DANS LA DIFFÉRENCE

L'égalité numérique au sein de l'échantillon entre les groupes sociaux ne correspond pas à la réalité[3]: il y a, en France, davantage de fils et de filles d'ouvriers que d'enfants de professeurs. Ce parti pris a été retenu afin de connaître les différences entre les classes sociales et les clivages internes à chaque groupe social. Tous les jeunes des familles des classes supérieures ne sont pas des grands lecteurs; l'ensemble des fils et des filles de milieu populaire n'évite pas les livres. Quels sont les enfants d'ouvriers qui lisent beaucoup, les enfants de cadres supérieurs qui lisent peu? Pour répondre, encore faut-il que tous les milieux sociaux soient, d'un point de vue statistique, sécables.
Dans l'optique d'une politique culturelle, c'est le moyen de ne plus énoncer des mots d'ordre généreux et généraux, mais de les ajuster en fonction de cibles précises. Aussi analyse-t-on, après avoir décrit la pratique de lecture des collégiens selon leur origine sociale (chapitre 1), la différenciation interne à chaque classe sociale en fonction de la transmission familiale du goût de lire (chapitre 2); en fonction de la réussite scolaire des jeunes (chapitre 3); en fonction de leur identité sexuelle (chapitre 4). Comment, au sein des familles de cadres, les jeunes qui ont des parents lecteurs et les autres, les bons élèves et les élèves en retard, les filles et les garçons s'approprient-ils les livres ?
Ensuite, sont construites trois typologies des jeunes face à la lecture de livres :
— la première en référence à un goût affirmé ou non pour la lecture

3. La contrepartie d'une telle structure de l'échantillon est l'impossibilité de prononcer des phrases construites sur le modèle le plus commun — « les jeunes collégiens français lisent en moyenne x livres par mois ». Le « total » de l'échantillon n'est pas représentatif de l'ensemble des jeunes Français, même si les personnes interrogées sont représentatives de leur milieu. Grâce à l'enquête, en revanche, peuvent être découverts des énoncés du type « les jeunes adolescents, originaires des familles de cadres supérieurs et qui aiment peu lire se distinguent des jeunes, de même milieu, qui apprécient la lecture, par tel trait ».

(ceux pour qui la lecture est le loisir préféré opposés à ceux pour qui c'est la télévision);
— la seconde en référence à l'investissement temporel dans la lecture (ceux qui consacrent beaucoup de temps opposés à ceux qui passent peu de temps, chapitre 5);
— la dernière enfin, multidimensionnelle, avec des types définis en fonction de l'ensemble des comportements et des attitudes des jeunes vis-à-vis de la lecture (chapitre 6).

## CIBLES

Cette orientation — la double attention portée aux différences sociales, externes (entre les classes) et internes — rompt avec une représentation sociologique du monde selon laquelle importe uniquement la position sociale. La prise en compte de l'identité sexuelle et de l'âge institutionnel (associés à l'origine sociale de la famille) signifie que les règles du jeu qui orientent les comportements des individus sont complexes, et que de cette complexité même naît le « jeu » lui-même (au double sens d'activité réglée et de marge).
L'existence de contraintes sociales ne doit conduire ni au sentiment d'impuissance que procure parfois la sociologie — tout est joué —, ni à la fuite en avant, pratiquée quelquefois par des politiques — tout est possible. Ce livre veut échapper à cette alternative, en circonscrivant mieux les « cibles » d'une politique de la lecture des jeunes[4].

4. De nombreux tableaux sont publiés par chapitre en fin de volume, page 123, afin de compléter le commentaire. Ils sont présentés avec des pourcentages calculés horizontalement. Toutes les modalités ne sont pas nécessairement fournies, ce qui a pour effet de ne pas toujours aboutir à un total de 100. Dans le texte, la règle de l'arrondi au nombre supérieur est adoptée (par exemple 10,0 à 10,4 donne 10 %, 10,5 à 10,9 donne 11 %).

CHAPITRE 1

# LES INÉGALITÉS SOCIALES DEVANT LE LIVRE

La société se compose d'individus appartenant à des configurations sociales que les sociologues nomment « milieu social », « classes sociales », « catégories socioprofessionnelles ». Les mots importent peu, ce qui doit être conservé, c'est l'idée selon laquelle toute personne se définit par la position qu'elle occupe dans l'espace social. A chaque position correspondent des niveaux différents de revenus monétaires (avoir), de diplômes (savoir), de reconnaissance sociale (pouvoir), qui créent les conditions dans lesquelles s'engendrent les comportements de chacun.

## LA VARIABLE DE BASE

La position sociale des jeunes adolescents est définie par celle de leurs parents. Sont tout d'abord distingués trois degrés dans la hiérarchie sociale des salariés : les milieux populaires, avec les ouvriers et les employés ; les milieux moyens, avec les professions intermédiaires et les instituteurs ; les milieux supérieurs, avec les cadres supérieurs, les professions libérales et les professeurs.
Ensuite, la position de la famille est fixée selon la règle suivante : le plus fort niveau des deux parents (lorsque le père et la mère ont une activité professionnelle) l'emporte, quel que soit le sexe du parent concerné. Ainsi un couple composé d'un homme ouvrier et d'une femme institutrice est considérée comme appartenant au milieu moyen, et non pas au milieu populaire comme ce serait le cas si, seule la position

masculine était prise en compte. Mère et père interviennent donc à égalité dans ce repérage social, dans les limites, cependant, de l'inégalité sexuelle d'accès aux positions élevées (les chances d'occuper un poste de cadre supérieur sont plus grandes pour un homme marié que pour une femme mariée).

Par construction, les adolescents rangés dans la catégorie « milieu populaire » ont un père dont la position est soit ouvrier, soit employé. Sur ces 339 collégiens, 190 ont un père ouvrier et 149 un père employé. Pour les 347 adolescents de milieu moyen, 17 ont un père ouvrier, 18 un père employé (et qui appartiennent donc à cette position moyenne par leur mère uniquement), 104 ont un père instituteur et 208 un père membre d'une profession intermédiaire. Enfin, pour les 380 collégiens de milieu supérieur, 12 ont un père de milieu populaire, 24 un père de milieu moyen, 166 un père professeur et 178 un père cadre supérieur. La position maternelle permet de mieux rendre compte, dans un certain nombre de cas, de l'hétérogénéité sociale interne au groupe conjugal. La simplicité de cette variable — en trois niveaux — ne repose pas sur une vision ternaire de la société, elle est ainsi construite pour pouvoir, dans les chapitres suivants, la combiner avec l'identité sexuelle, ou avec l'âge institutionnel du jeune adolescent, afin de percevoir les effets associés au milieu social et au sexe, ou au milieu social et au rapport à l'école sur la lecture.

# LE RAPPORT À LA LECTURE

## LE VOLUME DE LECTURE

Le volume de lecture est approché par le nombre de livres lus pendant un mois et par le temps consacré à cette activité, un jour d'école ou un jour de congé. Les collégiens de milieu populaire déclarent lire en moyenne 1,4 roman par mois, les collégiens de milieu moyen, 2,4 et les collégiens de milieu supérieur 2,2[1]. La coupure sociale semble s'opérer au niveau des classes moyennes, plus proches des classes supérieures

1. Par commodité, jeunes adolescents et collégiens seront considérés comme équivalents. De même, l'expression « les parents supérieurs » est l'équivalent de « les parents des classes supérieures ».

que des classes populaires, au moins pour ce type de livres. Pour la catégorie des documentaires, la différenciation entre les groupes est moins forte. Les collégiens ne compensent pas par la lecture des bandes dessinées — qui ne sont pas inclues dans la définition légitime du livre — le déficit des autres ouvrages, puisque le nombre des albums lus en milieu populaire n'est pas plus grand que celui des classes supérieures. → **Tableau 1**. Milieu social et nombre moyen de livres lus. **1.1**. Nombre de romans lus. **1.2**. Nombre de documentaires lus. **1.3**. Nombre de bandes dessinées lues. Page 125.

Le profil dessiné en fonction du temps de lecture le dimanche modifie cette première impression : aux trois degrés de la hiérarchie sociale correspondent trois degrés d'engagement dans la lecture. 17 % des collégiens populaires, 25 % des collégiens moyens et 33 % des collégiens supérieurs passent au moins une heure dans leurs livres non scolaires en fin de semaine. Les jours d'école, la supériorité des jeunes dont les parents sont cadres supérieurs ou professeurs est plus nette : ils sont 43 % contre 30 % en milieu populaire et 31 % en milieu moyen à lire au moins une demi-heure. En outre, sur le fait d'avoir ou non un livre « en train », le continuum social apparaît de nouveau. 65 % des collégiens populaires, 69 % des collégiens moyens et 77 % sont impliqués directement dans la lecture d'un ouvrage. → **Tableau 2**. Milieu social et temps consacré à la lecture. **2.1**. Temps de lecture un jour de semaine. **2.2**. Temps de lecture le dimanche. Page 126. → **Tableau 3**. Milieu social et lecture actuelle d'un livre. Page 126.

Pour les trois quarts au moins des collégiens, le livre en train (ou le dernier livre lu) est un roman. L'intérêt pour le documentaire est minoritaire, tout comme la passion pour les livres-jeux (le dépouillement montre que cette dernière dénomination a un sens ambigu pour les collégiens populaires qui semblent y ranger non seulement les livres « dont vous êtes le héros », mais aussi des ouvrages de « jeux »). → **Tableau 4**. Milieu social et genre du dernier livre lu. Page 126.

## UN AMOUR MODÉRÉ

La préférence avouée pour un type d'ouvrage confirme d'une part, ce constat du goût minoritaire pour le document et révèle d'autre part, la concurrence que les bandes dessinées font subir à l'univers du « livre » (au sens légitime). Seuls les collégiens de milieu supérieur sont aussi nombreux à avouer aimer le roman et la bande dessinée; dans les classes populaires, les partisans des albums sont deux fois plus nombreux que les amateurs de romans. L'intériorisation de la lecture comme pratique culturelle est donc inégalement achevée selon le milieu social. Et même dans les familles les plus favorisées socialement et culturellement, l'évidence du « livre » n'aveugle pas chacun. → **Tableau 5**. Milieu social et genre préféré. Page 127.

C'est ainsi que seulement deux cinquièmes des collégiens d'origine supérieure aiment beaucoup lire — proportion supérieure à celle des classes populaires — et un sixième peu ou pas du tout. Bien des esprits restent à convertir à la pratique régulière, y compris dans les milieux les plus favorables à la lecture. Avec l'indicateur des activités de loisirs préférés, la place modeste occupée par le livre est encore plus évidente. Un dixième des collégiens des classes supérieures classe en première position la lecture, et deux dixièmes en première ou en seconde position.

Le livre vient après les jeux avec les amis, le sport, la télévision. Dans les classes moyennes et populaires, il est classé derrière l'écoute de la musique. → **Tableau 6**. Milieu social et amour de la lecture. **Tableau 7**. Milieu social et loisirs préférés **7.1**. Place de la lecture dans la hiérarchie des loisirs. **7.2**.Loisirs préférés. Page 127.

## LA CONTRAINTE AIMABLE

Cette distance manifestée vis-à-vis de la lecture ne doit pas être confondue avec un rejet. Deux tiers des collégiens supérieurs et moyens estiment lire « pour le plaisir ». La contrainte explicite — visible avec le choix des réponses « à cause de l'école » et « à cause de mes parents » — plus forte dans les classes populaires constitue un mode minoritaire du rapport à la lecture à l'âge de la préadolescence. Un niveau intermédiaire est décelable entre la contrainte plus ou moins bien vécue et le sentiment du plaisir, c'est celui de la contrainte aimable — « je lis parce qu'on me le demande, mais cela ne me déplaît pas ». 21 % des jeunes de milieu populaire et 15 % de ceux de milieu supérieur ont une telle attitude. → **Tableau 8**. Milieu social et raisons de lire. Page 128.

Cette distinction est importante car elle permet de repérer une « cible » pour l'action culturelle, les adolescents sensibles à la contrainte aimable peuvent être attirés davantage par l'univers du livre, à la condition que le choix qui leur est proposé corresponde à leurs goûts. Les erreurs sont plus dangereuses pour eux que pour ceux qui lisent par plaisir, ces derniers ne seront pas dégoûtés par un ouvrage qui leur déplaît, ils le laisseront et en prendront un autre.

## L'INACHÈVEMENT

L'impression de l'adolescence comme « terre de mission » culturelle, y compris auprès des enfants d'origine supérieure, se dégage également de l'observation de la compétence littéraire. Cette dimension est appréhendée par une double série de sept questions. Face à un titre d'ouvrage, emprunté à une liste des nouveaux « classiques » scolaires en quelque sorte — c'est-à-dire des livres qui figurent au programme des livres étudiés souvent en collège — les jeunes devaient tout d'abord donner si possible le nom de l'auteur et ensuite indiquer s'ils l'avaient lu. La compétence stricte était mesurée par le nombre de réponses exactes (sur un total de sept points possibles) ; l'appropriation, mesurée par le nombre de livres lus parmi ce choix. Un tiers seulement des collégiens supérieurs a lu plus de trois livres de cette liste. Dans les classes moyennes, deux dixièmes obtiennent un tel score et dans les classes populaires un dixième. → **Tableau 9.** Milieu social et appropriation littéraire. **9.1** Score d'appropriation littéraire. **9.2.** Livres classiques lus. Page 128.

## LA GLOIRE DE MARCEL AYMÉ

La hiérarchie diffère peu entre les milieux sociaux, c'est sur l'amplitude que se joue la distinction. *Le Petit Nicolas* rivalise avec *Les Contes du chat perché*, suivis de *La Gloire de mon père*, puis de *Poil de carotte* et de *L'Enfant et la rivière*. *Le Grand Meaulnes* n'est pas considéré comme un livre d'élève de cinquième. Parmi les collégiens populaires, aucun livre n'a été lu par une majorité de jeunes, dans les classes moyennes, un seul obtient un tel succès et dans les classes supérieures, trois sont dans ce cas. En abaissant la barrière empirique, c'est-à-dire en retenant les livres lus par au moins un tiers des collégiens, en milieu populaire, seuls Marcel Aymé et Marcel Pagnol gagnent ; en milieu moyen, ils sont rejoints par Sempé-Goscinny et Jules Renard, et en milieu supérieur, par Henri Bosco.

Le rapport peu cultivé au livre est encore plus perceptible par le score de compétence littéraire. Un cinquième des collégiens des classes supérieures (et 5 % des collégiens des classes populaires) sont capables de donner, sans se tromper, la moitié au moins des noms des auteurs. Contrairement aux adultes ayant intériorisé une vision cultivée de la culture et qui connaissent plus de titres et d'auteurs qu'ils n'ont lu de livres, les jeunes adolescents lisent sans prendre le soin (dans une optique légitimiste) de retenir les indications de la page de garde.

## UNE FAIBLE COMPÉTENCE

Le score de compétence littéraire est plus faible que le score d'appropriation littéraire, calculé sur le même stock. Quelques exemples illustrent cette insensibilité. En faisant l'hypothèse que ceux qui citent le nom exact de l'auteur ont également lu le livre, on observe qu'un tiers des collégiens populaires qui a lu *Les Contes du chat perché* donne Marcel Aymé. Le rapport entre ceux qui citent l'auteur et ceux qui ont lu le livre augmente légèrement dans les classes supérieures (43 %) et moyennes (47 %). Seul Marcel Pagnol, grâce au cinéma peut-être, est plus connu. Sempé et Goscinny, auteurs peu poussiéreux pourtant, restent dans l'ombre. Ils ont, au sein des classes moyennes, deux fois plus de lecteurs que de «connaisseurs». Les livres moins lus sont appropriés par des jeunes plus cultivés. Ainsi deux tiers des collégiens populaires et neuf dixièmes des collégiens supérieurs qui ont lu *L'Appel de la forêt* citent Jack London. → **Tableau 10.** Milieu social et compétence littéraire. **10.1.** Score de compétence littéraire. **10.2.** Attributions exactes du nom de l'auteur. Pages 128-129.

Si notre interprétation est exacte, il est possible de percevoir le poids des lecteurs déjà accoutumés à un rapport cultivé au livre. En comparant ceux qui ont lu au moins trois livres de la liste et ceux qui peuvent donner trois noms justes, on s'aperçoit que les premiers sont plus nombreux que les seconds dans la proportion de 10 % en milieu populaire, de 14 % en milieu moyen et de 18 % en milieu supérieur. Le décalage entre appropriation et compétence concerne entre un dixième et deux dixièmes des collégiens déjà séduits par la lecture.

Qu'en déduire à propos des mécanismes de la socialisation littéraire ? En termes de «stades» de développement, on peut dire que le rapport cultivé — défini par la sensibilité au nom de l'auteur, et ainsi indirectement au champ littéraire —, n'est pas acquis exactement en même temps que le goût pour le livre. Comment amener, dans cette optique, les collégiens qui lisent à devenir également compétents (second niveau), tout en conduisant les collégiens qui lisent peu à découvrir le plaisir de lire (premier niveau) ? La pédagogie de la lecture ne doit pas confondre ces deux niveaux.

Les degrés de la compétence littéraire sont calculés également à partir des réponses portant sur le livre en train ou le dernier livre lu — titre, nom de l'auteur, nom de la collection ou de l'éditeur. Les plus « compétents » — au sens légitimiste — sont ceux qui ont fourni ces trois éléments : dans les milieux populaires ils sont trois sur dix, et dans les milieux supérieurs ils sont quatre sur dix. Entre un quart et un sixième des collégiens ne peut citer au mieux qu'un des trois identificateurs de l'identité du livre. → **Tableau 11**. Milieu social et identification du dernier livre lu. **11.1**. Indications du titre, de l'auteur, de la collection. **11.2**. Collections les plus citées du dernier livre lu. Page 129.

La majorité des jeunes de 12 ans ne sait pas ou plus le nom de la collection à laquelle appartenait son livre. « L'effet collection » s'impose peut-être, mais sans mémorisation explicite. Parmi ceux qui indiquent une collection, il y a une grande dispersion, étant donné le développement du marché spécialisé. En ne retenant que les titres les plus souvent cités — Bibliothèque verte, Bibliothèque rose, Castor poche, Folio cadet ou junior, et le Livre de poche jeunesse — on constate sans surprise que le clivage entre collection populaire — du côté des couleurs verte ou rose — et collection plus « cultivée » — avec Folio et Castor — renvoie bien à une opposition sociale du public. Les collégiens dont les parents sont ouvriers ou employés déclinent aussi souvent le rose et le vert que le castor ou le folio, alors que les jeunes originaires des classes supérieures sont deux fois plus nombreux à citer Castor ou Folio que la Bibliothèque verte ou rose.

Toutefois, en conformité avec la proposition précédente, il apparaît que les collections les plus évidentes aux yeux des libraires spécialisés et des bibliothécaires remportent des scores faibles. Un sixième seulement des collégiens des classes moyennes et supérieures déclare avoir lu comme dernier livre un ouvrage de chez Gallimard ou du Père Castor (Flammarion).

Les scores de notoriété, calculés à partir des réponses à la question sur la collection préférée — là les jeunes disposaient d'une liste de trente noms de collections — ne sont guère supérieurs ! Folio passe chez les collégiens de milieu supérieur de 12 à 14 % et stagne chez les collégiens de milieu populaire — autour de 8 ou 9 %.
L'effet de légitimité, observable chez les adultes qui tendent à donner la « bonne réponse », c'est-à-dire la réponse perçue comme la plus « cultivée », est peu sensible chez les jeunes adolescents.
Au contraire, ce sont les deux collections de chez Hachette qui augmentent le plus leur score : de 9 % à 18 % en milieu populaire, de 14 % à 22 % en milieu supérieur. → **Tableau 12.** Milieu social et collection préférée. Page 129.

## LES HÉROS

Enfin, un dernier indice de l'attitude peu cultivée face à la lecture chez les collégiens peut être relevé grâce aux thèmes préférés. Hormis la catégorie des romans d'aventure, carte maîtresse dans toutes les classes sociales, la seconde position est occupée dans les familles de cadres par les enquêtes policières. 28 % des collégiens de milieu supérieur et 19 % seulement des collégiens de milieu populaire donnent ce thème. C'est une des suprises de cette enquête. Le genre dédaigné chez les adultes qui se veulent cultivés et dans les journaux littéraires — les critiques analysent peu ce type d'ouvrages ! — est avoué sans pudeur. Les jeunes de milieu supérieur sont séduits par une histoire où le suspense est roi.

En outre, par rapport à leurs camarades de milieu populaire, ils sont un peu plus nombreux à indiquer les livres de science-fiction. Les collégiens de milieu populaire ont deux préférence spécifiques, la nature et les histoires comiques. Ces deux catégories présentent un point commun, elles n'exigent pas la même continuité de la lecture. Un documentaire, ou un recueil d'histoires drôles peut être feuilleté, repris. Les histoires d'amour, grande source d'inspiration pour les romans d'adulte, font peu recette — entre 6 % et 7 %. Et pourtant ils sont plus d'un quart à déclarer avoir un amoureux. Sont-ils peu enclins à rêver ?
→ **Tableau 13.** Milieu social et thèmes préférés. Page 130.

# L'ACTION ÉDUCATIVE

Après les manières de lire des jeunes adolescents, examinons le contexte éducatif dans lesquelles elles sont engendrées. La supériorité du volume de lecture, de la compétence littéraire que manifestent les collégiens élevés dans une famille de cadre dérive de conditions culturelles plus favorables. Quelques indicateurs les décrivent. Tout d'abord au niveau des parents. Ceux des classes supérieures sont plus diplômés. Ce capital scolaire s'investit dans des pratiques culturelles. 53 % des parents de milieu supérieur, 33 % des parents de milieu moyen et 17 % des parents de milieu populaire ont visité au moins un musée dans les trois mois.

## SAVOIR LIRE

Entre l'école et le livre, les liens sont forts Ils sont de trois natures : la bibliothèque scolaire comme source d'approvisionnement, la maîtrise de la lecture, les conseils pédagogiques. Pour lire, aimer lire, il faut savoir lire. 38 % des adolescents de milieu populaire ont connu des difficultés dans l'apprentissage de la lecture, 14 % avouent lire en suivant la ligne avec le doigt. Dans les familles de cadres, ce fut plus facile — cependant 17 % ont appris à lire en peinant et 4 % mettent le doigt pour ne pas se perdre. → **Tableau 14**. Milieu social et maîtrise de la lecture. Page 130.

## LES SOURCES

Les parents des classes supérieures lisent davantage. Plus de la moitié des mères de ce milieu, contre un quart des mères de milieu populaire, déclarent lire au moins deux livres par mois. La connaissance des collections spécialisées pour la jeunesse est nettement plus élevée dans les familles de milieu supérieur : 71 % des mères de milieu supérieur et 30 % des mères de milieu populaire connaissent Folio cadet ou junior. Ces parents cadres ou professeurs se rendent plus souvent dans une bilbiothèque — 46 % contre 19 % des parents de milieu populaire. Par contre l'inscription à un club de livres dépend moins du niveau social de la famille. S'il est vrai que les familles de cadres sont plus fréquemment abonnés à un club que les familles d'ouvriers ou d'employés, le rapport entre inscription à un club et inscription à une bibliothèque s'inverse. Il est de 1,6 pour les familles populaires et de 0,8 pour les familles supérieures. L'univers du livre dans ces dernières ainsi que dans les familles moyennes fonctionne plus en relation avec l'univers — public — de la bibliothèque qu'en relation avec l'univers — privé — du club, contrairement aux familles de milieu populaire.

Les enfants suivent l'exemple de leurs parents : 30 % des adolescents de milieu populaire et 51 % des adolescents de milieu supérieur sont inscrits dans une bibliothèque non scolaire. Si la différenciation sociale se retrouve quelle que soit la génération, elle est, cependant, moins forte chez les collégiens. Les adolescents de milieu populaire sont une fois et demie plus nombreux que leurs parents à fréquenter une bibliothèque, comme le savent bien les responsables de ces dernières. Le décrochage n'est pas encore opéré à l'âge de 12 ans (d'où l'intérêt des politiques culturelles de la jeunesse). → **Tableau 15.** Milieu social et volume de lecture des parents. Page 130. → **Tableau 16.** Milieu social et sources familiales d'approvisionnement. Page 130.

## L'ÉCOLE

Le fait que les adolescents d'un milieu supérieur soient plus souvent inscrits à une bibliothèque que les adolescents d'un milieu populaire ne doit pas conduire mécaniquement à la conclusion selon laquelle cette institution a un poids plus important pour les premiers. En effet, à la question sur l'origine du dernier livre lu (ou livre en train), l'emprunt à la bibliothèque est identique dans toutes les couches sociales, environ un dixième. Plus fréquent est l'emprunt à l'école : un tiers des livres pour les collégiens d'un milieu populaire et un sixième pour les collégiens d'un milieu supérieur. L'école et le livre non scolaire sont ainsi associés. Les livres non empruntés dans une institution sont soit achetés — dans les grandes surfaces, pour les classes populaires, et dans les librairies, pour les classes supérieures —, soit offerts (dans une proportion comparable à celle des emprunts en bibliothèque non scolaire), soit empruntés dans le stock disponible à la maison — situation plus fréquente en haut de la hiérarchie sociale.
Le changement de la formulation de la question et de l'éventail des réponses — « Comment ce dernier livre t'est-il parvenu entre les mains ? » avec une liste distinguant dix modalités (trois pour l'emprunt,

cinq pour l'achat, deux pour le prêt personnel); — « En général, d'où viennent les livres que tu lis ? » avec une liste de cinq items (de l'école, d'une autre bibliothèque, de la maison, d'amis, d'un achat) —, modifie sensiblement les chiffres, preuve supplémentaire des précautions d'usage de toutes données. Malgré ces variations, le paysage reste identique : prédominance de l'école en milieu populaire, concurrence entre maison et école en milieu moyen et supérieur. → **Tableau 17.** Milieu social et origine des livres. **17.1.** Obtention du dernier livre lu. **17.2.** Provenance des livres en général. Page 131.

## LA MÈRE ET LE PÈRE

Le père accompagne son fils ou sa fille dans les achats de livre beaucoup moins que la mère. Cependant la différenciation sexuelle est moins sensible dans les familles supérieures. Les mères accompagnent leurs enfants huit fois plus souvent que les pères en milieu populaire, quatre fois plus que les pères en milieu moyen, trois fois plus que les pères en milieu supérieur.
La division du travail entre les parents confirme cet indicateur. D'une part la moitié des collégiens de milieu populaire et un quart des collégiens de milieu supérieur ont une mère au foyer. D'autre part, le père de niveau cadre intervient davantage dans le soutien scolaire, en équipe avec la mère. Le poids des réponses « les deux également » à cette question passe de 35 % pour les classes populaires à 48 % pour les classes moyennes et 53 % pour les classes supérieures. Les tâches ménagères, elles, ne connaissent pas cette moindre spécialisation sexuelle. Le père des classes supérieures « participe », mais dans un domaine réservé, celui des affaires scolaires et culturelles.

## LES CONSEILS DES ENSEIGNANTS

Dans leurs cours, les enseignants, notamment de français, interviennent dans la pratique de lecture. 41 % des professeurs des élèves populaires et 54 % de ceux des élèves supérieurs ont distribué une liste, 54 % parmi les premiers et 62 % parmi les seconds ont conseillé explicitement tel ou tel livre. Les collégiens suivent assez bien ces directives, puisque les trois quarts déclarent avoir lu au moins un des livres indiqués. Les élèves de milieu supérieur se distinguent par une antérioritié; plus de la moitié — contre un tiers des élèves populaires — avait lu les livres avant l'intervention de l'enseignant. Pour eux, l'école redouble la maison, contrairement aux autres. C'est ainsi qu'à propos du dernier livre lu, le poids du conseil des professeurs comparé à celui des parents est plus élevé dans les classes populaires (écart de 25 points) que dans les classes supérieures (écart de 11 points). L'institution scolaire joue un rôle différent auprès des collégiens selon leur origine sociale: un effet de renforcement, ou une compensation. → **Tableau 18.** Milieu social et rôle des enseignants: **18.1.** Rapport des jeunes aux conseils des enseignants. **18.2.** Place relative des conseils de l'enseignant. Page 131.

Cette double fonction se reflète dans les résultats scolaires. Huit jeunes des classes supérieures sur dix, trois quarts des jeunes des classes moyennes et un peu plus de la moitié des jeunes des classes populaires sont en cinquième ou en quatrième. La «norme scolaire» est mieux respectée dans les familles de cadres. Les mères en ont conscience. Un bon tiers des mères de milieu populaire et trois quarts des mères de milieu supérieur considèrent leur enfant comme «très bon» ou «bon» élève.
Que ce soit en français ou mathématiques, les enfants de cadres ou de professeurs obtiennent, en moyenne, de meilleures notes. Ces performances les conduisent à mieux apprécier l'école que les jeunes de classe populaire (respectivement 80 % et 60 % aiment «beaucoup» ou «assez» l'institution scolaire). En outre elles stimulent l'ambition maternelle (respectivement 44 % et 15 % des mères prévoient que les études de leurs enfants ne s'arrêteront pas avant 24 ans). → **Tableau 19.** Milieu social et position scolaire. Page 132.

## LES STRATÉGIES FAMILIALES

En attendant, certains parents mettent en œuvre des stratégies susceptibles de créer un environnement favorable au développement culturel tel qu'il est exigé dans la société. L'usage du temps libre le mercredi peut être compris dans cette perspective. Suivant les conseils de leurs parents, les collégiens dits supérieurs participent à plus d'activités organisées, notamment à une activité artistique, que les collégiens dits populaires et moyens. Pas de temps à perdre, telle est la consigne des

parents à leurs enfants, surtout dans les milieux supérieurs. Compléter d'abord l'école par le sport, et l'enrichir ensuite par le dessin et la musique. Une potion pour le corps et un supplément d'âme.
Derrière ce souci de remplir le temps « libre » utilement, on ressent la crainte de la télévision qui fascine les jeunes jusqu'à dévorer leur temps. Les procédures d'évitement de la télévision sont en effet plus fréquentes dans les familles de milieu supérieur que dans les familles de milieu populaire — un tiers des enfants de cadres supérieurs et un cinquième des enfants d'ouvriers et d'employés ont le « droit » de la regarder au maximum quelques fois par semaine. → **Tableau 20.** Milieu social et usage du temps libre : **20.1.** Le recours à des activités organisées. **20.2.** La consommation d'images de la télévision. Page 132.

## LE JOURNAL « ÉDUCATIF »

L'univers domestique des cadres laisse davantage de place aux livres, ainsi qu'aux journaux éducatifs. 42 % des collégiens des classes supérieures et 27 % des collégiens des classes populaires en lisent au moins un. Plus précisément, parmi le sous-ensemble des lecteurs de journaux, 41 % des premiers et 27 % des seconds déclarent lire régulièrement les journaux édités par Bayard-Presse — avec *Okapi*, *Je bouquine*, par exemple. La différence sociale est équivalente pour les revues sur la nature et les sciences — comme *Science et nature*, *Wapiti* (respectivement 45 % et 29 %). Là encore, les distractions doivent présenter une dimension utile, éducative, sous la forme par exemple du dossier. Dans les familles de milieu populaire, sont davantage appréciées (relativement) les revues consacrées à la chanson, à des récits dessinés sans prétention pédagogique. → **Tableau 21.** Milieu social et lecture des journaux et des revues. Page 133.

## LE SOUCI DE LA LECTURE

La lecture a beau être un « plaisir », ce n'est pas un plaisir comme les autres. Il est plus légitime. Sinon comment expliquer que 53 % des mères de milieu populaire et 63 % des mères de milieu supérieur déclarent inciter leur enfant à lire régulièrement ? Derrière ce consensus, se cachent des attitudes diversifiées. Tout d'abord un désaccord sur

les bénéfices de la lecture. Pour les mères de milieu ouvrier ou employé, la lecture doit apporter de bonnes bases de français. Pour les mères de milieu cadre, la lecture doit servir la culture dite générale.
Le clivage social se fait également sur la notion même de plaisir de la lecture. Cette vision idéalisée se rencontre davantage dans les classes supérieures. Le «désintérêt» officiel est de rigueur — un peu à la manière du «double bind» en psychologie, avec ce registre du plaisir obligatoire — alors que l'utilité dans les classes populaires est avouée: le livre doit ouvrir les portes de la réussite scolaire, ou tout au moins aider à ne pas les fermer trop vite. → **Tableau 22**. Milieu social et attitudes maternelles face à la lecture des jeunes: **22.1**. Incitation à la lecture. **22.2**. Intérêt de la lecture. **22.3**. Surveillance et discussion autour de la lecture. Pages 133-134.

Ces attitudes peuvent paraître paradoxales dans la mesure où les mères des classes populaires, bien qu'avouant leur intérêt à voir lire leurs enfants, surveillent moins leurs lectures, feuillettent moins leurs livres, et en discutent moins que les mères des classes supérieures. Ces manières d'agir renvoient en fait à une dénivellation en milieu populaire entre la «reconnaissance» de la lecture comme pratique utile et la compétence littéraire nécessaire pour dépasser la simple incitation.

## BILAN

Les différences observées dans le rapport à la lecture entre les jeunes d'origine supérieure ne surprennent pas. Ceux dont le père ou la mère est professeur ou cadre ont un volume de lecture, des niveaux de compétence et d'appropriation littéraire supérieurs à ceux des adolescents dont le père ou la mère est ouvrier ou employé. La lecture — comme toute autre pratique culturelle — n'échappe pas aux déterminations sociales. Le face-à-face entre une personne et un livre est une illusion: du côté de l'ouvrage, par la logique de la production, et du côté du lecteur, par la logique de la socialisation. Les jeunes qui vivent dans les meilleures conditions sociales et culturelles adoptent plus facilement que les autres la lecture. Le livre n'est pas un refuge, au moins globalement, contre les malheurs; il accompagne plutôt ceux et celles qui disposent des bons atouts pour réussir.

Cependant, les différences entre jeunes de milieu populaire et jeunes de milieu supérieur ne sont pas dans la réalité aussi grandes que prévu. En effet, les collégiens originaires des classes supérieures ont, en moyenne, un rapport peu cultivé à la lecture. Tout se passe comme si leur socialisation avait produit le goût de lire, le plaisir de lire, sans avoir encore engendré la posture culturelle, et les attitudes associées chez les adultes bons lecteurs. C'est ainsi que les jeunes des classes supérieures sont comme les autres (même si c'est un peu moins que les autres) indifférents aux noms d'auteurs, aux collections les plus légitimes dans l'univers culturel. Ils n'ont pas lu beaucoup les classiques de la littérature. Ils apprécient les policiers. Cette attitude distante avec les canons officiels de la « bonne » lecture de la part des jeunes des classes supérieures, cet inachèvement de leur socialisation a pour effet de réduire les distances sociales à l'âge de 12 ans lorsqu'elles sont mesurées à partir de la lecture. Le clivage social enregistré sur le domaine de la lecture apparaît moins grand que celui observé sur le terrain de la compétition scolaire. C'est la preuve, semble-t-il, que le jeu est moins tendu autour du livre et donc que les marges de manœuvre des arbitres — des éducateurs, au sens large — sont plus grandes.

## COMPLÉMENT 1 : L'HÉTÉROGÉNÉITÉ SOCIALE DE LA FAMILLE

Avec le développement du travail salarié de la femme, la position de la famille est définie par deux points dans l'espace social. Au sein des couples à double activité salariée peuvent être distinguées, sans tenir compte du sexe des personnes qui occupent telle ou telle position, les familles homogènes et les familles hétérogènes. Dans l'échantillon, 101 groupes parentaux comprennent deux membres de milieu populaire, 106 un membre de milieu populaire et un membre de milieu moyen, 60 un membre de milieu populaire et un membre de milieu supérieur. 94 adolescents ont un père et une mère de classes moyennes, 101 un père et une mère de classes supérieures, et enfin 105 vivent dans un univers « moyen-supérieur ». La mixité de classe au sein des ménages à double activité n'est donc pas exceptionnelle.
L'originalité de la production éducative des familles mixtes — par exemple celles composées d'un parent de milieu moyen et d'un parent

de milieu populaire — peut être approchée grâce à une comparaison avec la production des familles homogènes (les familles doublement populaires et les familles doublement moyennes). Si l'adolescent originaire d'une famille mixte (populaire-moyenne) se conduit comme un jeune dont le père et la mère appartiennent tous deux aux classes populaires, on peut en déduire que l'effet associé au membre moyen de l'équipe parentale est relativement limité. *A priori*, la logique de l'accumulation des richesses sociales et culturelles devrait cependant l'emporter. Les jeunes des familles hétérogènes devraient avoir des conduites intermédiaires, disposant d'un environnement familial plus riche que les familles homogènes basses (soit PP, dans la première comparaison, soit MM, dans la seconde comparaison) et plus pauvre que les familles homogènes hautes (soit MM, dans le premier cas, soit SS, dans le second cas). → **Tableau 23.** Hétérogénéité parentale et diplôme du père et de la mère: **23.1.** Le diplôme du père. **23.2.** Le diplôme de la mère. Page 134.

## L'ALIGNEMENT SUR LE BAS

La réalité ne prend pas souvent les contours dessinés par ce modèle. Considérons tout d'abord un des indicateurs de volume de la lecture, le temps consacré le dimanche à cette activité. Le nombre des grands lecteurs, c'est-à-dire de ceux qui lisent plus d'une demi-heure, varie ainsi:

| | |
|---|---|
| Les deux parents populaires | 47 % |
| Un parent populaire, un parent moyen | 48 % |
| Les deux parents moyens | 64 % |
| Les deux parents moyens | 64 % |
| Un parent moyen, un parent supérieur | 63 % |
| Les deux parents supérieurs | 75 % |

Les couples « mixtes » des deux espèces sont proches des couples homogènes de niveau faible. Tout se passe comme si la coopération conduisait à un alignement sur la norme de référence, implicite, du conjoint occupant la position la plus basse. Le volume de la lecture de la mère ou du père dans les familles hétérogènes ressemble aussi davantage à celui des familles homogènes les plus faibles (respectivement PP et MM). → **Tableau 24.** Hétérogénéité parentale et temps de lecture des jeunes: **24.1.** Temps de lecture le dimanche. **24.2.** Temps

lecture des jeunes: **24.1**. Temps de lecture le dimanche. **24.2**. Temps de lecture un jour d'école. Page 135. → **Tableau 25**. Hétérogénéité parentale et volume de lecture du père et de la mère: **25.1**. Nombre de livres lus par mois par la mère. **25.2**. Nombre de livres lus par mois par le père. Page 136.

## L'ALIGNEMENT SUR LE HAUT

Pour d'autres dimensions de la pratique de lecture, le capital social et culturel du parent le mieux doté intervient. Les jeunes élevés dans une famille de milieu populaire-moyen apprécient les enquêtes policières comme les jeunes des familles doublement moyennes (respectivement 28 % et 31 %) et rejettent les histoires comiques. Les bibliothèques scolaires sont utilisées par les collégiens des familles hétérogènes comme par les collégiens des familles homogènes supérieures (soit respectivement « moyennes-moyennes, ou moyennes-supérieures »). → **Tableau 26**. Hétérogénéité parentale et thèmes préférés de lecture. Page 136. → **Tableau 27**. Hétérogénéité parentale et lieux de provenance des livres. Page 137.

## LA CULTURE MOYENNE, DOMINÉE OU DOMINANTE

La complexité de la production du social est telle que, toutefois, le parent le plus riche socialement et culturellement domine au sein de certains couples et est dominée dans d'autres. Le parent moyen au sein de la configuration MP peut ne pas faire pencher sa famille vers celles doublement moyennes, alors que le parent supérieur au sein de la configuration MS parvient à engendrer un tel effet (c'est-à-dire à se rapprocher des familles doublement supérieures).

Ainsi pour la compétence littéraire et l'appropriation littéraire, calculées à partir des sept ouvrages proposés, la distance entre les familles d'origine populaire-moyenne et les familles de milieu doublement populaire est moins grande que la distance entre les premières et les familles de milieu doublement moyen. Par exemple, la somme des écarts (en valeur absolue) PP-PM est de 37 et la somme PM-MM de 51 points pour la compétence (cf. le tableau 28.1 page 137). Par contre, les familles de milieu moyen-supérieur se rapprochent plus des familles doublement de milieu supérieur que des familles de milieu doublement moyen.

→ **Tableau 28.** Hétérogénéité parentale et rapport des jeunes aux ouvrages «classiques»: **28.1.** Attributions exactes. **28.2.** Livres lus. **28.3.** Score de compétence littéraire. **28.4.** Score d'appropriation littéraire. Pages 137-138.

Pour la vigilance éducative face à la télévision, l'alignement du parent de milieu moyen sur son partenaire (toujours en fonction du modèle de référence) se produit. Dans les familles d'origine moyenne-populaire, les jeunes regardent plus souvent la télévision que dans les familles d'origine doublement moyenne, tout comme les jeunes des familles d'origine moyenne-supérieure, par rapport à ceux des familles d'origine doublement supérieure.

L'inverse se produit pour l'amour de la lecture. Le parent de milieu supérieur, marié avec un partenaire de milieu moyen, s'incline, tout comme le fait le parent d'origine populaire, lui aussi uni à un conjoint d'origine moyenne. La culture moyenne prédomine nettement alors:

| | **Amour fort de la lecture** |
|---|---|
| Famille de milieu doublement populaire | 24 % |
| Famille de milieu populaire et moyen | 35 % |
| Famille de milieu doublement moyen | 39 % |
| Famille de milieu doublement moyen | 39 % |
| Famille de milieu moyen et supérieur | 41 % |
| Famille de milieu doublement supérieur | 53 % |

La déclaration de la lecture comme activité préférée (en première ou en deuxième position) obéit à une logique comparable, tout comme le rejet des bandes dessinées. Celles-ci apparaissent en première position des ouvrages appréciés par 47 % des jeunes des familles doublement populaires, par 35 % des jeunes des familles doublement moyennes. Les collégiens des familles moyenne-supérieure citent les albums dans 38 % des cas et ceux des familles d'origine doublement supérieure dans 28 %.

## RÉSISTANCES ET POINTS FAIBLES

Cette géographie des degrés de résistance des normes de référence populaires face à celles de la culture moyenne d'une part, et des normes de référence moyennes face à celles de la culture supérieure révèle, schématiquement, les points faibles sur lesquels une politique de la lecture peut plus aisément intervenir. Ainsi pour l'offre institutionnelle des livres, on observe que les jeunes des familles d'origine populaire-moyenne sont assez peu inscrits à une bibliothèque non scolaire, comme ceux des familles d'origine doublement populaire :

| | Enfant inscrit |
|---|---|
| Familles d'origine doublement populaire | 38 % |
| Familles d'origine populaire-moyenne | 37 % |
| Familles d'origine doublement moyenne | 59 % |

Les parents populaire-moyen fréquentent assez peu les clubs de livres et les bibliothèques :

| | Ni club ni bib. | Bib. | Club | Club bib. |
|---|---|---|---|---|
| Familles d'origine doublement populaire | 49 % | 14 % | 28 % | 10 % |
| Familles d'origine populaire-moyenne | 43 % | 20 % | 26 % | 10 % |
| Familles d'origine doublement moyenne | 32 % | 29 % | 27 % | 13 % |
| Familles d'origine moyenne-supérieure | 34 % | 28 % | 22 % | 16 % |
| Familles d'origine doublement supérieure | 33 % | 30 % | 19 % | 19 % |

Ce faible recours est compensé, au moins au niveau des enfants, par des achats plus importants, et non par l'usage des bibliothèques scolaires. Ce sont dans ces familles d'origine moyenne-populaire que l'achat comme forme d'accès au livre est la plus employée (cf. le tableau 27 page 137). Est-ce le signe d'un malaise de ce groupe « entre deux » devant l'offre institutionnelle, assez peu à l'aise dans des espaces culturels ? Ne va-t-il pas, contrairement aux familles d'origine doublement moyenne, autant dans les rayons des grandes surfaces que dans ceux des librairies ?

| | Librairie | Grande surface |
|---|---|---|
| Familles d'origine doublement populaire | 40 % | 42 % |
| Familles d'origine populaire-moyenne | 37 % | 37 % |
| Familles d'origine doublement moyenne | 59 % | 27 % |
| Famille d'origine moyenne-supérieure | 57 % | 26 % |
| Familles d'origine doublement supérieure | 65 % | 20 % |

En s'appuyant sur le parallèle entre la diffusion de la culture livresque et la hiérarchie sociale, on estime que les écarts entre les groupes hétérogènes et les groupes homogènes à propos de la lecture des ouvrages classiques (cf. le tableau 28.2 page 137) indiquent les types de livres les plus attractifs :

| | Distance entre parents | | | |
|---|---|---|---|---|
| | PP-PM | PM-MM | MS-MM | MS-SS[2] |
| Les Contes du chat perché | 10,2 | 4,8 | 4,9 | 1,3 |
| La Gloire de mon père | 5,6 | 3,9 | 22,5 | 2,9 |
| L'Enfant et la rivière | 1,7 | 13,9 | 0,5 | 6,7 |
| Poil de carotte | 3,1 | 9,1 | 1,4 | 4,6 |
| Le Petit Nicolas | 1,5 | 12,5 | 3,8 | 15,0 |
| Le Grand Meaulnes | 1,6 | 4,4 | 4,2 | 1,3 |
| L'Appel de la forêt | 6,7 | 0,2 | 9,5 | 5,7 |

Les collégiens des familles populaire-moyenne suivent les collégiens des familles de milieu doublement moyen pour *Les Contes du chat perché* et *L'Appel de la forêt*, et au contraire s'en éloignent pour *L'Enfant et la rivière, Le Petit Nicolas, Poil de carotte*. Pour les familles d'origine moyenne-supérieure, *Le Petit Nicolas* s'oppose fortement à *La Gloire de mon père*. Le premier est lu avec une fréquence proche de celle des familles d'origine doublement supérieure et le second avec une fréquence proche de celle des familles d'origine doublement moyenne. Le tiraillement culturel des familles hétérogènes n'est donc pas univoque. Il les conduit, selon le terrain, un coup à gauche, un coup à droite, un coup vers les classes populaires (ou moyennes), un coup vers les classes moyennes (ou supérieures). Marcel Aymé, Jack London semblent plus assimilables que Bosco pour les jeunes qui ont un parent cadre moyen et un parent employé ou ouvrier. Ceux qui ont un parent cadre supérieur et l'autre non retiennent plus aisément Pagnol que Goscinny et Sempé. Bien des amateurs de la lecture pourront être choqués par un tel raisonnement qui repose sur le postulat de l'apprentissage possible de la culture livresque et de la découverte de certaines modalités de cet apprentissage par la sociologie.

2. Il faut comprendre : PP = parent populaire — parent populaire — PM = parent populaire — parent moyen — MM = parent moyen — parent moyen — MS = parent moyen — parent supérieur — SS = parent supérieur — parent supérieur.

# COMPLÉMENT 2 :
# LES DOTS SCOLAIRES DU PÈRE ET DE LA MÈRE

Dans une société régie par un mode de production à dominante scolaire, les inégalités sociales renvoient souvent à des inégalités scolaires (et réciproquement). C'est pourquoi il est utile de fournir quelques repères de la différenciation des pratiques de lecture en fonction des capitaux scolaires détenus par les parents.

Le poids respectif de l'intervention du père et de la mère sont approchés par la méthode suivante : chaque famille étant définie par le diplôme du père et de la mère, il est possible de comparer systématiquement les configurations familiales disposant de la même fortune parentale dont la différenciation porte sur l'identité sexuelle du porteur. C'est ainsi que sont rapprochées trois séries de couples :

| | **Père** | **Mère** |
|---|---|---|
| **Série un** | | |
| Diplôme mère > père | Aucun ou CEP | BEPC ou CAP |
| Diplôme père > mère | BEPC ou CAP | Aucun ou CEP |
| **Série deux** | | |
| Diplôme mère > père | BEPC ou CAP | Bac au moins |
| Diplôme père > mère | Bac au moins | BEPC ou CAP |
| **Série trois** | | |
| Diplôme père > mère | Sup. à Bac | Baccalauréat |
| Diplôme mère > père | Baccalauréat | Sup. à Bac |

Ces séries font apparaître pour un autre indicateur (par exemple, le volume de lecture), soit l'identité des effets du père et de la mère, soit l'efficacité supérieure de l'un ou de l'autre. Pour l'ambition scolaire, approchée par le poids des réponses « Études probables au moins jusqu'à 24 ans », on observe l'intervention du père nettement plus grande dans la série un et dans la série trois. Dans la série deux, la mère participe légèrement plus. Aux deux extrémités de la hiérarchie de la fortune scolaire, l'action du père dans la fixation du niveau d'aspiration est plus grande. La comparaison pour la troisième série est cependant moins pertinente dans la mesure où les pères diplômés de l'enseignement supérieur ont poursuivi des études plus longues que les mères qui ont été au-delà du baccalauréat.

## LE TEMPS CONSACRÉ À LA LECTURE

Les jeunes sont plus nombreux à lire au moins une demi-heure le dimanche lorsque, pour un niveau de capital parental, leur père est le mieux doté. Cela correspond à deux cas sur trois.

| | **Lecture le dimanche : au moins 1/2 heure** |
|---|---|
| **Série un** | |
| Diplôme mère > père | 40 % |
| Diplôme père > mère | 39 % |
| **Série deux** | |
| Diplôme mère > père | 47 % |
| Diplôme père > mère | 57 % |
| **Série trois** | |
| Diplôme père > mère | 72 % |
| Diplôme mère > père | 63 % |

→ **Tableau 29**. Capital des parents et temps de lecture : **29.1**. Temps de lecture un jour d'école. **29.2**. Temps de lecture le dimanche. Page 139.

## LA COMPÉTENCE ET L'APPROPRIATION LITTÉRAIRES

Les différences pour les deux premières séries sont assez faibles. Par contre pour la dernière, le parent diplômé de l'enseignement supérieur le plus influent est le père, les scores de compétence et d'appropriation le font bien ressortir :

| | **Scores de compétence** | **d'appropriation** |
|---|---|---|
| **Série un** | | |
| Diplôme mère > père | 9 % | 17 % |
| Diplôme père > mère | 14 % | 22 % |
| **Série deux** | | |
| Diplôme mère > père | 18 % | 40 % |
| Diplôme père > mère | 22 % | 43 % |
| **Série trois** | | |
| Diplôme père > mère | 40 % | 60 % |
| Diplôme mère > père | 18 % | 33 % |

→ **Tableau 30.** Capital scolaire des parents et appropriation littéraire: **30.1.** Score d'appropriation. **30.2.** Lecture des ouvrages. Page 140. → **Tableau 31.** Capital scolaire des parents et compétence littéraire. **31.1.** Score de compétence. **31.2.** Attribution exacte des auteurs. Page 141.

Les indicateurs des stratégies éducatives vis-à-vis de la lecture — usages de la bibliothèque et du club de livres, surveillance de la mère — sont très sensibles au volume de capital scolaire possédé par les parents. Ainsi le double regard de la mère croît de 24 % pour les familles doublement non diplômées à 58 % pour celles doublement diplômées de l'enseignement supérieur. Le refus de la bibliothèque et du club décroît de 71 % dans les premières familles à 29 % dans les secondes. → **Tableau 32.** Capital scolaire des parents et intervention de la mère. Page 142. → **Tableau 33.** Capital scolaire des parents et usage de la bibliothèque et du club de livres. Page 142.

Pour le travail d'incitation et de surveillance de la lecture, il est clair que (dans trois cas sur quatre) la mère l'effectue davantage lorsqu'elle dispose d'une dot scolaire supérieure à celle de son mari:

| | **Ni surveillance, ni incitation** | **Inscription en bibliothèque** |
|---|---|---|
| **Première série** | | |
| Diplôme mère > père | 31 % | 6 % |
| Diplôme père > mère | 42 % | 15 % |
| **Deuxième série** | | |
| Diplôme mère > père | 14 % | 39 % |
| Diplôme père > mère | 21 % | 40 % |
| **Troisième série** | | |
| Diplôme père > mère | 31 % | 52 % |
| Diplôme mère > père | 17 % | 37 % |

L'effectuation étant assurée par la mère, le capital du père est, pour cette dimension, inutile. Par contre, l'usage de la bibliothèque par les parents est plus fréquent pour les familles à fort capital paternel, dans la première et la troisième série. Les normes « cultivées » supérieures du père concernant la lecture ne semblent pas « circuler » au sein du ménage lorsque c'est la mère qui effectue l'activité considérée (ici, l'incitation et la surveillance), la mère ne paraît pas profiter des richesses scolaires de son partenaire pour modifier sa conception pédagogique. Mais lorsque l'activité est plus collective (ici l'inscription en bibliothèque), les effets associés au capital du père deviennent plus sensibles.

CHAPITRE 2

# L'AMBIANCE LIVRESQUE DE LA FAMILLE

Les conditions familiales dans lesquelles vivent les jeunes adolescents ne se condensent pas toutes dans l'indicateur du milieu social. Au sein d'un même groupe social coexistent des formes différenciées d'éducation. Certains parents jouent d'un instrument de musique, d'autres sont des adeptes de tel ou tel sport. La production familiale d'enfants amateurs d'une pratique donnée dépend de deux facteurs, un environnement social et culturel approché par la position sociale et les diplômes des parents, et la compétence du père ou de la mère dans le domaine considéré.

## CAPITAL ET COMPÉTENCE

Quels sont les effets combinés des richesses sociales et de la pratique de lecture des parents sur la maîtrise de cette pratique par leurs enfants? Pour le savoir, il faut découvrir d'une part l'existence d'un effet de l'exemple parental, et d'autre part les variations possibles de cet effet selon les groupes sociaux. Les différences entre jeunes qui ont des parents lecteurs et ceux qui n'en ont pas sont-elles stables ou non? Le fait pour un enfant de vivre à côté de parents qui aiment les livres suffit-il à créer (relativement) une ambiance telle que ce jeune ait lui aussi ce goût précis, ou faut-il en plus d'autres conditions pour qu'elle devienne efficace? Dans le premier cas, tous les collégiens qui ont des parents lecteurs ont plus de chances de le devenir que leurs autres camarades.

Dans le second cas, une autre source de stimulation est nécessaire, et seuls les jeunes des classes supérieures peuvent tirer profit de l'expérience parentale.

## L'INDICE

C'est le nombre de livres lus mensuellement par chacun des parents qui définit l'ambiance livresque de la famille. Aux non-réponses de chacun n'est affecté aucun point, aux réponses 1 : 1 point, 2 ou 3 : 2 points, 4 ou 5 : 3 points, et plus de 5 : 4 points. L'indice final est obtenu par la somme du score paternel et du score maternel. Une ambiance livresque « défavorable » correspond à 2 points ou moins, une ambiance « neutre » à 3 ou 4 points, et une ambiance livresque « favorable » à 5 points et plus. Le jeune qui reçoit un « bon exemple » vit avec des parents qui lisent plus d'un livre tous les quinze jours chacun.

L'ambiance livresque créée par les parents dépend de leurs ressources culturelles et sociales. Dans les milieux populaires, les pères lecteurs sont plus souvent employés et moins souvent ouvriers. Le poids des pères instituteurs est plus grand dans le groupe caractérisé par une ambiance favorable au sein des classes moyennes (37 % contre 22 % dans le groupe de l'ambiance défavorable). Les professeurs sont, eux aussi, plus nombreux que les cadres supérieurs administratifs et les ingérieurs parmi les parents lecteurs. Plus précisément encore, ce sont les professeurs de lycée qui se trouvent dans ce groupe, alors que les enseignants de collège sont dans celui des faibles lecteurs. Cette distinction entre les niveaux de lecture des parents renvoie au clivage interne à chaque milieu entre les fractions plus intellectuelles (employé versus ouvrier ; instituteur versus profession intermédiaire ; professeur versus cadre supérieur), mais en partie seulement.

## TOUS LES BONS EXEMPLES NE SE VALENT PAS

Le fort amour de la lecture chez les jeunes est fixé par la pratique de lecture parentale en fonction de l'origine sociale : un peu dans les classes moyennes, assez dans les classes populaires et beaucoup dans les classes supérieures. Ce premier indicateur confirme l'intérêt de la méthode retenue en démontrant l'efficacité inégale de l'exemple parental. Ce

dernier est davantage suivi par les jeunes supérieurs : 59 % de ceux qui ont des parents forts lecteurs et 29 % de ceux qui ont des parents faibles lecteurs déclarent aimer beaucoup la lecture. → **Tableau 1**. Ambiance livresque, milieu social et amour de la lecture. Page 143.
La transmission intergénérationnelle du goût pour la lecture s'opère mieux lorsque le capital social ou culturel des parents est le plus élevé. Tout se passe comme si le « bon exemple parental » n'avait pas de vertu en soi et comme si un adjuvant lui était nécessaire pour agir sur les enfants.

## UN PEU DE DÉCLASSEMENT

La hiérarchie des jeunes amoureux de la lecture établie en fonction du milieu social et de l'ambiance livresque fait apparaître l'action combinée de ces deux facteurs. Les collégiens de milieu supérieur sans bon exemple n'occupent que la septième place (sur neuf) alors que les collégiens de milieu populaire avec bon exemple prennent la sixième.

On perçoit pour les jeunes de ces deux milieux, à la fois la nécessité de vivre dans la lecture et l'insuffisance de ce climat. Les collégiens dont le père ou la mère est employé ou ouvrier n'échappent pas complètement, même lorsque leurs parents lisent, à un environnement social peu stimulant par ailleurs pour la lecture. Ces jeunes, relativement les plus favorisés de leur milieu, ne sont placés qu'à la fin du second tiers du classement. Dans les classes moyennes, la stabilité des taux d'amour de la lecture à un niveau assez élevé — avec les troisième, quatrième, cinquième place — indique que les parents interviennent moins que l'environnement plus général.

| Milieu social | Ambiance livresque | % Aime beaucoup lire |
|---|---|---|
| 1. Supérieur | Favorable | 51 |
| 2. Supérieur | Neutre | 41 |
| 3. Moyen | Favorable | 36 |
| 4. Moyen | Neutre | 35 |
| 5. Moyen | Défavorable | 35 |
| 6. Populaire | Favorable | 34 |
| 7. Supérieur | Défavorable | 29 |
| 8. Populaire | Défavorable | 24 |
| 9. Populaire | Neutre | 20 |

# UN TEMPS PLUS OU MOINS DÉPENDANT

Le dimanche, quelle que soit leur origine, les jeunes passent plus de temps dans les livres (au moins une demi-heure) lorsque leurs parents font de même. 10 points séparent les deux groupes (ambiance favorable/ambiance défavorable) en milieu populaire, 15 points en milieu moyen, 25 points en milieu supérieur. La compensation, qui intervient pour les jeunes populaires grâce à l'exemple parental, reste limitée, puisqu'elle conduit ces derniers à lire autant que les jeunes supérieurs sans exemple. L'effet plus grand de l'exemple au sein des classes supérieures renforce les inégalités sociales. → **Tableau 2**. Ambiance livresque, milieu social et temps de lecture le dimanche. Page 144.

Le nombre de romans lus depuis un mois augmente avec le volume de lecture de leurs parents. Lire au moins un roman tous les quinze jours est le fait, dans les classes populaires, de 28 % des jeunes ayant des parents petits lecteurs et de 46 % des jeunes ayant des parents grands lecteurs. Au sein des classes moyennes, le passage d'un faible volume de lecture parentale à un fort volume est associé à un plus faible accroissement, de 40 à 49 %. Dans les classes supérieures, la relation est de nouveau plus forte, avec une différence de 19 points. → **Tableau 3**. Ambiance livresque, milieu social et nombre de romans lus depuis un mois. Page 144.

Les chances de vivre dans une ambiance livresque sont, de plus, inégales selon les milieux. 65 % des collégiens des classes populaires, 50 % des collégiens des classes moyennes, 32 % des collégiens des classes supérieures ont un père et une mère petits lecteurs ; 10 % des premiers, 15 % des seconds et 23 % des troisièmes ont, au contraire, des parents grands lecteurs. Cette très forte inégalité contribue, avec l'effet différentiel de l'ambiance, à augmenter dans les classes supérieures le nombre des jeunes qui aiment la lecture.

L'action du bon exemple parental ne contrebalance que modérément les inégalités sociales puisque l'ambiance livresque, premièrement est deux fois plus fréquente dans les familles de cadres supérieurs que dans les familles populaires et, deuxièmement, a un degré d'efficacité plus grand dans le premier type de familles. Il faudrait pour atteindre l'égalité, que tous les jeunes des familles populaires reçoivent le bon exemple et tous les jeunes des familles supérieures le mauvais !

Un tel énoncé souligne les difficultés de la réduction des inégalités, la supériorité globale du milieu des cadres provenant en grande partie de la mise en pratique de leurs ressources culturelles plus élevées. Si l'analyse multivariée offre l'intérêt de pouvoir dégager l'action d'un facteur spécifique, « toutes choses étant égales par ailleurs », elle ne doit pas faire oublier que, par ailleurs, toutes les choses ne sont pas égales ! La morale de cette histoire sociologique est que le bon exemple livresque n'est pas aussi aisé que cela à donner, et que tous les bons exemples ne se valent pas.

## LES CLASSIQUES NE BRISENT PAS LA VERTU DU BON EXEMPLE

Précisons encore mieux les effets de l'ambiance livresque en tenant compte de la nature des livres lus par les jeunes adolescents. Le fait d'avoir des parents lecteurs joue moins pour certains ouvrages, proposés dans la liste des classiques.
C'est ainsi que *Poil de carotte* est lu autant par les jeunes de milieux moyen et supérieur qui ne vivent pas dans une ambiance livresque que par les autres adolescents.
Pour *L'Enfant et la rivière*, c'est la même chose : ce livre est approprié au moins autant, sinon plus, par les jeunes qui n'ont pas de parents lecteurs : soit parce que ces derniers n'ont comme points de repère que les ouvrages classiques, soit parce que l'école leur fait lire au moins cela.
Jules Renard et Henri Bosco semblent ainsi échapper à la vertu du bon exemple parental, s'imposant par d'autres moyens comme des livres à lire.
Du côté des livres les plus lus par ceux qui bénéficient d'un environnement familial favorable, on retrouve *La Gloire de mon père, Le Grand Meaulnes* pour les classes populaires et supérieures, *Le Petit Nicolas,* pour les classes moyennes et supérieures, *L'Appel de la forêt* et *Les Contes du chat perché* pour les classes populaires principalement. →
**Tableau 4.** Ambiance livresque, milieu social et lecture des ouvrages classiques : **4.1.** Lecture des ouvrages classiques. **4.2.** Score d'appropriation littéraire. Page 145.

Au total, avec le score d'appropriation littéraire, les collégiens qui ont lu au moins quatre classiques sur les sept sont plus nombreux lorsque les parents lisent aussi.

| Milieu social | Ambiance livresque | % des lecteurs d'au moins 4 livres sur 7 |
|---|---|---|
| 1. Supérieur | Favorable | 43 |
| 2. Supérieur | Neutre | 35 |
| 3. Moyen | Favorable | 31 |
| 4. Supérieur | Défavorable | 23 |
| 5. Moyen | Neutre | 22 |
| 6. Moyen * | Défavorable | 20 |
| 6. Populaire * | Favorable | 20 |
| 8. Populaire | Neutre | 11 |
| 9. Populaire | Défavorable | 9 |

* Ex œquo

Mais cette avance est surtout sensible dans les familles de cadres supérieurs et de professeurs : 20 points séparent les deux groupes (ambiance favorable/ambiance défavorable) en milieu supérieur, 10 en milieux moyen et populaire. Les écarts entre enfants de parents lecteurs et enfants de parents non lecteurs présentent les mêmes caractéristiques lorsqu'ils sont mesurés pour l'ensemble de la lecture de livres, et pour le sous-ensemble des ouvrages classiques. Si ces livres constituaient l'accès privilégié pour les jeunes élevés par des parents, ouvriers ou employés, qui lisent, ces derniers devraient se différencier des autres adolescents de leur milieu davantage sur le terrain classique. Or ce n'est pas le cas, la littérature classique ne forme donc pas les débuts des chemins de la lecture pour ces jeunes.

# DE LA BONNE INFLUENCE DES PARENTS

## DES PARENTS PLUS COMPÉTENTS

Peut-être, ces ouvrages classiques pour être lus exigent-ils d'abord d'être sélectionnés au sein d'une production abondante. N'est-ce pas les mères dans les familles à forte ambiance livresque qui ont une compétence littéraire plus élevée que les autres femmes ? La collection Folio est connue parmi les classes populaires par 51 % des mères grandes lectrices (ou mariées à des hommes grands lecteurs) et par 21 % des mères petites lectrices. Dans les classes moyennes, les chiffres sont respectivement de 62 % et de 52 %, et dans les classes supérieures de 80 % et de 61 %. Pour la collection Castor poche, à l'exception des familles de cadres moyens, c'est le même constat. Le bon exemple ne tire pas uniquement ses effets du simple fait d'un niveau plus élevé de lecture, une meilleure compétence maternelle en matière littéraire renforce son action.

## DES PARENTS PLUS ATTENTIFS

Les parents lecteurs n'ont pas les mêmes attitudes vis-à-vis de la lecture que les autres. C'est en milieu populaire que la différenciation est la plus systématique : l'ambiance livresque est associée à une plus grande surveillance, à une plus forte incitation, à un plus grand regard sur les livres du jeune, et enfin à une discussion plus régulière sur ce thème. Dans les classes moyennes et supérieures, la surveillance et l'incitation n'augmentent pas avec l'accroissement du volume parental de lecture. Par contre, les parents lecteurs discutent beaucoup plus avec leurs enfants des livres. → **Tableau 5.** Ambiance livresque, milieu social et attitudes de la mère vis-à-vis de la lecture des jeunes : **5.1**. De la surveillance à la discussion. **5.2**. Les raisons de la surveillance. Page 146.
L'attention que les parents lecteurs portent à la lecture de leurs enfants change selon les milieux sociaux. Dans les classes populaires, c'est une intervention plus explicite avec un usage de toutes les armes, alors que dans les autres classes, les parents lecteurs n'ont pas recours à la forme susceptible d'être perçue comme « autoritaire », la surveillance. Ces derniers préfèrent une action plus douce, la conversation, et qui, on l'a vu, n'est pas moins efficace.

Lorsque les uns et les autres contrôlent les ouvrages de leurs jeunes adolescents, ils le font au nom de principes différents. Les parents lecteurs, de classes populaires, cherchent à éviter les livres médiocres alors que les parents non lecteurs le font pour éviter les livres immoraux ou qui ne correspondent pas à l'âge de leur enfant. Dans les classes moyennes, les parents lecteurs tentent d'exclure les livres médiocres et les bandes dessinées, assimilées à la précédente catégorie. Dans les classes supérieures, le choix des parents lecteurs ne correspond pas clairement à une classe de livres. Les jeunes élevés dans une ambiance livresque sont en quelque sorte protégés par leurs parents des livres jugés les moins culturels, « médiocres » ou « illustrés ». La morale importe moins que la valeur culturelle, présumée du livre. Les parents non lecteurs opèrent davantage une sélection reposant sur des critères externes à la production littéraire.

## UNE IRRADIATION LIMITÉE

La plus grande sensibilité à la logique interne de la pratique de lecture témoignée par les parents lecteurs, notamment en milieux moyen et populaire, ne se transmet pas si facilement à la génération suivante. Un exemple, *La Gloire de mon père*: dans les classes populaires, les jeunes avec un bon exemple parental l'ont lu dans 51 % des cas et l'attribuent à Marcel Pagnol dans 49 % des cas; 27 % des jeunes sans cet exemple l'ont lu et 33 % citent son auteur. Proportionnellement, les jeunes des parents lecteurs n'ont pas fait plus attention que les autres à l'identité du livre. → **Tableau 6.** Ambiance livresque, milieu social et compétence littéraire des jeunes: **6.1.** Attributions exactes. **6.2.** Score de compétence littéraire. Page 147.

Chez les jeunes de milieu populaire élevés dans une ambiance favorable, ce rapport cultivé à la lecture se développe moins que la soif de lire des ouvrages classiques. On le perçoit avec le rapport entre ces deux groupes de jeunes pour le score de compétence littéraire et pour l'appropriation livresque:

| **Ambiance livresque** | **Fort score** | |
|---|---|---|
| | **Compétence** | **Appropriation** |
| **Milieu populaire** | | |
| Ambiance favorable | 9,0 % | 20,0 % |
| Ambiance défavorable | 5,0 % | 9,0 % |
| Rapport | 1,8 | 2,2 |
| **Milieu moyen** | | |
| Ambiance favorable | 14,0 % | 31,0 % |
| Ambiance défavorable | 10,0 % | 20,0 % |
| Rapport | 1,4 | 1,6 |
| **Milieu supérieur** | | |
| Ambiance favorable | 43,0 % | 23,0 % |
| Ambiance défavorable | 23,0 % | 15,0 % |
| Rapport | 1,9 | 1,6 |

La distance entre les jeunes, différenciés selon l'ambiance livresque de leur famille, est plus grande au niveau de la lecture des ouvrages classiques qu'au niveau de la compétence dans les classes populaires et moyennes. Dans les classes supérieures, c'est l'inverse. Le bon exemple a un espace d'irradiation limitée dans les familles les moins riches socialement: c'est avant tout le volume de lecture qui varie. Dans les familles à la fois les mieux dotées socialement et les plus littéraires, les jeunes apprennent, un peu, la posture cultivée. Cette dernière est difficile à intérioriser à l'âge de 12 ans; la surveillance explicite associée au bon exemple ne suffit pas.
Cette difficulté est perceptible également avec un autre indicateur. Invités à fournir l'identité de leur dernier livre lu — par son titre, par son auteur, par sa collection —, les jeunes qui bénéficient d'un environnement favorable ne citent pas plus souvent que les autres ces trois éléments. La mention de Folio ou de Castor poche n'est guère plus fréquente dans un cas ou dans un autre. Le prestige culturel de ces collections ne les fait pas non plus davantage citer par les enfants de parents lecteurs comme leur collection préférée.

Le goût pour la lecture se transmet mieux que le rapport cultivé au livre. Le score des histoires comiques n'est-il pas aussi élevé dans les familles de lecteurs que dans les familles de non-lecteurs? Cependant, cette dissociation entre lecture et compétence littéraire n'est pas totale; on vient de le voir avec la lecture plus fréquente des ouvrages classiques, on le voit aussi avec le rejet des livres sur la nature — catégorie refuge — par les collégiens dont les parents lisent. Dans les classes populaires, ces derniers sont attirés par les récits d'aventure; dans les classes moyennes par ces mêmes récits et par les romans policiers; dans les classes supérieures par les histoires dont le héros est un adolescent. →
**Tableau 7.** Ambiance livresque, milieu social et thèmes préférés de lecture. Page 148.

Les parents lecteurs ont des effets assez comparables sur le volume de lecture des jeunes (au moins aux deux extrémités sociales), sans produire pour autant un rapprochement des goûts. Les adolescents populaires et supérieurs bénéficiant d'une ambiance favorable se différencient selon ce critère plus que les adolescents sans bon exemple livresque. La distance entre jeunes de milieu populaire et jeunes de milieu supérieur (calculée, en valeur absolue, à partir des thèmes préférés de lecture) est de 58 points au sein des familles à ambiance livresque, et de 30 points au sein des familles sans ambiance livresque. Avec des parents lecteurs, les jeunes de milieu populaire, par opposition aux jeunes de milieu supérieur, élisent les romans d'aventure (+ 18 points), les livres sur la nature (+ 10 points) et boudent les romans policiers (— 14 points), les romans de science-fiction (— 9 points) et les romans d'amour (— 6 points). Il n'y a pas alignement des premiers sur les seconds, avec le goût pour la nature d'une part et le goût pour le suspense d'autre part. Sans le bon exemple parental, les clivages, atténués, sont surtout perceptibles pour les histoires comiques (+ 7 points), les policiers (— 6 points), les romans d'aventure et les romans dont les jeunes sont des héros (+ 5 points).

## EXEMPLE ET INVESTISSEMENT SCOLAIRE

Les bienfaits des parents lecteurs ne se limitent pas au cercle de la pratique de lecture. Ils affectent le rapport à la scolarité de leurs enfants. Dans les familles populaires, les jeunes vivant dans l'ambiance livresque sont deux fois plus nombreux à aimer l'école que les jeunes dont les parents ne lisent pas. Trois quarts des premiers et la moitié des seconds seulement ont suivi le rythme prescrit par l'institution scolaire. →
**Tableau 8**. Ambiance livresque, milieu social et histoire scolaire. Page 148.

L'histoire scolaire rapproche les jeunes lorsqu'ils sont élevés par des parents lecteurs: 77 % de ces jeunes de milieu populaire et 83 % de ces jeunes de milieu supérieur sont en quatrième ou en cinquième, soit une différence de 6 points, alors que la différenciation sociale pour les enfants des parents qui lisent peu ou pas est de 24 points. Une ambiance livresque et un cursus scolaire normal vont de pair pour ces deux milieux, contrairement aux classes moyennes.
Cet investissement dans l'école ne se traduit pas obligatoirement par une proximité plus grande de ces jeunes avec les enseignants. Au sein des classes supérieures, 20 % des jeunes vivant dans une ambiance livresque et 36 % de ceux qui n'en bénéficient pas avancent, comme motif de lecture du dernier ouvrage, un conseil de professeur. Les jeunes avec des parents lecteurs ont une autonomie plus grande dans le choix de leurs livres, repérable grâce aux réponses « autres » que les conseils et l'attribution au hasard de la découverte du livre (ils avouent également suivre les conseils de leur père ou de leur mère). Parmi les

classes populaires, ce sont, au contraire, les jeunes dont les parents lisent qui sont plus attentifs au discours des enseignants. → **Tableau 9.** Ambiance livresque, milieu social et raisons de lire le dernier ouvrage selon les adolescents. Page 149.

L'offre culturelle des professeurs est mieux reçue lorsque les élèves ont sans doute intériorisé les limites de leur environnement familial (ou leurs propres limites). La reconnaissance de la collection Folio par les mères lectrices de milieu populaire n'est-elle pas à mi-chemin entre celle des mères non-lectrices de même milieu et celle des mères lectrices de milieu supérieur? Peut-être ces élèves populaires espèrent-ils, en écoutant leurs professeurs, améliorer encore leurs performances. En tout cas leurs mères lectrices, à la différence de leurs homologues des classes supérieures, le pensent. Assurer de bonnes bases de français est un objectif de la lecture pour 77 % des premières et 36 % des secondes. A l'inverse, les mères de milieu cadre plaident pour le plaisir de lire. → **Tableau 10.** Ambiance livresque, milieu social et apports de la lecture selon les mères. Page 149.

## L'ATTRAIT DES BIBLIOTHÈQUES ET DES CLUBS

Cette attention portée au livre des jeunes de milieu populaire stimulés par leurs parents ne les conduit pas à emprunter davantage dans les bibliothèques du collège. 21 % l'ont fait pour leur dernier livre, contre 36 % de leurs camarades qui ont des parents petits lecteurs.

Les conseils des professeurs et l'offre scolaire de livre ne doivent pas être confondus. Ceux qui ont des parents lecteurs les accompagnent dans les bibliothèques non scolaires et feuillettent les brochures des clubs de livres (sauf en milieu moyen, pour cette dimension). Les autres sont plus isolés, leur père et leur mère fréquentent peu les espaces du livre: la moitié des parents de classe supérieure, faibles lecteurs, ne sont inscrits ni à une bibliothèque ni à un club.

Les effets de l'ambiance livresque dans la famille ne peuvent être dissociés, dans la réalité, des effets de l'appartenance à des réseaux de distribution du livre qui sont en même temps des stimulants. L'achat, lui, est peu associé au fait d'avoir des parents lecteurs, sauf en milieu supérieur. → **Tableau 11.** Ambiance livresque, milieu social et rapport aux réseaux de distribution des livres: **11.1.** Inscription à une bibliothèque ou à un club de livres. **11.2.** Lieu de provenance des livres. Page 150.

# L'AMBIANCE ÉDUCATIVE

## LE LIVRE ET LA TABLE

Dans les familles populaires où règne davantage le livre, une bonne tenue à table est exigée. La règle de mettre les mains sur la table est énoncée dans 66 % des familles à ambiance livresque favorable contre 51 % dans les familles à ambiance défavorable. Dans les classes supérieures, c'est l'inverse, 44 % des parents lecteurs et 59 % des parents non lecteurs réclament ce rapport au corps. Le style libéral n'a pas le même sens dans ces deux milieux. L'accent mis sur la conformité est dans le premier cas perçu, sans doute, comme un garant de la réussite alors que c'est l'autonomie qui est valorisée en milieu supérieur. → **Tableau 12**. Ambiance livresque, milieu social et règles éducatives. Page 151.

La conformité des parents lecteurs dans les familles populaires ne s'étend pas à la zone des rôles sexuels. Quel que soit le milieu, les parents lecteurs et leurs enfants optent pour des solutions — travail salarié de la mère, participation plus grande du père au travail domestique — moins traditionnelles. En milieu populaire, par exemple, l'aide scolaire est assurée par les deux parents dans 46 % des cas dans une ambiance livresque et dans 34 % des cas dans une ambiance différente.

*Je bouquine, Okapi, Astrapi* édités par Bayard-Presse offrent l'image de journaux éducatifs. On pourrait donc s'attendre à ce que sa diffusion soit plus importante dans les fractions sensibles à l'univers de l'écrit. Or, en réalité, dans les classes supérieures, ces magazines sont davantage lus par les jeunes appartenant à des familles où les parents lisent moins : 45 %, contre 33 % pour les familles à ambiance livresque. Le côté « Bonne Presse » doit gêner les parents lecteurs et leurs enfants qui, par ailleurs, se déclarent beaucoup plus sans religion (comme dans les classes moyennes), les éditions de Milan — avec *Mikado* —, plus laïques, attirent davantage (respectivement 12 % et 6 %). → **Tableau 13**. Ambiance livresque, milieu social et attitude religieuse des jeunes. Page 151.
La relation plus générale entre journaux éducatifs (comprenant ceux de Bayard-Presse, des éditions de Milan et la presse sur la nature et les

sciences) et l'ambiance livresque de la famille n'est pas très forte; elle est même nulle au sein des classes supérieures. La presse éducative ne semble, à ce niveau de l'observation, intervenir ni comme stratégie de fort soutien à la lecture, ni comme une stratégie de rattrapage.

## LE LIVRE ET LA TÉLÉVISION

Le temps libre ne doit pas être soumis aux caprices de la programmation télévisuelle selon les parents lecteurs en milieux populaire et supérieur. Le mercredi, ces jeunes fréquentent, en plus d'un club de sports, un atelier de peinture, de dessin, un cours de musique. → **Tableau 14.** Ambiance livresque, milieu social et usage organisé du temps libre. Page 152.
Les parents lecteurs contrôlent davantage l'usage de la télévision pour leurs adolescents, principalement dans les classes supérieures et moyennes. 43 % des parents forts lecteurs et 60 % des parents faibles lecteurs dans ce milieu autorisent une assez forte écoute quotidienne. Dans les milieux populaires, le livre et la télévision sont, semble-t-il moins incompatibles.

En tant qu'activité préférée, la télévision obtient les suffrages des adolescents ne vivant pas dans une ambiance livresque, aux deux extrémités de la hiérarchie sociale:

| **Ambiance livresque** | **Activités préférées en 1 ou 2** | | |
|---|---|---|---|
| | **Télévision** a | **Lecture** b | **Rapport** b/a |
| Populaire favorable | 26 % | 20 % | 0,8 |
| Populaire défavorable | 38 % | 17 % | 0,4 |
| Supérieur favorable | 16 % | 33 % | 2,1 |
| Supérieur défavorable | 31 % | 15 % | 0,5 |

Dans les milieux supérieurs, le conflit social entre le livre et la télévision tourne nettement à l'avantage du premier lorsque les parents lisent. Là encore, l'effet associé aux parents lecteurs est plus fort dans les familles de cadres.

## UN DICTON PLUS OU MOINS VRAI

Une pratique culturelle chez les parents a d'autant plus de chances de se reproduire à la génération suivante que cette pratique est moins exceptionnelle dans le milieu considéré. La socialisation exige une cohérence dans l'univers global (la présence d'autres familles lectrices en l'occurrence) et une cohérence dans l'univers parental (que le niveau des richesses scolaires du père ou de la mère soit suffisant pour « supporter » leur lecture).

Le dicton « Tel père, tel fils », ou ses variantes « Telle mère, tel fils ». « Telle mère, telle fille », « Tel père, telle fille » est trompeur. Appliqué non plus à la reproduction des positions sociales, mais comme ici à la reproduction d'un comportement culturel, il n'est vrai (statistiquement) que sous certaines conditions : les personnes les plus riches scolairement ont plus de chances que les autres de transmettre à leur descendance leurs penchants si ces derniers relèvent de la catégorie des pratiques culturelles.

La bonne volonté culturelle, même mise en pratique par les parents, ne semble pas suffire pour garantir l'héritage. Les effets de l'ambiance livresque correspondent mieux à la « sagesse » d'un autre dicton, « Mieux vaut être riche et beau que... », qui souligne les bienfaits de l'accumulation des richesses.

CHAPITRE 3

# L'HISTOIRE SCOLAIRE

## UN AMOUR EXIGEANT

Officiellement selon l'institution scolaire, chaque âge « biologique » correspond à une classe. Dans la réalité, en fonction de leur propre histoire scolaire, les enfants d'une même année ont des âges institutionnels qui varient. Certains, en retard, se trouvent avec des élèves plus jeunes, et d'autres, en avance, côtoient des élèves plus vieux. Ce rythme scolaire interfère avec la lecture dans la mesure où l'école a un support privilégié, le livre et la culture écrite. Rapport au livre et rapport à l'école ne sont pas indépendants. A 12 ans, plus on aime l'école et plus on a de chances d'aimer lire :

| | Aimer lire | | |
|---|---|---|---|
| **Aimer l'école** | **beaucoup** | **assez** | **un peu ou pas du tout** |
| Beaucoup | 64,4 | 26,8 | 8,8 |
| Assez | 30,3 | 52,0 | 17,7 |
| Un peu | 18,7 | 42,0 | 39,3 |
| Pas du tout | 12,5 | 25,0 | 62,5 |

Environ deux tiers des adeptes de l'école aiment beaucoup lire, deux tiers des jeunes réfractaires à l'école rejettent aussi le livre. La relation entre les deux univers est forte, sans atteindre un point de fusion. Le fort amour de la lecture est, en effet, beaucoup plus développé que le fort amour de l'école. Le décalage entre ces deux penchants est de 10 points pour les classes populaires, 15 points pour les classes moyennes et 18 pour les classes supérieures. C'est pourquoi, dans l'autre sens, les mêmes données de base donnent une image différente. 35 % seulement de ceux qui aiment beaucoup lire aiment beaucoup l'école :

| | Aimer l'école | | | |
|---|---|---|---|---|
| **Aimer lire** | **beaucoup** | **assez** | **un peu** | **pas du tout** |
| Beaucoup | 35,4 | 48,7 | 13,9 | 1,4 |
| Assez | 11,1 | 63,0 | 23,5 | 2,1 |
| Un peu ou pas du tout | 6,8 | 40,6 | 45,4 | 7,2 |

L'école appartient au registre du devoir, y compris pour nombre de « bons » élèves, celui de la lecture relève du registre du plaisir, y compris pour nombre de « mauvais » lecteurs. Cette situation présente des avantages et des inconvénients pour une politique de la lecture. Cette pratique doit être attractive au regard des adolescents, ils doivent y prendre plaisir. Cette exigence d'un rapport enchanté peut décourager ceux et celles qui peinent, ceux et celles pour qui lire reste un devoir, et donc renvoie à l'école. C'est un paradoxe, les jeunes qui réussissent à l'école ont les moyens de considérer la lecture autrement que sous un rapport scolaire alors que les jeunes les plus distants des valeurs de

l'enseignement associent le plus ce monde et celui du livre.
La confrontation entre le livre-loisir et l'école est menée en deux temps : tout d'abord avec l'étude des jeunes adolescents qui ont connu des difficultés d'apprentissage de la lecture, ensuite avec la description de cette pratique en fonction de la trajectoire scolaire (celle des élèves en retard, celle des élèves sans histoire et celle des bons élèves).

## DES MAUVAIS SOUVENIRS D'ÉCOLE

Les heures passées en classe préparatoire (CP) à apprende à lire sont à l'origine de l'association entre l'univers scolaire et l'univers de la lecture. Les premiers pas laissent des traces durables. En mileu populaire, 18 % des jeunes qui ont appris sans problème et 45 % de ceux qui ont appris avec problème n'aiment pas du tout lire. Dans les autres milieux, le décalage entre ces deux groupes est aussi important.
Le livre perd de son attrait lorsqu'un seuil minimal de maîtrise symbolique n'a pas été rapidement atteint. 6 % des jeunes osent — dans un questionnaire explicitement centré sur cette pratique, indiquer un rejet aussi explicite demande de l'audace — déclarer que parmi les activités proposées, celle qu'ils n'aiment pas est la lecture. Ceux qui ont de mauvais souvenirs avouent plus facilement ce rapport distant qu'ils ont vis-à-vis de la lecture :

| | En cas d'apprentissage | |
|---|---|---|
| | facile | difficile |
| Milieu populaire | 6 % | 16 % |
| Milieu moyen | 3 % | 13 % |
| Milieu supérieur | 2 % | 11 % |

Même si ce passé n'étouffe pas tout espoir, les jeunes qui apprécient la lecture au point de classer ce loisir en première place sont cinq fois moins nombreux que ceux qui la rejettent dans les familles populaires. Ces débuts difficiles se réfractent, pour certains, dans leur manière de s'approprier l'écrit. Lire en étant obligé de mettre son doigt sur la ligne, signe d'une appropriation pénible, est surtout un comportement des jeunes qui ont mal appris. C'est le cas pour 61 % des déchiffreurs des classes populaires, 44 % des déchiffreurs des classes moyennes, 43 % des déchiffreurs des classes supérieures.

## UNE ACTIVITÉ PLUS EXCEPTIONNELLE

Les jeunes à problème (c'est-à-dire ayant eu des difficultés d'apprentissage) dépensent moins de temps à lire que les jeunes sans problème. Pour la lecture dominicale, dans les classes supérieures, la coupure entre ces deux groupes se fait autour d'une heure; dans les classes moyennes autour d'une demi-heure; dans les classes populaires autour du quart d'heure.

Cette variation sociale marque bien l'évidence plus grande de la lecture dans les familles de cadres, y compris pour ceux qui ont eu du mal à suivre → **Tableau 1**. Difficultés d'apprentissage, milieu social et temps consacré à la lecture: **1.1**. Temps de lecture un jour d'école. **1.2**. Temps de lecture le dimanche. Page 153.

## LASSITUDE

Cependant, les mères n'incitent pas plus les jeunes à problème que les jeunes sans problème à lire. Elles éprouvent une certaine lassitude dans ce domaine. Sinon, comment expliquer que le jugement d'insuffisance et le niveau d'incitation ne se correspondent pas?

Les jeunes qui ont eu du mal à apprendre à lire ne reçoivent pas plus d'encouragements ou de rappels à lire alors que leurs mères estiment bien moins satisfaisant leur engagement dans la lecture. En milieu cadre, les mères feuillettent et discutent moins régulièrement avec leurs enfants qui ont eu des difficultés d'apprentissage. Les jeunes à problème font leurs achats de livres plus souvent seuls alors que les autres sont accompagnés par un de leurs parents (milieux populaire ou supérieur).

| | Lecture jugée insuffisante | Incitation régulière par la mère |
|---|---|---|
| **Milieu populaire** | | |
| Apprentissage difficile | 79 % | 47 % |
| Apprentissage facile | 55 % | 58 % |
| **Milieu moyen** | | |
| Apprentissage difficile | 79 % | 67 % |
| Apprentissage facile | 55 % | 65 % |
| **Milieu supérieur** | | |
| Apprentissage difficile | 75 % | 66 % |
| Apprentissage facile | 45 % | 71 % |

Les parents des enfants à problème ne sont pas, pourtant, moins bien dotés scolairement, ni moins bons lecteurs, ni moins souvent inscrits en bibliothèque. Ils ont intériorisé cette histoire difficile de leur enfant et l'ont intégrée dans leur propre perception. Deux fois plus de jeunes sans problème que de jeunes à problème sont jugés « intellectuels » par leurs parents, ouvriers ou employés:

| | Qualités de l'enfant | |
|---|---|---|
| | manuel | intellectuel |
| **Milieu populaire** | | |
| Apprentissage difficile | 54 % | 36 % |
| Apprentissage facile | 52 % | 63 % |
| **Milieu moyen** | | |
| Apprentissage difficile | 53 % | 44 % |
| Apprentissage facile | 49 % | 78 % |
| **Milieu supérieur** | | |
| Apprentissage difficile | 63 % | 60 % |
| Apprentissage facile | 48 % | 83 % |

Dans les familles de cadres moyens, 75 % des adolescents qui ont connu des difficultés contre 28 % des autres jeunes sont étiquetés par leurs mères comme des élèves « mauvais ou moyens ». Le présent et l'avenir des uns et des autres diffèrent. Dans les familles populaires, 56 % des jeunes à problème et 31 % des autres ont un retard scolaire.

Un tiers des adolescents dont l'apprentissage a été difficile et plus de la moitié des collégiens sans problème, originaires des classes supérieures, parviendront à obtenir, selon leurs mères, une licence au moins. → **Tableau 2.** Difficultés d'apprentissage, milieu social et ambition maternelle. Page 154.

L'effet de halo, provoqué par cette histoire scolaire difficile, est perceptible jusque dans la nature des relations. Dans les classes populaires et moyennes, les parents de ceux qui ont du mal à apprendre à lire déclarent s'entendre moins bien avec eux. Les mères témoignent ainsi de leur déception qui rejaillit dans leur manière de vivre avec leur enfant :

| | **En cas d'apprentissage** | |
|---|---|---|
| | **difficile** | **facile** |
| Milieu populaire | 57 % | 66 % |
| Milieu moyen | 54 % | 68 % |
| Milieu supérieur | 66 % | 63 % |

Les parents changent leurs stratégies éducatives après ces difficultés enfantines. Ils inscrivent moins les jeunes à problème dans les ateliers de dessin et les cours de musique. Ils ne tentent pas d'opérer une compensation à l'intérieur des pratiques culturelles entre l'écrit et les autres domaines.

## LES IMAGES CAPTIVANTES

Dans la hiérarchie des loisirs préférés par les jeunes au difficile passé de lecture, la télévision l'emporte sur les livres, au moins aux deux extrémités de la hiérarchie sociale ; dans les classes moyennes, c'est la pratique du sport qui rallie les suffrages de ces jeunes.

| | **Loisirs préférés** | | |
|---|---|---|---|
| | **Lecture a** | **Télévision b** | **Rapport a/b** |
| **Milieu populaire** | | | |
| Apprentissage difficile | 11 % | 43 % | 0,3 |
| Apprentissage facile | 21 % | 25 % | 0,8 |
| **Milieu moyen** | | | |
| Apprentissage difficile | 19 % | 21 % | 0,9 |
| Apprentissage facile | 25 % | 25 % | 1,0 |
| **Milieu supérieur** | | | |
| Apprentissage difficile | 15 % | 34 % | 0,4 |
| Apprentissage facile | 25 % | 23 % | 1,1 |

Ce goût marqué pour les images télévisuelles ne dépend pas directement d'une plus grande consommation. Ainsi, dans les familles des classes supérieures, au contraire, les jeunes à problème sont soumis à des procédures d'évitement. Deux cinquièmes d'entre eux et un tiers des autres jeunes ne regardent pas la télévision tous les jours. Les parents des premiers ne mettent pas en œuvre des stratégies explicites d'encouragement à la lecture mais tentent toutefois de limiter les dégâts, pourrait-on dire, en détournant leurs enfants de la tentation télévisuelle. Dans les familles des classes moyennes et populaires les jeunes qui ont connu des difficultés d'apprentissage sont plus nombreux que les autres à avoir un fort usage de la télévision. → **Tableau 3**. Difficultés d'apprentissage, milieu social et temps d'écoute de la télévision. Page 154.

La place occupée par les bandes dessinées dans la hiérarchie des genres d'ouvrages préférés est meilleure chez les jeunes à problème. Les images, animées ou fixes, sont attractives. Entre une bande dessinée et un roman, les jeunes qui ont maîtrisé moins vite la technique de lecture prennent plus facilement l'album, alors que les autres jeunes choisissent un peu plus le roman, sans pour autant rejeter les bandes dessinées :

| | **Genre préféré en premier** | | |
|---|---|---|---|
| | **B.D.**<br>**a** | **romans**<br>**b** | **Rapport**<br>**b/a** |
| **Milieu populaire** | | | |
| Apprentissage difficile | 55 % | 15 % | 0,3 |
| Apprentissage facile | 41 % | 23 % | 1,4 |
| **Milieu moyen** | | | |
| Apprentissage difficile | 44 % | 22 % | 0,5 |
| Apprentissage facile | 37 % | 40 % | 1,1 |
| **Milieu supérieur** | | | |
| Apprentissage difficile | 35 % | 29 % | 0,8 |
| Apprentissage facile | 36 %. | 38 % | 1,1 |

## LE DOCUMENTAIRE, ACCESSIBLE

Considérés généralement comme les représentants de la catégorie des « bons livres », les romans sont rejetés par les adolescents au difficile passé de lecture, comme le montre la comparaison des rapports entre taux de non-lecture pour chacun des genres d'ouvrages selon les deux groupes de jeunes considérés (plus le rapport est supérieur à 1, et plus la non-lecture est rare parmi les adolescents à problème). S'il est vrai que, dans la majorité des cas, les jeunes qui ont eu du mal à apprendre à lire continuent à moins lire six ans après — d'où des rapports supérieurs à 1 — ils ne rejettent pas de manière uniforme l'ensemble de la production écrite :

| Milieu | Roman | Journal éducatif | Documentaire | Livre-jeux | Revues | B.D. |
|---|---|---|---|---|---|---|
| Populaire | 1,5 | 1,2 | 1,3 | 1,0 | 1,3 | 1,0 |
| Moyen | 2,5 | 1,3 | 1,2 | 1,1 | 1,6 | 1,5 |
| Supérieur | 1,4 | 1,2 | 0,9 | 1,0 | 1,3 | 1,1 |

Le roman est, quel que soit le milieu, le livre le plus inaccessible pour les jeunes à problème. Du côté des livres les moins rebutants relativement pour ces jeunes, on relève les bandes dessinées et les livres-jeux dans les classes populaires, les livres jeux et les documentaires dans les classes moyennes et supérieures. → **Tableau 4**. Difficultés d'apprentissage, milieu social et formes du rejet de la lecture. Page 155.

Lire régulièrement une revue (sans distinction de genre) n'est pas un substitut à la lecture romanesque. Lorsque dans les classes supérieures cependant ils en lisent, les collégiens qui ont peiné sur leur manuel de lecture se réfugient dans les magazines de bandes dessinées, comme *Mickey, Pif, Tintin, Spirou*. Leurs parents ou leurs grands-parents les abonnent en outre à *Je bouquine, J'aime lire, Okapi* ou *Astrapi*. Dans les autres milieux, les revues de Bayard-Presse ne sont pas associées aux jeunes à problème.
Il y a donc deux usages différents de ces revues, l'un plutôt d'accompagnement « normal » de la lecture pour les classes moyennes et populaires, l'autre plutôt de soutien pour les classes supérieures[1]. → **Tableau 5**. Difficultés d'apprentissage, milieu social et lecture des journaux. Page 155.

1. Il ne faut pas extrapoler à partir de la relation entre la lecture de Bayard-Presse et les difficultés d'apprentissage de la lecture chez les jeunes des classes supérieures. En effet, la variation de la lecture de ces journaux selon le type des scolarités montre que les jeunes de 12 ans en retard scolaire, de milieu supérieur, sont moins lecteurs de *Je bouquine, J'aime lire* que les jeunes de même appartenance sociale qui sont à 12 ans en cinquième ou quatrième : →

La supériorité du roman sur le documentaire varie selon deux critères, la position sociale de la famille et l'apprentissage de la lecture : plus les jeunes appartiennent à un milieu favorisé (comparaison des rapports c/d), ou plus les jeunes ont appris aisément à lire (comparaison des rapports a/b) et plus ils lisent relativement de romans.
Inversement, les jeunes à problème se plongent plus volontiers dans un documentaire.

Dans les milieux moyens et supérieurs, ceux qui ont lu au moins un documentaire depuis un mois sont presque aussi nombreux dans les groupes de jeunes à problème et dans les groupes de jeunes sans problème :

| | | En cas d'apprentissage | | |
|---|---|---|---|---|
| | | difficile a | facile b | Rapport a/b |
| **Milieu populaire** | | | | |
| Lecture documentaire | c | 16 % | 25 % | 0,6 |
| Lecture romanesque | d | 19 % | 39 % | 0,5 |
| Rapport | c/d | 1,2 | 1,6 | |
| **Milieu moyen** | | | | |
| Lecture documentaire | c | 24 % | 25 % | 1 |
| Lecture romanesque | d | 31 % | 50 % | 0,6 |
| Rapport | c/d | 1,3 | 2 | |
| **Milieu supérieur** | | | | |
| Lecture documentaire | c | 26 % | 27 % | 1 |
| Lecture romanesque | d | 40 % | 55 % | 0,7 |
| Rapport | c/d | 1,5 | 2 | |

---

→

| | Élèves en retard | Élèves normaux | Élèves bons |
|---|---|---|---|
| Milieu populaire | 26 % | 25 % | 30 % |
| Milieu moyen | 20 % | 42 % | 40 % |
| Milieu supérieur | 28 % | 41 % | 43 % |

Dans les classes moyennes, c'est la même tendance ; Bayard-Presse recrute ses lecteurs auprès des jeunes sans retard. Dans les classes populaires, les différences associées à la scolarité sont faibles (moins de 5 points entre les bons élèves et les jeunes en retard). Les jeunes des familles de cadres lisent les revues de ce groupe surtout lorsqu'ils sont dans le bain « normal » de l'école, et plus particulièrement cependant lorsqu'ils ont connu des débuts de lecture difficile (qui ne se sont pas traduits par un retard scolaire).

Le livre documentaire constitue donc un genre adéquat pour encourager à lire les jeunes qui ont connu des difficultés dans la maîtrise de cette technique symbolique. Ces derniers aiment les livres sur la nature et les animaux. Et, inversement, les histoires dont le personnage central est quelqu'un de leur âge les attirent moins. Proposer à ces adolescents un livre, où ils pourront plus aisément se projeter dans l'action, est une évidence qui mérite d'être revue et corrigée. Il en est de même pour les enquêtes policières, surtout dans les familles de cadres moyens ou supérieurs. L'intérêt du livre — défini par l'âge de son héros, par le suspense de l'histoire — n'est pas le facteur déterminant de l'attraction pour les adolescents qui ont de mauvais souvenirs de lecture. Ces derniers recherchent plutôt l'exotisme, le sentiment de dépaysement, d'étrangeté, notamment dans les classes moyennes avec la catégorie « reportages » et la science-fiction, en plus de la catégorie « nature ».

Dans les classes supérieures, c'est la possibilité du rire qui déclenche davantage la volonté de lire parmi les jeunes à problème. Mais cette catégorie « histoire comique » est ambiguë, elle peut être perçue comme l'intrus dans la liste proposée, c'est-à-dire l'unique élément qui renvoie aux petites bandes dessinées, aux « comics ». → **Tableau 6**. Difficultés d'apprentissage, milieu social et thèmes préférés de lecture. Page 156.

Le succès des documentaires sur la nature et les animaux ne doit pas être surestimé, le nombre de ceux qui ne lisent aucun documentaire parmi les jeunes à problème en témoigne. En effet, comme la rubrique « aucun » ne figurait pas sur la liste des thèmes proposés, les jeunes étaient contraints de désigner un thème. Pour les jeunes qui ont eu un apprentissage difficile, la sélection des livres « nature » signifie surtout que la plupart des autres thèmes ne plaisent pas, ou plaisent moins. Le message envoyé veut dire : « En cas de lecture, mon choix se porterait plutôt sur un livre documentaire ».

## LES CLASSIQUES, UNE ACCROCHE EFFICACE

Outre les documentaires, par quoi accrocher les élèves qui n'ont pas acquis facilement les mécanismes de la lecture, et qui sont de moins bons lecteurs que les autres ? Les romans considérés comme des classiques peuvent-ils servir à amorcer la pompe littéraire ? *Le Petit Nicolas* avec son héros peu respectueux de l'ordre scolaire semble *a priori* un livre pouvant remplir cette fonction. Ce n'est pas le cas, bien au contraire. Le livre de Sempé et Goscinny est lu, dans tous les milieux, davantage par les jeunes sans problème. Les livres appropriés aussi bien par les

deux groupes d'adolescents sont, en milieu populaire *L'Enfant et la rivière*, *La Gloire de mon père* et *Poil de carotte*, en milieu moyen les deux derniers cités et, en milieu supérieur, *L'Appel de la forêt*. → **Tableau 7**. Difficultés d'apprentissage, milieu social et lecture des ouvrages classiques. **7.1**. Lecture des ouvrages. **7.2**. Score d'appropriation littéraire. **7.3**. Score de compétence littéraire. Pages 156-157.
A première vue, les romans classiques ne constituent guère une bonne accroche, le score d'appropriation livresque des jeunes sans problème dépassant celui des jeunes qui ont mal maîtrisé la lecture. Mais comme les jeunes à problème lisent en moyenne moins que les autres, il est nécessaire de comparer des écarts différentiels calculés d'une part à partir de la forte lecture romanesque (au moins un roman lu tous les quinze jours), d'autre part à partir de la forte appropriation des classiques (au moins trois classiques lus sur les sept proposés) :

| | | Forte lecture des romans en général | Forte lecture des romans classiques |
|---|---|---|---|
| **Milieu populaire** | | | |
| Apprentissage difficile | a | 19 % | 23 % |
| Apprentissage facile | b | 39 % | 29 % |
| Rapport | a/b | 0,5 | 0,8 |
| **Milieu moyen** | | | |
| Apprentissage difficile | a | 31 % | 25 % |
| Apprentissage facile | b | 50 % | 44 % |
| Rapport | a/b | 0,6 | 0,6 |
| **Milieu supérieur** | | | |
| Apprentissage difficile | a | 40 % | 35 % |
| Apprentissage facile | b | 55 % | 61 % |
| Rapport | a/b | 0,7 | 0,6 |

La lecture des classiques n'obéit pas à une logique strictement identique à celle des autres romans. Dans les classes supérieures, les adolescents à problème sont un peu plus proches des autres pour la lecture ordinaire. Dans les classes populaires, au contraire, les jeunes qui ont eu du mal à apprendre à lire ressemblent plus aux autres pour les classiques. Cette moindre distance entre les deux groupes de jeunes dans les familles ouvrières ou employées provient en réalité d'une faible appropriation des ouvrages classiques par les adolescents sans problème.
Le score de compétence littéraire — c'est-à-dire le nombre d'attributions exactes du nom de l'auteur aux ouvrages classiques — renforce cette interprétation. La supériorité des jeunes sans problème et capables

d'indiquer plus d'un auteur est de 13 points en milieu populaire, 23 points en milieu moyen et 25 points en milieu supérieur. Pour les adolescents des familles d'ouvriers et d'employés, la culture classique demeure relativement étrangère, même à ceux qui n'ont eu aucun mal à apprendre à lire. La maîtrise de cette technique ne suffit pas dans la conquête de la lecture et de la compétence littéraire, elle doit être doublée par de bonnes conditions sociales. L'accès à la lecture des jeunes des familles populaires ne passe pas, au moins dans les premières étapes, par l'appropriation des ouvrages classiques.

## UN PLAISIR RARE

Les jeunes à problème n'ont pas de chance, ils aiment moins l'école et ils aiment moins lire. Ils vivent, au moins le temps de leur scolarité, sous le règne de la contrainte culturelle. Ainsi, à la question sur les raisons de l'achat ou de l'emprunt du dernier livre lu, ces jeunes déclarent plus que les autres que c'est à cause des parents ou de leurs professeurs. → **Tableau 8.** Difficultés d'apprentissage, milieu social et raisons de lire (achat ou emprunt du dernier livre lu). Page 158.
Pour eux, le plaisir de lire intervient moins :

| | **Rapport** % **plaisir**/% **contraintes** |
|---|---|
| **Milieu populaire** | |
| Apprentissage difficile | 1,7 |
| Apprentissage facile | 4,2 |
| **Milieu moyen** | |
| Apprentissage difficile | 2,9 |
| Apprentissage facile | 5,4 |
| **Milieu supérieur** | |
| Apprentissage difficile | 2,8 |
| Apprentissage facile | 6,6 |

Le passage de la contrainte au plaisir ne s'opère qu'à la condition minimale d'avoir eu un début aisé dans la pratique de lecture. Les jeunes à problème des classes supérieures obtiennent des scores d'appropriation livresque qui dépassent ceux des jeunes sans problème des classes populaires (cf. le tableau 7.2 page 157) grâce à un environnement culturel plus riche. Mais ils ne le font pas (au moins) par plaisir, ce qui indique une fragilité de cette pratique pour l'avenir.

# INVESTISSEMENTS SCOLAIRES ET LITTÉRAIRES

## TROIS TYPES DE CURSUS SCOLAIRES

S'il est vrai qu'une maîtrise suffisante des mécanismes de l'écriture est requise pour apprécier les livres, il n'est pas certain qu'au-delà il n'y ait pas une certaine contradiction entre investissements scolaires et investissements livresques. Les « mauvais » élèves lisent moins que les autres, mais les bons élèves sont-ils de plus grands lecteurs que les élèves moyens ? Existe-t-il un effet de seuil au-delà duquel la réussite scolaire interviendrait peu dans le rapport à la lecture parce que le temps consacré au travail scolaire deviendrait en partie incompatible avec la passion de lire ? Ou bien, au contraire, les courbes de la réussite scolaire et de l'amour de la lecture n'auraient-elles pas même allure étant donné que ces deux dimensions sont en interaction constante ?
Les relations entre l'engagement dans l'école et l'engagement dans la lecture sont analysées à partir d'un classement en trois types de cursus scolaires. Tout d'abord, les élèves sont répartis en deux catégories, les jeunes en retard (en sixième ou en CM2) et les autres. Ces derniers sont ensuite séparés en deux, les élèves « sans histoire » et les bons élèves selon le jugement de leurs mères sur la scolarité. Les jeunes sans histoire sont dans la classe convenable suivant les principes de l'institution et reçoivent une estimation qui ne dépase pas la moyenne (« moyens » ou très rarement « mauvais » élèves). Les bons élèves comprennent les jeunes en avance (en quatrième), et les jeunes qui, en cinquième, sont considérés comme « bons élèves ». Scolarité difficile, scolarité normale, scolarité facile : ces trois degrés renvoient-ils à des pratiques de lecture spécifiques ?

## UN AUTRE SEUIL

Les jeunes qui réussissent à l'école aiment mieux lire que ceux qui suivent sans problème important leur scolarité. Pour le fort amour de la lecture, la différence entre les deux groupes est de 19 points dans les classes populaires, 28 points dans les classes moyennes, 32 points dans les classes supérieures ! L'effet de seuil n'est pas observé à

l'endroit prévu, puisqu'il sépare en réalité les bons élèves et les autres. → **Tableau 9**. Type de scolarité, milieu social et amour de la lecture. Page 158.
Aucun doute, que cela plaise ou non, l'amour de la lecture est très fortement associé à l'histoire scolaire des jeunes. Avec le rejet de la lecture — approché par les réponses « j'aime peu lire » ou « pas du tout » — les élèves normaux apparaissent plus proches des élèves en retard que des bons élèves :

| | Rejet de la lecture | | |
|---|---|---|---|
| | **MP** | **MM** | **MS** |
| Distance entre élèves « normaux » et élèves en retard | 1 | 1 | 2 |
| Distance entre élèves « normaux » et bons élèves | 23 | 18 | 18 |

MP = Milieux populaires. MM = Milieux moyens. MS = Milieux supérieurs.

Dans la hiérarchie des loisirs préférés, la place accordée à la lecture est meilleure lorsque les jeunes sont des bons élèves. Les élèves normaux ressemblent, là encore, plus aux élèves en retard qu'aux autres, sauf dans les familles de cadres supérieurs où les jeunes en sixième déclarent un amour assez fort. Le goût pour la lecture est donc exigeant, il ne requiert pas exclusivement une bonne maîtrise de la technique, il se développe surtout lorsque le collégien obtient dans l'ensemble des bons résultats scolaires.

Les élèves normaux se différencient positivement des bons élèves par leur préférence pour le jeu avec des amis dans les classes populaires et moyennes, pour l'écoute de la musique dans les classes supérieures, pour l'écoute de la télévision dans les classes populaires. → **Tableau 10**. Type de scolarité, milieu social et activités préférées. Page 159.

## UN FAIBLE VOLUME

Les collégiens qui n'ont lu aucun roman dans le mois (ou qui refusent de l'avouer) sont aussi nombreux parmi les élèves normaux que parmi les élèves en retard. Le clivage à l'intérieur de chaque milieu social passe davantage entre les bons élèves et les autres qu'entre ceux qui ont perdu du terrain et ceux qui ne sont pas gênés par le rythme dicté par l'institution. Les élèves moyens ou médiocres en cinquième ne consacrent guère plus de temps à la lecture, le dimanche, que les élèves en sixième, et de même âge. Dans les familles de cadres moyens ou supérieurs, les premiers sont même un peu plus avares de leur temps :

| | Lecteurs du dimanche | | |
|---|---|---|---|
| | **Petits** | **Moyens** | **Grands** |
| **Milieu populaire** | | | |
| Élèves en retard | 60 % | 29 % | 11% |
| Élèves normaux | 58 % | 24 % | 19 % |
| Bons élèves | 43 % | 34 % | 23 % |
| **Milieu moyen** | | | |
| Élèves en retard | 46 % | 39 % | 15% |
| Élèves normaux | 61 % | 22 % | 17 % |
| Bons élèves | 42 % | 26 % | 32 % |
| **Milieu supérieur** | | | |
| Élèves en retard | 42 % | 36 % | 22% |
| Élèves normaux | 49 % | 27 % | 24 % |
| Bons élèves | 28 % | 33 % | 39 % |

→ **Tableau 11**. Type de scolarité, milieu social et temps de lecture : **11.1**. Temps de lecture un jour d'école. **11.2**. Temps de lecture le dimanche. Pages 159-160.

## LA MARCHE DES BONS ÉLÈVES

Suivre un cursus normal n'a pas un effet d'entraînement suffisant sur la lecture. Les livres protègent et isolent les bons élèves. Ces derniers n'en apprécient pas moins que les autres le sport. Livre et télévision s'opposent, dépenses intellectuelles et dépenses physiques non. La comptabilité entre ces deux types de dépenses est particulièrement sensible dans les classes populaires. A la question : « Quelle est, de ces activités, celle qui te plaît le mieux : être sur une plage à bronzer au soleil, ou marcher dans la montagne ? », 72 % des bons élèves retiennent la marche contre 60 % des élèves normaux et 51 % des élèves en retard. Pour la télévision, une forte écoute — plus d'une heure par jour — est plus rare chez les bons élèves et plus fréquente chez les élèves « normaux ». Lorsque les jeunes ne présentent aucun problème scolaire majeur ni capacité excellente, leurs parents, notamment ceux des classes supérieures, semblent être tolérants. → **Tableau 12**. Type de scolarité, milieu social et temps d'écoute de la télévision. Page 160.

## LES CHARMES LIMITÉS DU ROMANESQUE

Le consensus des jeunes adolescents à propos du roman n'existe pas. Les bons élèves sont des amateurs de romans, contrairement aux élèves qui suivent une scolarité sans se faire remarquer et qui évitent ce type de production littéraire :

| | Nombre de romans lus depuis un mois | | | |
|---|---|---|---|---|
| | **0** | **1** | **2 ou 3** | **4 et plus** |
| **Milieu populaire** | | | | |
| Élèves en retard | 52 % | 25 % | 18 % | 5 % |
| Élèves normaux | 49 % | 26 % | 22 % | 3 % |
| Bons élèves | 26 % | 30 % | 28 % | 17 % |
| **Milieu moyen** | | | | |
| Élèves en retard | 46 % | 24 % | 19 % | 10 % |
| Élèves normaux | 36 % | 36 % | 21 % | 7 % |
| Bons élèves | 14 % | 27 % | 37 % | 21 % |
| **Milieu supérieur** | | | | |
| Élèves en retard | 30 % | 30 % | 28 % | 12 % |
| Élèves normaux | 32 % | 29 % | 27 % | 13 % |
| Bons élèves | 16 % | 27 % | 38 % | 19 % |

Les bons élèves apprécient tout particulièrement les romans policiers. Originaires de milieu populaire, ils sont deux fois plus nombreux à faire un tel choix que les élèves en retard. Dans les familles de cadres, ce sont les histoires où le héros a le même âge que le lecteur qui obtiennent un bon score.

Les élèves de cinquième sans problème retiennent les histoires comiques aux deux extrémités de l'échelle sociale, et les livres sur la nature et les animaux dans les milieux intermédiaires (ouvrages également élus par les élèves en retard, quelle que soit l'origine sociale). L'imaginaire de la science-fiction séduit les jeunes adolescents indépendamment de leur histoire scolaire, les récits d'aventure entraînent les bons élèves des classes moyennes et les élèves normaux ou en retard des classes supérieures. → **Tableau 13**. Type de scolarité, milieu social et thèmes préférés de lecture. Page 161.

La rencontre entre le roman et l'adolescent dépend de la position de ce dernier dans l'espace scolaire. Les jeunes sans histoire comme les élèves en retard des familles populaires ou moyennes préfèrent les bandes dessinées. Au premier rang de leur classement, la moitié des élèves normaux ou en retard et un tiers des bons élèves — de milieu populaire ou de milieu moyen — mettent les albums. Seuls les bons élèves, de toutes origines, sont plus nombreux à classer les romans avant les bandes dessinées :

| | Genre préféré en premier | | |
|---|---|---|---|
| | Roman | B.D. | Documentaire |
| **Milieu populaire** | | | |
| Élèves en retard | 19 % | 53 % | 8 % |
| Élèves normaux | 13 % | 51 % | 8 % |
| Élèves en avance | 38 % | 32 % | 12 % |
| **Milieu moyen** | | | |
| Élèves en retard | 24 % | 51 % | 11 % |
| Élèves normaux | 27 % | 49 % | 7 % |
| Élèves en avance | 43 % | 32 % | 11 % |
| **Milieu supérieur** | | | |
| Élèves en retard | 29 % | 47 % | 8 % |
| Élèves normaux | 27 % | 32 % | 14 % |
| Élèves en avance | 41 % | 33 % | 11 % |

Les amateurs de documentaires, approchés par la lecture régulière, se recrutent peu chez les élèves en retard des classes populaires et supérieures. Pour les élèves normaux, le documentaire occupe une place particulière, principalement dans les milieux populaires. Comparativement au roman, il rattrape son retard, comme l'indique l'indice % lecture régulière de documentaires/% lecture régulière de romans. Cet indice a la valeur 0,4 pour les élèves en retard, 0,6 pour les bons élèves et 1,4 pour les élèves normaux dans les classes populaires. Dans les classes moyennes, c'est également pour ces élèves que la valeur de l'indice est la plus grande (0,9 contre 0,8 pour les élèves en retard et 0,5 pour les bons élèves). Le livre documentaire constitue donc un produit de substitution au roman pour les jeunes sans problème des familles de cadres moyens, d'employés ou d'ouvriers.

## LE SOUTIEN SCOLAIRE

Les élèves normaux n'indiquent pas plus que les élèves en retard qu'ils lisent par plaisir. La contrainte scolaire — « je lis parce que je suis obligé par les professeurs » — est même un peu plus avouée par les jeunes sans histoire que par ceux qui ont redoublé une classe. Cette marque de bonne volonté scolaire indique en creux l'insuffisance de l'intériorisation du besoin de lire. → **Tableau 14**. Types de scolarité, milieu social et raisons de lire. Page 161.

L'importance pour ces élèves normaux des conseils des enseignants ressort également des raisons invoquées pour acheter ou emprunter le dernier livre. C'est surtout sensible dans les familles de cadres moyens et supérieurs. Ainsi le rapport entre les réponses « sur conseil d'un professeur » et « sur conseil d'un parent » est plus élevé dans ces deux milieux pour les jeunes sans problème scolaire :

| | Livre lu sur conseil d'un professeur a | parent b | Rapport a/b |
|---|---|---|---|
| **Milieu populaire** | | | |
| Élèves en retard | 23 % | 6 % | 3,8 |
| Élèves normaux | 35 % | 9 % | 3,9 |
| Bons élèves | 40 % | 6 % | 6,7 |
| **Milieu moyen** | | | |
| Élèves en retard | 19 % | 14 % | 1,4 |
| Élèves normaux | 40 % | 11 % | 3,6 |
| Bons élèves | 29 % | 13 % | 2,2 |
| **Milieu supérieur** | | | |
| Élèves en retard | 26 % | 19 % | 1,4 |
| Élèves normaux | 33 % | 10 % | 3,3 |
| Bons élèves | 26 % | 16 % | 1,6 |

Dans les classes populaires, tous les élèves, et surtout les bons élèves, suivent l'avis de leurs enseignants et non celui des parents, plus démunis culturellement[2]. Dans les classes moyennes et supérieures, ce sont les jeunes sans problème qui sont les plus attentifs aux conseils des professeurs. Les bons élèves des familles de cadres estiment ne pas avoir besoin d'écouter une autorité, ou même un ami, pour se décider. Pour eux, la socialisation de la lecture a un degré d'achèvement plus grand.

Cette autonomie, inégale, se traduit dans les manières de s'approvisionner. Les bons élèves de tous les milieux font moins appel à la

2. Cette plus faible reconnaissance des conseils de leurs parents par les enfants d'origine populaire ne signifie pas que la mère ou le père n'ont pas une action éducative. Au contraire, dans ce milieu, le contrôle exercé par les mères sur la lecture et les livres varie davantage en fonction de la nature de la scolarité de leurs enfants. Ainsi, les jeunes qui ont déjà en partie décroché de l'école ont des mères qui exercent moins que les autres un travail d'inspection. Les mères des jeunes sans problème se caractérisent par une double attitude, une forte surveillance (aussi élevée que celle des mères des bons élèves) et une moindre discussion (aussi faible que celle des mères des élèves en retard). L'encadrement maternel est systématiquement plus fort pour les bons élèves. Dans les classes supérieures, les élèves en retard et les bons élèves ont des mères qui se ressemblent, pour des raisons différentes — dans un cas pour tenter de rattraper, dans l'autre pour accompagner et soutenir fortement. Les jeunes sans problème, eux, sont nettement moins surveillés. → **Tableau 17**. Type de scolarité, milieu social et attitudes éducatives de la mère. Page 164.

bibliothèque scolaire qu'aux autres bibliothèques. Le poids de l'emprunt à l'école, relativement à celui de l'emprunt dans une autre bibliothèque, est le plus faible pour les bons élèves. Les élèves normaux ou en retard se servent davantage de l'offre scolaire :

| | Emprunt en bibliothèque école : a | Emprunt en bibliothèque autre : b | Rapport a/b |
|---|---|---|---|
| **Milieu populaire** | | | |
| Élèves en retard | 59 % | 22 % | 2,7 |
| Élèves normaux | 54 % | 16 % | 3,4 |
| Bons élèves | 56 % | 23 % | 2,4 |
| **Milieu moyen** | | | |
| Élèves en retard | 49 % | 20 % | 2,5 |
| Élèves normaux | 43 % | 19 % | 2,3 |
| Bons élèves | 44 % | 28 % | 1,6 |
| **Milieu supérieur** | | | |
| Élèves en retard | 40 % | 18 % | 2,2 |
| Élèves normaux | 46 % | 22 % | 2,1 |
| Bons élèves | 36 % | 26 % | 1,4 |

## LES CHARMES DE LA CULTURE CLASSIQUE

Étant donné la plus grande attention aux conseils des enseignants et le plus grand usage des bibliothèques scolaires par les élèves normaux d'une part, et le fait que les ouvrages classiques sont assez souvent recommandés, voire étudiés en classe d'autre part, on s'attend à ce que, pour la culture classique, la coupure entre les jeunes adolescents en fonction de leur histoire soit moins grande. L'école produirait dans cette perspective un rapprochement entre les jeunes, au moins entre les bons élèves et les élèves normaux du point de vue de l'institution.
Les résultats du score d'appropriation livresque confirment ce pronostic pour les classes moyennes et populaires. Ainsi, par exemple pour les milieux intermédiaires, 18 % des élèves de sixième, 40 % des élèves normaux de cinquième et 48 % des bons élèves ont lu au moins trois livres classiques sur les sept proposés. Toujours pour ce milieu, les jeunes sans histoire ont lu aussi souvent que les bons élèves *La Gloire de mon père*, *Poil de carotte*, et presque aussi souvent *Le Petit Nicolas* et *Les Contes du chat perché*. Dans les classes populaires, la proximité entre les jeunes sans histoire et les bons élèves s'établit autour de Henri Bosco, Jack London, Sempé et Goscinny, Marcel Aymé, Jules Renard. Dans

les classes supérieures, la supériorité des bons élèves est plus nette. Seul *Le Petit Nicolas* rapproche ces derniers des élèves sans histoire.

Entre les bons et les mauvais élèves, les livres qui font partie de la culture commune (approchée par la proximité des taux de lecture) sont peu nombreux. *Poil de carotte* pour les classes moyennes et populaires, *Le Petit Nicolas* pour le milieu populaire uniquement. → **Tableau 15.** Type de scolarité, milieu social et lecture des ouvrages classiques: **15.1.** Score d'appropriation littéraire. **15.2.** Lecture des ouvrages classiques. Page 162.

Les distances entre les jeunes calculées à partir de la lecture des ouvrages classiques ne sont pas identiques à celles obtenues à partir de la lecture des romans en général. La lecture d'un roman (au moins) tous les jours et celle d'au moins trois classiques engendrent les proximités suivantes:

| | | Forte lecture de romans en général | Forte lecture de romans classiques |
|---|---|---|---|
| **Milieu populaire** | | | |
| Élèves en retard | a | 23 % | 19 % |
| Élèves normaux | b | 25 % | 29 % |
| Bons élèves | c | 44 % | 34 % |
| Rapport | a/c | 0,5 | 0,6 |
| Rapport | b/c | 0,6 | 0,9 |
| **Milieu moyen** | | | |
| Élèves en retard | a | 29 % | 18 % |
| Élèves normaux | b | 28 % | 40 % |
| Bons élèves | c | 58 % | 48 % |
| Rapport | a/c | 0,5 | 0,4 |
| Rapport | b/c | 0,5 | 0,8 |
| **Milieu supérieur** | | | |
| Élèves en retard | a | 39 % | 40 % |
| Élèves normaux | b | 39 % | 35 % |
| Bons élèves | c | 58 % | 67 % |
| Rapport | a/c | 0,7 | 0,6 |
| Rapport | b/c | 0,7 | 0,5 |

Les livres classiques rassemblent les élèves normaux et les bons élèves lorsque ceux-ci sont de milieux moyen ou populaire, la distance augmente avec ce type d'ouvrages entre les bons élèves et les autres. Les effets associés à la littérature construite comme classique divergent selon l'origine sociale des jeunes. La culture littéraire ne devient un élément de distinction que pour les jeunes bénéficiant déjà des conditions familiales les plus favorables.

Un certain niveau de ressources sociales semble nécessaire pour que les classiques deviennent un enjeu à l'âge de 12 ans, dans la mesure où seuls les bons élèves des classes supérieures prêtent nettement plus attention à la mémorisation des noms d'auteur. C'est ainsi que la distance entre bons élèves et élèves en retard est plus grande également dans les classes supérieures pour la compétence d'attribuer au moins trois noms d'auteurs : 27 points les séparent, contre 19 dans les classes moyennes et 7 dans les classes populaires. Les élèves dont la scolarité est normale se situent pour cette compétence plus souvent plus près des élèves en retard que des bons élèves. L'effet de seuil n'est pas, là encore, observé : dans les familles moyennes et populaires, la culture littéraire reste peu diffusée, quelle que soit la réussite scolaire ; dans les familles supérieures, les bons élèves se servent de cette culture pour s'isoler des autres. → **Tableau 16.** Type de scolarité, milieu social et compétence littéraire. **16.1.** Score de compétence littéraire. **16.2.** Nature des attributions exactes. Page 163.

# CAPITAL SCOLAIRE ET CAPITAL CULTUREL

Quelles sont les articulations entre trois formes de richesses, le capital social approché par la position de la famille dans l'espace des classes sociales, le capital scolaire approché par la position dans l'espace de l'institution scolaire, le capital culturel approché par la pratique de lecture ? Pour les découvrir, les comparaisons doivent porter sur l'ensemble des groupes de jeunes définis par la famille et l'école.

## CAPITAUX ET INVESTISSEMENT DANS LA LECTURE

Ces groupes se hiérarchisent ainsi en fonction du temps passé à lire le dimanche au moins une heure :

| | |
|---|---|
| **1.** Milieu supérieur, bons élèves | 39 % |
| **2.** Milieu moyen, bons élèves | 32 % |
| **3.** Milieu supérieur élèves normaux | 24 % |
| **4.** Milieu populaire, bons élèves | 23 % |
| **5.** Milieu supérieur, élèves en retard | 22 % |
| **6.** Milieu populaire, élèves normaux | 19 % |
| **7.** Milieu moyen, élèves normaux | 17 % |
| **8.** Milieu moyen, élèves en retard | 15 % |
| **9.** Milieu populaire, élèves en retard | 11 % |

Dans le premier tiers de ce classement, deux groupes de jeunes de milieu supérieur et, dans le dernier tiers, aucun. Dans le premier tiers, deux groupes de bons élèves et, dans le dernier, deux d'élèves en retard. La conquête des livres s'opère grâce au soutien du capital social et du capital scolaire. Le second corrige, en partie, les effets du premier puisque les bons élèves originaires des familles populaires investissent autant dans les livres que les élèves en retard originaires des familles supérieures.

Les bons élèves de milieu populaire lisent cependant moins que les bons élèves de milieu supérieur (écart de 16 points). Un fort capital scolaire n'annule point une insuffisance initiale en capital social. Pourtant les chances d'être classés bons élèves étant beaucoup plus faibles pour les jeunes de milieu populaire que pour les jeunes de milieu supérieur, les uns et les autres ne subissent pas un degré égal de sélection, les premiers d'origine populaire sont sursélectionnés. Cette sursélection ne supprime pas pour ce groupe de bons élèves son handicap social.

## CAPITAUX ET INVESTISSEMENTS ROMANESQUES

Le profil du classement obtenu à partir de la lecture d'au moins un roman lu tous les quinze jours ressemble au précédent : 58 % des bons élèves des classes supérieures, 44 % des bons élèves des classes populaires, 39 % des élèves en retard (ou normaux) des classes supérieures ont un tel niveau de lecture :

| | | Jeunes lisant au moins un roman tous les 15 jours |
|---|---|---|
| 1. | Milieu supérieur, bons élèves | 58 % |
| 1 ex. | Milieu moyen, bons élèves | 58 % |
| 3. | Milieu populaire, bons élèves | 44 % |
| 4. | Milieu supérieur élèves normaux | 39 % |
| 4 ex. | Milieu supérieur, élèves en retard | 39 % |
| 6. | Milieu moyen, élèves en retard | 29 % |
| 7. | Milieu moyen, élèves normaux | 28 % |
| 8. | Milieu populaire, élèves normaux | 28 % |
| 9. | Milieu populaire, élèves en retard | 23 % |

Ce classement pour le volume de lecture romanesque révèle le prix de cette consommation culturelle, à savoir la nécessité de disposer au moins d'un bon capital sur les deux considérés. Les élèves normaux de milieu moyen ou populaire n'apparaissent qu'en septième ou huitième place, encadrés par des groupes d'élèves en retard. Suivre l'école au bon rythme mais sans briller ne constitue pas un facteur favorable pour passer du temps à lire des romans.

## CAPITAUX ET AMOUR DE LA LECTURE

Cette situation ne pousse pas, non plus, au grand amour de la lecture (« J'aime beaucoup lire »):

| | |
|---|---|
| **1**. Milieu supérieur, bons élèves | 48 % |
| **2**. Milieu moyen, bons élèves | 47 % |
| **3**. Milieu populaire, bons élèves | 36 % |
| **4**. Milieu supérieur, élèves en retard | 28 % |
| **5**. Milieu moyen, élèves en retard | 25 % |
| **6**. Milieu populaire, élèves en retard | 21 % |
| **7**. Milieu moyen, élèves normaux | 13 % |
| **8**. Milieu populaire, élèves normaux | 17 % |
| **9**. Milieu supérieur, élèves normaux | 16 % |

Les amoureux de la lecture sont moins nombreux parmi les élèves classés comme sans histoire que parmi les élèves en retard. La discrétion dans l'institution scolaire va de pair avec une affection modérée pour la lecture. L'engagement dans la lecture fonctionne jusqu'à un certain point comme la réussite scolaire, mais au-delà les liens unissant ces deux activités se relâchent. Certains élèves en retard peuvent trouver dans les livres, en effet, un dérivatif à leur échec (à moins qu'une trop grande passion livresque devienne dangereuse). Le rêve, l'humour, la découverte hors des sentiers scolaires ne sont pas strictement réservés aux jeunes qui disposent des plus forts atouts. La lecture, et encore plus l'amour de la lecture, n'est pas entièrement équivalente à un capital culturel.

CHAPITRE 4
# L'AMOUR AU FÉMININ

Le livre est davantage apprécié par les jeunes qui disposent de bons capitaux sociaux et scolaires. Pour la pratique de la lecture, l'identité sexuelle peut servir également de ressources sociales. L'appropriation des biens culturels nommés livres diffère, toutes choses étant égales par ailleurs, selon le sexe. Être une fille est une carte maîtresse du jeu littéraire.

## LECTRICES

« Dévorer » des livres requiert une dépense de temps. Dans les familles d'origine populaire, un quart des garçons et plus d'un tiers des filles consacrent au moins une demi-heure à lire en semaine. Le dimanche, la proportion passe à un tiers pour les premiers et à la moitié pour les secondes. Les investissements féminins sont environ une fois et demie supérieurs aux investissements masculins. Dans les autres familles, la dénivellation, moins forte, existe aussi. → **Tableau 1**. Identité sexuelle, milieu social et temps de la lecture: **1.1**. Temps de lecture un jour d'école. **1.2**. Temps de lecture le dimanche. Page 165.

L'atout « sexe » a une valeur plus forte dans le jeu des filles de milieu populaire; il contrebalance quelque peu le handicap culturel associé à leur origine sociale. Le nombre de jeunes filles de milieu populaire qui lisent au moins une heure le dimanche n'est-il pas aussi grand que le nombre de jeunes hommes de milieu moyen qui ont une conduite similaire ? Mais les premières ne parviennent pas à rattraper les garçons des familles de cadres supérieurs :

| | | Classement des grands lecteurs du dimanche |
|---|---|---|
| 1. | Filles de milieu supérieur | 38 % |
| 2. | Garçons de milieu supérieur | 29 % |
| 3. | Filles de milieu moyen | 27 % |
| 4. | Garçons de milieu moyen | 22 % |
| 4 ex. | Filles de milieu populaire | 22 % |
| 6. | Garçons de milieu populaire | 12 % |

Dans chaque classe, les filles dépassent les garçons, mais, au total, aux deux premières places figurent les enfants des classes supérieures et aux deux dernières ceux des classes populaires. Avec le temps de lecture, l'identité sexuelle apparaît moins déterminante que l'identité sociale. Son influence ne doit pas être cependant niée : la distance sociale entre garçons des classes supérieures et filles des classes populaires est de 7 points alors que celle séparant les filles de milieux supérieurs des garçons de milieux populaires est de 26 points. Presque du simple au quadruple ! Réduire l'identité des acteurs sociaux à leur position de classe occulte ce fait, comme dans bon nombre d'analyses sociologiques des pratiques culturelles. La formation du goût pour les livres ne dérive pas que de la condition sociale, elle résulte aussi de l'identité sexuelle.

En prenant le fort amour de la lecture comme indicateur, le rôle de l'identité sexuelle augmente, puisque les adolescentes des classes moyennes dépassent les adolescents des classes supérieures :

| | | Classement des grands amoureux de la lecture |
|---|---|---|
| 1. | Filles de milieu supérieur | 48 % |
| 2. | Filles de milieu moyen | 39 % |
| 3. | Garçons de milieu supérieur | 31 % |
| 3 ex. | Garçons de milieu moyen | 31 % |
| 4. | Filles de milieu populaire | 30 % |
| 6. | Garçons de milieu populaire | 19 % |

Les jeunes filles aiment lire et y trouvent plaisir. Elles ont davantage que les jeunes hommes intériorisé et transfiguré la contrainte pédagogique. Les adolescents résistent soit en percevant la demande des enseignants ou des parents comme une raison officielle de leur lecture, soit, dans les classes moyennes, en devenant sensibles aux charmes des livres lorsqu'on les conduit à lire. Par exemple, dans les familles ouvrières et employées, 48 % des garçons et 60 % des filles lisent par plaisir, 24 %

des premiers et 14 % des secondes déclarent le faire uniquement sur ordre et sans éprouver une quelconque satisfaction. → **Tableau 2.** Identité sexuelle, milieu social et raisons de lire. Page 166.

## BAVARDES

Le livre occupe donc une place plus importante dans la vie des jeunes filles. Elles le font savoir en parlant de leurs lectures à leurs amies. Bavardes peut-être, mais pas pour ne rien dire. Au moins deux fois plus de filles que de garçons, de toutes origines, ont comme objet régulier de conversation le livre :

| | **Discussion avec des amis sur des livres** | | |
|---|---|---|---|
| | **régulière** | **irrégulière** | **jamais** |
| **Milieu populaire** | | | |
| Garçons | 8 | 53 | 39 |
| Filles | 16 | 50 | 34 |
| **Milieu moyen** | | | |
| Garçons | 9 | 57 | 34 |
| Filles | 20 | 50 | 30 |
| **Milieu supérieur** | | | |
| Garçons | 11 | 55 | 34 |
| Filles | 26 | 57 | 17 |

Le livre n'enferme pas. Les filles ont autant d'amis que les garçons, même si leurs mères les trouvent plus timides. La circulation de la parole ne s'accompagne pas d'un plus grand échange de livres (sauf pour les filles de cadres supérieurs qui ont emprunté, un peu plus, le dernier lu à une copine), elle remplit une autre fonction : faire en sorte que le réel et l'imaginaire soient moins deux mondes séparés. Ce passage de l'écrit à l'oral soutient une construction sociale de la réalité où les impressions livresques sont ainsi intégrées au stock des expériences ordinaires.

## INTELLECTUELLES

Les rappels à l'ordre culturel deviennent moins utiles, et la pratique peut se transformer en goût. Les jeunes adolescentes sont plus nombreuses à être des adeptes du livre (c'est-à-dire à placer la lecture en première ou seconde position dans la hiérarchie des loisirs préférés). Les garçons optent pour le bricolage, l'ordinateur, le sport, la télévision,

et pour le jeu avec les amis dans les familles populaires et moyennes. Les filles retiennent avec la lecture, la musique et la peinture.
Le couple idéologique constitué par le livre et la télévision renvoie donc aussi à une division sexuelle des goûts. Les adolescents rôdent davantage autour des écrans, les adolescentes fréquentent plus les rayons des bibliothèques. 44 % des filles et 61 % des garçons des classes supérieures passent plus d'une demi-heure devant le poste de télévision chaque jour. En 1989, les frontières des territoires sont conformes à la définition traditionnelle du masculin — avec la technique et la démonstration musculaire — et du féminin — avec les activités artistiques et littéraires. → **Tableau 3.** Identité sexuelle, milieu social et usage du temps libre: **3.1**. Activités préférées. **3.2**. Temps d'écoute de la télévision. Pages 166-167.

Les parents participent à cette socialisation de l'identité sexuelle en inscrivant plus leurs filles que leurs fils à des clubs de peinture, à des cours de musique. Dans les familles des classes moyennes, ils le font pour deux cinquièmes de leurs filles et pour un septième de leurs fils (dans le sous-ensemble des adolescents inscrits à une activité organisée).

Par le regard et le discours, une mère encourage sa fille à avoir une personnalité qui ne se confonde pas avec celle d'un garçon. Ainsi, la jeune adolescente entend plus souvent le qualificatif «intellectuelle» que son frère. Le rapport entre le fait d'être considéré par sa mère comme intellectuel et celui d'être jugé manuel varie selon deux principes: il augmente des classes populaires aux classes supérieures, et des garçons aux filles, les qualités féminines ne sont donc pas toujours situées au pôle dominé.

| | **Qualités attribuées par la mère** | | |
|---|---|---|---|
| | **intellectuel a** | **manuel b** | **Rapport a/b** |
| **Milieu populaire** | | | |
| Garçons | 48 % | 63 % | 0,8 |
| Filles | 54 % | 44 % | 1,2 |
| **Milieu moyen** | | | |
| Garçons | 68 % | 58 % | 1,2 |
| Filles | 72 % | 42 % | 1,7 |
| **Milieu supérieur** | | | |
| Garçons | 75 % | 57 % | 1,3 |
| Filles | 82 % | 43 % | 1,9 |

Les parents, en valorisant moins les qualités intellectuelles pour les garçons, n'autorisent pas ces derniers à rejoindre leurs sœurs ou leurs amies pour lire, à moins de prendre le risque de porter atteinte à leur identité masculine. Le rôle de lecteur est moins souvent inclus dans le répertoire masculin.

## ÉPIGONES

La satisfaction que les filles donnent à leurs mères est nettement plus grande que celle procurée par les garçons, du moins dans le domaine de la lecture. Selon les femmes des milieux populaires, 29 % des garçons et 42 % des filles lisent suffisamment. Cet écart augmente dans les autres familles : 19 points chez les cadres moyens, 17 points chez les cadres supérieurs. Tout va pour le mieux chez les filles. Les mères ne s'entendent-elles pas d'ailleurs bien avec elles ?
Ce jugement plus positif n'entraîne pas une modification de l'intervention maternelle, à l'exception des classes supérieures. Les mères de milieu populaire ou moyen surveillent autant les lectures des uns et des autres, les incitent autant, regardent avec la même attention leurs livres et tentent d'en discuter aussi régulièrement. Par contre, dans les familles de cadres supérieurs, les mères exercent un plus fort contrôle auprès de leurs fils. → **Tableau 4**. Identité sexuelle, milieu social et attitudes maternelles. Page 167.

L'intériorisation plus grande du besoin de lire par les jeunes filles est redoublée par l'attention que leurs mères prêtent à cette pratique. Le nombre de mères qui incitent leur enfant à lire dépasse celui des mères qui estiment insuffisante leur lecture ; ceci est davantage observé dans le cas des filles. Dans les familles des classes moyennes, parmi les jeunes hommes, 67 % sont incités à lire et 71 % jugés trop petits lecteurs (soit un rapport de 0,9) alors que parmi les jeunes filles, 63 % reçoivent une stimulation et 52 % ne lisent pas assez (soit un rapport de 1,2). A ce niveau, pédagogie scolaire et pédagogie familiale se ressemblent ; elles traitent de manière assez équivalente — principe d'égalité — des jeunes qui ne sont pas égaux. La compensation inégalitaire n'est appliquée que partiellement aux garçons des classes supérieures.

Dans la socialisation, l'implicite vaut autant que l'explicite. Les filles lisent plus que les garçons par la vertu de l'exemple, différencié sexuellement. Les mères ne lisent-elles pas plus que les pères ?

| | 1 ou moins | 2 ou 3 | 4 et plus |
|---|---|---|---|
| **Milieu populaire** | | | |
| Pères | 78 | 13 | 9 |
| Mères | 69 | 19 | 12 |
| **Milieu moyen** | | | |
| Pères | 64 | 23 | 13 |
| Mères | 59 | 26 | 15 |
| **Milieu supérieur** | | | |
| Pères | 54 | 26 | 20 |
| Mères | 42 | 36 | 22 |

## LITTÉRAIRES

L'amour au féminin du livre permet de mieux comprendre la relation entre la lecture et l'école. La médiation se fait grâce à une compétence et à un goût particuliers pour la discipline « français ». Les garçons sont meilleurs en mathématiques, les filles en français. Le rapport entre les forts en français et les forts en maths est supérieur pour les collégiennes, quelle que soit leur origine sociale :

| | Élèves bons en | | Supériorité |
|---|---|---|---|
| | français a | mathématiques b | en français a/b |
| **Milieu populaire** | | | |
| Garçons | 26 % | 49 % | 0,5 |
| Filles | 37 % | 40 % | 0,9 |
| **Milieu moyen** | | | |
| Garçons | 40 % | 55 % | 0,7 |
| Filles | 58 % | 50 % | 1,2 |
| **Milieu supérieur** | | | |
| Garçons | 57 % | 68 % | 0,7 |
| Filles | 68 % | 53 % | 1,3 |

Les collégiens qui s'estiment « bons en français et moyens ou nuls en maths » comprennent un tiers de garçons et deux tiers de filles, les élèves « bons en maths et moyens ou nuls en français » sont pour un tiers des filles et deux tiers des garçons. L'origine sociale ne modifie pas cette distribution sexuelle des compétences.

Ce clivage entre sciences et littérature ne s'est pas estompé parmi les jeunes générations. Il se réfracte dans les projets d'avenir des uns et des autres. Les garçons penchent du côté de la science — avec les ingénieurs et les chercheurs — et du côté de la technique — avec les pilotes d'avion; les filles du côté de la communication — avec les journalistes et les professeurs — et des soins — avec les médecins. Dans les familles d'ouvriers et d'employés, le goût littéraire est quatre fois plus grand que le goût scientifique pour les filles ou deux fois plus petit pour les garçons. → **Tableau 5**. Identité sexuelle, milieu social et professions rêvées. Page 168.

## ROMANESQUES

La lecture ne prend pas uniformément des couleurs plus féminines: le roman est, sans conteste, le genre préféré des jeunes filles. Entre deux fois et demie et trois fois plus de jeunes filles que de jeunes hommes classent le roman en première place. Dans les familles populaires, parmi les garçons, 59 % choisissent les bandes dessinées et 12 % le roman (soit 2 points de plus que les documentaires) alors que, parmi les filles, 35 % font la première sélection et 33 % la seconde (le roman l'emporte de 27 points sur le documentaire). → **Tableau 6**. Identité sexuelle, milieu social et genre de livres préférés. Page 168.

La variation sociale apparaît secondaire. Au classement des amoureux du roman, les trois premières places sont occupées par les groupes de filles, les trois dernières par les groupes de garçons. Ces derniers tiennent leur revanche un peu avec les documentaires et beaucoup avec les bandes dessinées. Les albums obtiennent chez les collégiens de milieu moyen plus de la moitié des suffrages, soit trois fois plus que ceux obtenus par les romans. Dans les classes supérieures, le score des bandes dessinées diminue, mais il est encore deux fois supérieur à celui des romans, toujours pour les garçons.

Cette préférence marquée des garçons pour un type d'ouvrages qui occupe une position peu légitime dans l'espace de la lecture révèle bien leur indifférence relative vis-à-vis de cette pratique culturelle. Le roman reste, comme au XIXe siècle, un ouvrage de dames. Le second couple composé du « bon livre » — le roman — et des bandes dessinées fonctionne comme celui constitué du livre et de la télévision, ce qui renforce l'assignation des jeunes filles au pôle intellectuel.

Les taux de pratique atténuent cette opposition sexuelle. La différence entre le nombre de romans lus par les garçons et celui des filles est plus faible que l'écart observé à propos de la préférence romanesque. Ainsi, dans les familles de cadres, 48 % des garçons et 55 % des filles de milieu supérieur lisent au moins tous les quinze jours — soit un écart de 7 points — alors que, pour la préférence, l'écart est de 31 points. Le terme même de roman attire les jeunes filles et fait (un peu) peur aux jeunes hommes. → **Tableau 7.** Identité sexuelle, milieu social et nombre de romans lus depuis un mois. Page 169.

## ROMANTIQUES

Les histoires dont les personnages sont jeunes et amoureux correspondent à la définition idéale du roman pour les jeunes adolescentes. Les filles d'ouvriers et d'employés sont quatre fois plus nombreuses que leurs frères ou amis à désigner ainsi leur thème préféré. Dans les familles de cadres, la différence est de l'ordre de deux fois et demie. Les garçons rêvent à partir d'un autre support, les romans de science-fiction :

**Deux formes de rêve**

| | **Amour** | **Science-fiction** |
|---|---|---|
| **Milieu populaire** | | |
| Garçons | 3 % | 19 % |
| Filles | 11 % | 6 % |
| **Milieu moyen** | | |
| Garçons | 1 % | 23 % |
| Filles | 10 % | 7 % |
| **Milieu supérieur** | | |
| Garçons | 1 % | 23 % |
| Filles | 11 % | 9 % |

Les garçons préfèrent également les livres de science aux histoires d'amour, les filles font l'inverse. Les uns voudraient régner sur le monde, les autres sur les cœurs. Chacun reste dans les territoires tels qu'ils leur ont été transmis. Souvent la critique féministe des ouvrages porte sur le contenu de certains livres — papa lit, maman coud —, et oublie que la socialisation conduit les garçons et les filles à s'intéresser à des ouvrages différents. Les livres sur la nature et les histoires comiques forment un espace neutre , un consensus sexuel. → **Tableau 8.** Identité sexuelle, milieu social et thèmes préférés. Page 169.
Pour certaines catégories de livres, la préférence sexuelle est fluctuante. Ainsi les histoires policières sont indiquées par les garçons des classes populaires et par les filles des classes moyennes. Les fils de cadres moyens adorent les récits d'aventure.

## RÊVEUSES

De mères en filles, le livre, et plus particulièrement le roman, demeure un objet attractif. Cette proximité n'empêche pas les mères d'être attentives au contenu des ouvrages lus par leurs filles. Les mères quel que soit le milieu, veulent les éloigner des livres qui ne sont pas « de leur âge » (cf. le tableau 4 page 167). Les garçons ont beau apparaître plus « bébés pour leur âge » que les filles (surtout dans les classes moyennes et supérieures), ils semblent moins menacés, au regard de leurs parents, par des livres pour « plus vieux ». Pour eux, les mères craignent les bandes dessinées, c'est-à-dire des ouvrages qui les éloignent encore plus des « vrais » livres.

Cette différenciation dans les motifs de la surveillance rappelle la crainte des mères, à la fin du XIXe siècle, face à leurs filles : que celles-ci soient contaminées par l'amour romanesque et qu'ainsi elles souhaitent un mari amoureux. Depuis lors, l'amour est diffusé au sein du groupe conjugal, et le roman d'amour est apparemment moins craint ; cependant tout se passe comme si la vigilance s'était déplacée vers les classes d'âge plus jeunes. Il ne faudrait pas que l'amour romanesque vienne trop vite troubler l'âme des adolescentes. Chaque chose en son temps. Pour le moment, la qualité « intellectuelle » prime, c'est-à-dire le souci de la constitution de la dot scolaire. Deux types d'ouvrages peuvent venir troubler le cours de cette construction : un goût immodéré pour les bulles et les images, du côté des garçons, un goût immodéré pour l'amour, du côté des filles. C'est dire que même le livre « livre » peut être perçu comme une menace, que même la lecture peut être appréhendée comme un risque de désordre. La « vertu » peut mener, quelquefois, au « vice ». Le plaisir de lire ne doit pas dépasser les bornes de la sagesse. Pour les filles, contrairement aux garçons, les mères estiment qu'il y a risque de franchissement.

## INDIFFÉRENTES

Les jeunes adolescentes paraissent plus intellectuelles que leurs frères, mais elles n'ont pas, pour autant, achevé leur apprentissage de la posture cultivée. Il suffit de comparer les différences sexuelles pour le volume de lecture romanesque (au moins un roman tous les quinze jours) et pour le volume de lecture des classiques (au moins trois des romans proposés) pour s'apercevoir que, principalement dans les familles populaires, le premier clivage est plus grand que le second. Les jeunes filles lisent plus de romans, mais ce ne sont pas obligatoirement des romans « reconnus » :

| | Forte lecture des romans en général | classiques |
|---|---|---|
| **Milieu populaire** | | |
| Garçons a | 22 % | 25 % |
| Filles b | 37 % | 28 % |
| Différence sexuelle a/b | 1,7 | 1,1 |
| **Milieu moyen** | | |
| Garçons a | 35 % | 33 % |
| Filles b | 52 % | 46 % |
| Différence sexuelle a/b | 1,5 | 1,4 |
| **Milieu supérieur** | | |
| Garçons a | 48 % | 55 % |
| Filles b | 55 % | 59 % |
| Différence sexuelle a/b | 1,1 | 1,1 |

Le fait que les jeunes filles ne soient pas attirées en priorité par les ouvrages classiques (alors qu'elles sont, par ailleurs, meilleures en français) s'explique par des raisons complémentaires. La première est le sexe des héros. Dans la liste proposée, seuls *Les Contes du chat perché*, grâce à Delphine et Marinette, mettent en avant des personnages féminins. Et c'est le seul livre qui, dans les trois classes sociales, est nettement plus lu par les filles. Dans les familles populaires, seul le livre de Marcel Aymé correspond au critère d'une différence minimale de 5 points entre taux de lecture masculine et taux de lecture féminine. Dans les familles supérieures, s'ajoutent *L'Enfant et la rivière* du côté des filles et *L'Appel de la forêt* du côté des garçons. Dans les familles moyennes, un seul livre, au contraire, n'est pas « sexué », *Le Petit Nicolas*.

Une seconde raison renvoie à l'inefficacité, relative, de la lecture des classiques. Les garçons les lisent presque autant que les filles, ces ouvrages étant souvent recommandés dans le cadre des études, sans que cette appropriation ait un effet d'entraînement. La troisième explication insiste surtout sur le décalage temporel observé entre l'intériorisation du besoin de lire et l'apprentissage de la lecture cultivée, notamment dans les classes populaires du fait de l'environnement familial (cf. chapitre 2). → **Tableau 9**. Identité sexuelle, milieu social et lecture des ouvrages classiques. **9.1**. Lecture des ouvrages classiques. **9.2**. Score d'appropriation littéraire. Page 170.

Se plonger souvent dans les livres ne mène pas automatiquement à apprécier les bains cultivés. Les jeunes filles n'ont pas une compétence littéraire nettement plus élevée que celle des jeunes adolescents. Même pour *Les Contes du chat perché*, le nom de Marcel Aymé est assez peu cité :

| | *Les Contes du chat perché* | |
|---|---|---|
| | **Lecture** | **Attribution de l'auteur** |
| **Milieu populaire** | | |
| Garçons | 39 % | 16 % |
| Filles | 48 % | 17 % |
| **Milieu moyen** | | |
| Garçons | 44 % | 19 % |
| Filles | 56 % | 28 % |
| **Milieu supérieur** | | |
| Garçons | 54 % | 22 % |
| Filles | 62 % | 27 % |

La déperdition entre la connaissance et la compétence est importante pour les deux sexes. Le plus grand amour de la lecture n'augmente pas l'attention au repérage des livres dans l'espace de la production littéraire. L'indice « forte compétence littéraire/forte appropriation livresque » est même légèrement plus grand pour les garçons que pour les filles dans les classes moyennes et populaires, ce qui souligne l'indifférence des adolescentes aux signes extérieurs de la culture cultivée. → **Tableau 10.** Identité sexuelle, milieu social et compétence littéraire. **10.1.** Attributions exactes. **10.2.** Score de compétence littéraire. Page 171.

L'attention portée au titre, à l'auteur et à la collection du dernier livre lu n'est pas plus grande chez les adolescentes. 39 % des garçons et 42 % des filles de cadres supérieurs donnent ces trois éléments. En milieu populaire, il y a même inversion : 35 % des adolescents et 27 % des adolescentes fournissent le descriptif de leur livre. Le poids des jeunes qui indiquent comme collection préférée Castor poche ou Folio ne varie pas non plus avec le sexe : par exemple, 16 % des fils et 18 % des filles de cadres moyens font ce choix.

Toutefois, chez les plus forts lecteurs — les filles des classes supérieures — peut être entrevu un rapport plus cultivé à la lecture qui s'inscrit dans les modalités d'achat des livres. Ces adolescentes fréquentent, beaucoup plus que les adolescents de même milieu, les librairies (dans le sous-ensemble de ceux qui achètent des livres) :

| | librairie a | Achat en grande surface b | Supériorité librairie a/b |
|---|---|---|---|
| **Milieu populaire** | | | |
| Garçons | 37 % | 42 % | 0,9 |
| Filles | 44 % | 42 % | 1 |
| **Milieu moyen** | | | |
| Garçons | 49 % | 32 % | 1,5 |
| Filles | 42 % | 32 % | 1,4 |
| **Milieu supérieur** | | | |
| Garçons | 52 % | 30 % | 1,7 |
| Filles | 66 % | 21 % | 3,1 |

Ce comportement qui, pour le moment, n'engendre pas d'aussi fortes variations pour les autres dimensions de la posture cultivée, signale, peut-être, une conversion ultérieure. Ces jeunes filles qui, à l'âge où l'abandon de la lecture s'opère en partie, ont pris l'habitude de fréquenter les espaces explicitement consacrés au livre peuvent mieux résister à l'appel des sirènes non livresques. Ces jeunes filles déclarent, on s'en souvient, aimer le plus les livres. Les librairies recrutent donc principalement leurs clients parmi les amoureuses de la lecture. Tout est en place pour que les jeunes filles des familles de cadres à la fois conservent leur foi dans le livre et raffermissent cette croyance en la cultivant.

## LIBÉRÉES DES CONTRAINTES SCOLAIRES

Garçons et filles se distinguent peu dans leur rapport aux contraintes scolaires. A l'exception des classes moyennes, les adolescents ne sont pas plus nombreux que les adolescentes à avouer avoir lu leur dernier livre sur le conseil d'un professeur, et à l'avoir emprunté à la bibliothèque scolaire. La plus grande réussite scolaire des filles ne les entraîne pas à prendre plus de distances vis-à-vis de l'offre et de la demande scolaires. → **Tableau 11**. Identité sexuelle, milieu social et origine du dernier livre lu: **11.1**. Obtention du dernier livre lu. **11.2**. Raisons d'emprunter ou d'acheter le dernier livre lu. Page 172.

Pour le respect des consignes des professeurs — approché par le fait d'avoir lu au moins un des livres conseillés — les filles ne se signalent pas par un plus grand zèle. Alors que les bons élèves faisaient mieux que les élèves en retard, les filles ressemblent aux garçons. Pour l'avance — c'est-à-dire le fait d'avoir lu le livre avant qu'il soit recommandé par un enseignant — c'est la même absence de différenciation sexuelle.

Les jeunes filles n'alignent pas leur culture sur celle des enseignants, sinon, elles devraient, étant donné leur niveau supérieur de lecture, avoir anticipé, volontairement ou non, la demande. Or ce n'est pas le cas : le goût « féminin » n'équivaut donc pas au goût scolaire. Le fort engagement dans la lecture de la part des adolescentes ne résulte pas, avant tout, d'un souhait de conformité, ou d'une plus forte volonté scolaire. Les corrélations statistiques entre bons élèves et bons lecteurs, entre bons élèves et jeunes filles, entre bons lecteurs et jeunes filles ne doivent pas mener à la conclusion selon laquelle le monde de l'école et le monde du livre sont identiques. Le plaisir de lire, plus développé chez les jeunes filles, a une autonomie certaines vis-à-vis des impératifs de l'institution scolaire et de ses représentants. Cette distance limiterait-elle les bénéfices scolaires que peuvent tirer les jeunes filles de leur plaisir de lire ?

CHAPITRE 5

# DU MATCH ENTRE LE LIVRE ET LA TÉLÉVISION

## LIVRE OU TÉLÉVISION

Les partisans de la lecture, ou les partisans de la télévision, sont repérés à partir de leur aveu, ils ont classé cette pratique en première ou en deuxième place dans leur hiérarchie des loisirs [1]. Tout est prêt pour le match entre le livre et la télévision, combat classique en Occident. Images et textes seraient de nature différente. Les premières engourdiraient l'esprit à force de le fasciner, les seconds stimuleraient au contraire les capacités intellectuelles (bien que la lecture conduise souvent le soir au sommeil). Les jeunes qui se rangent dans le camp du livre diffèrent par bien des aspects des jeunes de l'autre camp, l'opposition sociale entre ces deux médias perdure. Ces groupes de jeunes, minoritaires, sont emblématiques des rivalités culturelles.

## AFFECTION ET PRATIQUE

L'aveu de ces préférences n'est pas fantaisiste. En milieu populaire, 82 % des partisans du livre et 34 % des partisans de la télévision passent au moins une demi-heure à lire le dimanche. Dans les classes supérieures, 94 % des premiers et 44 % des seconds font de même. Les

1. 45 jeunes de milieu populaire, 70 de milieu moyen et 78 de milieu supérieur ont classé la lecture à la première ou à la seconde place de leur hiérarchie des loisirs. Ces partisans de la lecture sont comparés aux partisans de la télévision (soit 100 en milieu populaire, 76 en milieu moyen et 86 en milieu supérieur).

amoureux du livre consacrent du temps à leur passion. Les amoureux des images télévisuelles en regardent beaucoup plus. Dans les familles d'ouvriers et d'employés, 48 % des partisans de la télévision et 20 % des partisans du livre suivent plus d'une heure par jour les programmes à la télévision. → **Tableau 1.**Préférences pour le livre ou la télévision, milieu social et temps consacré à chacune de ces activités : **1.1.** Temps de lecture le dimanche. **1.2.** Temps d'écoute de la télévision. Page 173. Consommation et préférence vont de pair, sans pour autant se confondre. Dans les familles des classes moyennes, si 45 % des partisans du livre lisent au moins une heure le dimanche, un tiers des grands lecteurs classe la lecture en premier ou en second. Toujours dans ce milieu, 45 % des jeunes partisans de la télévision la regardent au moins une heure par jour ; un tiers, là encore, des grands téléspectateurs met en première ou seconde position ce loisir. L'amour naît rarement sans la pratique, mais la pratique n'engendre pas obligatoirement l'affection :

| | Poids des partisans du livre | Poids des partisans de la télévision |
|---|---|---|
| | (% en ligne) | |
| **Milieu populaire** | | |
| Forts usagers de la lecture | 28 % | 7 % |
| Forts usagers de la télévision | 17 % | 38 % |
| **Milieu moyen** | | |
| Forts usagers de la lecture | 37 % | 11 % |
| Forts usagers de la télévision | 17 % | 37 % |
| **Milieu supérieur** | | |
| Forts usagers de la lecture | 39 % | 7 % |
| Forts usagers de la télévision | 12 % | 34 % |

Prendre le critère de la préférence permet de sélectionner, au sein des pratiquants réguliers, les croyants, et ainsi d'approcher le mieux possible cette foi dans le livre ou dans la télévision.

## LE LIVRE ET L'INTELLECT

Aucun doute possible au vu des résultats, la confrontation sociale entre livre et télévision existe, malgré certains discours sur l'usage cultivé de la télévision. Les partisans du livre et les partisans de la télévision se différencient au sein de chaque groupe social. Les mères des uns et des autres ne les perçoivent pas de la même manière. Les adolescents qui aiment lire sont considérés comme des « intellectuels », contrairement aux adolescents qui aiment la télévision. Dans les familles de cadres supérieurs, l'étiquette « tout à fait intellectuel » est attribuée deux fois plus souvent aux premiers qu'aux seconds (respectivement 44 % et 24 %).→ **Tableau 2**. Préférences pour le livre ou la télévision, milieu social et qualificatifs attribués par la mère. Page 174.

Cette qualité — dont la fréquence double en passant des classes populaires aux classes supérieures, et qui donc peut être définie comme une qualité « supérieure » — est décernée avant tout aux jeunes qui lisent et aiment lire. C'est la preuve que la lecture n'est pas une pratique « neutre ». Elle constitue une médiation, comme l'école à un autre niveau, dans la production de la différenciation sociale dans les jeunes générations. Les adolescents, partisans du livre et originaires de milieu populaire, reçoivent le qualificatif « intellectuel » aussi souvent que les adolescents partisans de la télévision et originaires de milieu supérieur.

## DEUX AMOURS INÉGAUX

Les amoureux de la lecture sont gâtés; ils sont non seulement « intellectuels », mais vifs, de bonne humeur, et plutôt moins bébés pour leur âge. Il reste aux partisans de la télévision la qualité de « manuel » dans les familles de cadres moyens et supérieurs — c'est-à-dire dans un environnement où ce compliment n'est pas très valorisant —, ou celle de non timide, sauf pour les classes supérieures. Le bilan est très inégal. La vivacité est interprétée, par exemple, exclusivement dans le registre des qualités de l'esprit, avantageant les lecteurs.

Les partisans du livre bénéficient d'une bonne image. Jugés bons élèves par leurs mères, ils sont aussi en bonne santé. Tout leur réussit, à tel point que leurs mères déclarent mieux s'entendre avec eux. Notamment dans les familles populaires (et supérieures), où le niveau de la bonne entente intergénérationnelle passe de 58 % pour les partisans de la télévision à 71 % pour les partisans du livre.

## UNE RÉUSSITE SCOLAIRE INÉGALE

Ces images ne sont pas dessinées sans référence à la réalité. Le poids des élèves en retard dans leur scolarité est plus grand parmi les amoureux de la télévision — près de la moitié — que parmi les amoureux de la lecture — un tiers — dans les familles populaires. Selon ce critère, les différences au sein des familles supérieures sont moins sensibles. En revanche, pour l'amour de l'école, le clivage entre les littéraires et les visuels est net, quelle que soit la position sociale de la famille. Ceux qui apprécient peu l'institution scolaire sont plus nombreux parmi les partisans de la télévision. Dans les familles de classes supérieures, 9 % des amoureux du livre et 28 % des amoureux de la télévision avouent aimer « un peu » ou « pas du tout » l'école. → **Tableau 3.** Préférence pour le livre ou la télévision, milieu social et rapport à l'école: **3.1.** Niveau scolaire. **3.2.** Amour de l'école. **3.3.** Ambition scolaire de la mère. Pages 174-175.

Les rêves des mères révèlent bien l'inégale valeur scolaire qu'ont les uns et les autres jeunes. Dans les familles populaires, près de la moitié des mères d'adolescents littéraires et un quart des mères d'adolescents téléspectateurs souhaitent des études au moins jusqu'à 22 ans. Qui lit et aime lire ira loin, s'imaginent les mères ravies. Cet écart de 25 points baisse cependant de 10 points au sein des familles supérieures. L'amour de la lecture serait-il plus superflu lorsque les conditions générales, sociales et culturelles de la famille sont meilleures ?

## DOUBLE AMOUR

S'il est vrai que ceux qui aiment lire aiment (et réussissent à) l'école, l'inverse n'est pas vrai. Dans les familles populaires, trois quarts des partisans du livre aiment beaucoup ou assez l'école alors qu'un sixième seulement de ceux qui aiment beaucoup ou un peu l'école classent en premier ou en second la lecture. Dans les familles supérieures, les proportions sont respectivement de neuf dixièmes et d'un quart. Le fait de vivre plutôt bien le temps de la scolarité crée des conditions (quasi) nécessaires, mais non suffisantes, pour la naissance de l'amour de la lecture.

Il faut, en outre, être bon en français. La supériorité en français des partisans du livre sur ceux de la télévision est de 24 points dans les classes moyennes, 39 points dans les classes supérieures et 50 points dans les classes populaires. Être bon en mathématiques est moins requis : en milieux populaire et supérieur, les amoureux de la lecture ne sont pas, dans cette matière scientifique, meilleurs que les amoureux de la télévision. → **Tableau 4.** Préférence pour le livre ou la télévision, milieu social et niveaux en français et en mathématiques. Page 175.

## LA CULTURE FAMILIALE

D'autres facteurs interviennent pour favoriser, directement ou indirectement, le penchant littéraire des jeunes adolescents.

**AVOIR DES PARENTS QUI FRÉQUENTENT LES ESPACES DU LIVRE, LES CLUBS OU LES BIBLIOTHÈQUES**

| | Parents inscrits | | |
|---|---|---|---|
| | bibliothèque | club de livres | Total |
| **Milieu populaire** | | | |
| Partisans du livre | 22 % | 38 % | 60 % |
| Partisans de la télévision | 16 % | 21 % | 37 % |
| **Milieu moyen** | | | |
| Partisans du livre | 44 % | 41 % | 85 % |
| Partisans de la télévision | 26 % | 34 % | 60 % |
| **Milieu supérieur** | | | |
| Partisans du livre | 55 % | 39 % | 94 % |
| Partisans de la télévision | 40 % | 35 % | 75 % |

Les parents des partisans du livre, comparativement à ceux des partisans de la télévision, adhèrent plus à un club de livres dans les classes populaires, et s'inscrivent plus à une bibliothèque dans les classes supérieures. Quel que soit le milieu, ces deux modes d'approvisionnement jouent positivement dans le développement de l'amour du livre à la génération suivante.

**AVOIR UN PÈRE QUI LIT AU MOINS UN PEU**

La transmission intergénérationnelle de la pratique de lecture est complexe. Lorsque le père ou la mère est cadre moyen, le volume de lecture de l'un ou de l'autre a peu d'effet. Dans les familles ouvrières, c'est le père qui est associé à la préférence du jeune adolescent pour la lecture. Dans les familles supérieures, les deux parents interviennent nettement:

**AVOIR UNE MÈRE COMPÉTENTE DANS LA LITTÉRATURE ENFANTINE**

C'est une illusion. Le fait de lire ne suffit pas. Il faut que la mère possède une réelle compétence en matière littéraire, mesurée par le nombre de collections spécialisées pour jeunes adolescents qu'elle avoue connaître. En milieu populaire, 28 % des mères de jeunes partisans de la lecture en connaissaient au moins neuf (sur une liste proposée) contre 12 % des mères de partisans de la télévision. Les chiffres correspondants sont

54 % et 38 % en milieu moyen, 80 % et 42 % en milieu supérieur. Pour une mère, le fait de se repérer dans la production enfantine aide le jeune à ne pas se perdre, à ne pas avoir un sentiment d'impuissance devant le grand nombre de livres qui lui sont théoriquement destinés. La mère sert, en quelque sorte, de bibliothécaire à domicile.

| | Faible niveau de lecture de la mère | du père |
|---|---|---|
| **Milieu populaire** | | |
| Partisans de la lecture | 67 % | 56 % |
| Partisans de la télévision | 68 % | 68 % |
| **Milieu moyen** | | |
| Partisans de la lecture | 57 % | 56 % |
| Partisans de la télévision | 61 % | 50 % |
| **Milieu supérieur** | | |
| Partisans de la lecture | 26 % | 37 % |
| Partisans de la télévision | 56 % | 54 % |

La mère ne semble pas contribuer par sa pratique, sauf dans les classes supérieures, à la production de l'inclinaison livresque.

L'effet collection qui est peu sensible directement chez le jeune adolescent — en tout cas, un petit nombre seulement ont une collection préférée — existe à un autre niveau. Dans les classes moyennes, les jeunes amoureux de la lecture ont, dans près de deux tiers des cas, une mère qui connaît la collection Castor poche alors que pour les jeunes partisans de la télévision, cette proportion n'est que d'un tiers. Dans tous les milieux, la maîtrise maternelle du champ littéraire favorise le goût pour la lecture.

### Avoir des parents diplômés

Plus le capital scolaire des pères et des mères est élevé au sein d'un groupe social, et plus les jeunes ont des chances de préférer la lecture, et non la télévision. Dans les familles des classes supérieures, les mères qui ont arrêté leurs études avant l'université ont plus souvent des enfants qui préfèrent avant tout la télévision (28 %) que des enfants qui plébiscitent le livre (15 %); les mères qui ont poursuivi des études au-delà ont plus souvent des enfants partisans du livre (26 %) que des enfants partisans de la télévision (21 %).

Les amoureux des livres ont donc dans l'ensemble des parents plutôt un peu mieux dotés:

**Dernier établissement scolaire fréquenté par la mère partisan :**

| | du livre | de la télévision |
|---|---|---|
| **Milieu populaire** | | |
| École primaire | 18 | 26 |
| Collège technique | 51 | 41 |
| Collège général et plus | 29 | 32 |
| Total | 100 | 100 |
| **Milieu moyen** | | |
| Primaire ou technique | 33 | 43 |
| Collège général | 33 | 29 |
| Université | 24 | 21 |
| Total | 100 | 100 |
| **Milieu supérieur** | | |
| Primaire ou technique | 12 | 23 |
| Collège général | 14 | 26 |
| Université | 66 | 48 |
| Total | 100 | 100 |

Dans les classes moyennes, l'effet bénéfique du diplôme de la mère est moins sensible que celui du père, alors qu'ailleurs, l'environnement culturel de la famille n'est pas plus sensible à la dot paternelle qu'à la dot maternelle.

### AVOIR DES PARENTS QUI VIVENT DANS UN UNIVERS PROFESSIONNEL OÙ L'ÉCRIT COMPTE

Cette particularité des classes moyennes se retrouve lorsque l'on prend en compte la profession. Alors que dans les familles populaires, l'amour de la lecture est associé clairement à la présence d'une mère employée administrative et que dans les classes supérieures cette préférence naît davantage lorsque la mère est professeur, dans les familles moyennes, la relation entre mère institutrice et goût pour le livre est nulle.

| | Chances d'être partisan | | |
|---|---|---|---|
| | du livre | de la télévision | Rapport |
| Avec | a | b | a/b |
| un père instituteur | 23 % | 19 % | 1,2 |
| une mère institutrice | 20 % | 32 % | 0,6 |
| un père professeur | 23 % | 20 % | 1,2 |
| une mère professeur | 33 % | 19 % | 1,7 |

Du point de vue de l'amour de la lecture, mieux vaut avoir une mère professeur qu'un père professeur, un père instituteur qu'une mère institutrice. Pourquoi cette inversion sexuelle des effets associés à la profession d'enseignant ?

### Avoir des parents cultivés

L'amour du livre n'a pas besoin uniquement de stimulations directes, on l'a vu avec le volume de lecture des parents et on le perçoit en sens contraire avec un indicateur des pratiques culturelles non livresques, la visite des musées. 11 points en milieu moyen, 15 en milieu populaire, 27 en milieu supérieur séparent parents des partisans du livre et ceux des partisans de la télévision, pour cette fréquentation.
Bref, les conditions favorables (surtout aux deux extrémités de la hiérarchie sociale) pour que s'éveille et s'affiche la préférence pour la lecture, goût minoritaire, relèvent davantage du capital culturel détenu par les parents que de leur pratique de lecture. Cet amour reste relativement indifférent à la vertu de l'exemple, il est au contraire plus sensible aux variations de la richesse de l'environnement.
Le lecture appartient au registre des pratiques culturelles. Les amoureux du livre ne participent-ils pas plus que les amoureux de la télévision à des clubs centrés sur des activités artistiques (au sein du sous-ensemble des jeunes qui ont des activités organisées)?

| | Participation à des activités artistiques | sportives |
|---|---|---|
| **Milieu populaire** | | |
| Partisans du livre | 39 % | 89 % |
| Partisans de la télévision | 11 % | 91 % |
| **Milieu moyen** | | |
| Partisans du livre | 49 % | 83 % |
| Partisans de la télévision | 13 % | 94 % |
| **Milieu supérieur** | | |
| Partisans du livre | 45 % | 84 % |
| Partisans de la télévision | 30 % | 89 % |

La lecture devient attractive lorsque le jeune adolescent respire un air culturel, même non livresque, comme c'est le cas dans les ateliers de peinture ou de musique.

### Être l'objet d'une politique parentale

L'efficacité d'un tel environnement sur la lecture requiert non seulement un volume important de richesses parentales, mais aussi une volonté politique explicite. Il ne faut pas se fier à l'égalité des déclarations d'incitation parentale selon les deux groupes de jeunes. Cette égalité formelle masque une inégalité des investissements des parents dans la socialisation livresque de leurs enfants. En effet, il faut rapprocher l'incitation à la lecture du niveau d'évaluation des lectures adolescentes par la mère.

| Politique maternelle | Incitation régulière | Lecture jugée insuffisante | Différence |
|---|---|---|---|
| **Milieu populaire** | | | |
| Amoureux du livre | 51 % | 27 % | + 24 |
| Amoureux de la télévision | 51 % | 79 % | — 28 |
| **Milieu moyen** | | | |
| Amoureux du livre | 63 % | 24 % | + 39 |
| Amoureux de la télévision | 59 % | 79 % | — 20 |
| **Milieu supérieur** | | | |
| Amoureux du livre | 63 % | 21 % | + 42 |
| Amoureux de la télévision | 66 % | 62 % | + 4 |

Bien que leur mère estiment leur lecture suffisante, les jeunes adolescents qui aiment lire reçoivent des encouragements à continuer. Le décalage entre incitation et estimation augmente avec la position sociale de la famille — de 24 à 42 points —, signe d'une plus grande exigence des mères dans les familles moyennes et supérieures.

Les mères des adolescents amoureux de la lecture surveillent plus régulièrement la lecture, et en discutent plus souvent avec leurs enfants. Elles cherchent à éviter les livres médiocres dans les classes moyennes et les livres qui ne sont pas « de l'âge » de leurs enfants dans les classes populaires et supérieures. De nouveau, pointe le danger potentiel de la lecture pour les jeunes adolescents. Le clivage entre « livres » et « bandes dessinées » est plus explicitement visible dans la politique des familles où la lecture n'est pas le loisir préféré des jeunes; dans les familles où au contraire le livre est aimé, cette opposition n'a nul besoin d'être rappelée, elle est intériorisée.

## LE ROMAN

Les bandes dessinées sont appréciées par beaucoup, mais à leur place. Les partisans de la lecture les mettent en second, le roman passant en premier alors que les partisans de la télévision votent pour les bulles. Les livres documentaires occupent une position ambiguë du côté des amoureux de la lecture pour les classes supérieures et surtout populaires, du côté des amoureux de la télévision pour les classes moyennes. → **Tableau 5**. Préférence pour le livre ou la télévision, milieu social et genres préférés. Page 176.
Le roman forme le pivot central pour les amateurs de la lecture. Parmi

ceux-ci, dans les familles de cadres supérieurs, 74 % en lisent régulièrement contre 22 % des partisans de la télévision. Les taux de lecture régulière de romans sont fixés davantage par l'amour de la lecture que par la position sociale de la famille.

| | Romans | B.D. | Supériorité du roman |
|---|---|---|---|
| | a | b | a/b |
| **Amoureux du livre** | | | |
| des classes supérieures | 74 % | 32 % | 2,3 |
| des classes populaires | 38 % | 31 % | 1,2 |
| des classes moyennes | 36 % | 23 % | 1,6 |
| **Amoureux de la télévision** | | | |
| des classes supérieures | 22 % | 41 % | 0,5 |
| des classes moyennes | 15 % | 45 % | 0,3 |
| des classes populaires | 11 % | 37 % | 0,3 |

La place des amoureux du livre dans une telle hiérarchie résulte de l'action de deux types de facteurs:
— le niveau parental des ressources culturelles et l'histoire scolaire du jeune adolescent;
— l'identité sexuelle. Le groupe des partisans du livre comprend 30 % de plus de filles que le groupe des partisans de la télévision (décalage constant quel que soit le milieu).
Ces éléments jouent indépendamment de la position sociale de la famille; mais leur distribution — celle du capital culturel des parents et celle de la réussite scolaire des enfants — est fonction du milieu social.

## LE LIVRE, UN OBJET AFFECTIF, UN OBJET CULTUREL

Le passage de l'investissement temporel à l'investissement affectif dans la lecture chez les jeunes adolescents dépend, en partie, du soutien constitué par les richesses scolaires et culturelles des parents (à l'exception des familles moyennes). L'amour de la lecture plus que la pratique de lecture dérive du capital. Donc, on s'attend à ce que les jeunes amoureux du livre aient un rapport assez cultivé à leur propre pratique. La place occupée par le roman confirme cette prévision, comme la précision avec laquelle est décrit le dernier ouvrage lu. Les partisans du livre indiquent titre, auteur et collection pour le dernier livre lu, les partisans de la télévision oublient une de ces caractéristiques.

Le score de compétence littéraire varie, lui aussi, fortement selon la nature des préférences avouées. Les jeunes qui aiment la télévision sont au moins deux fois plus nombreux que les jeunes qui aiment la lecture, à n'avoir lu aucun des sept ouvrage classiques. → **Tableau 6**. Préférence pour le livre ou la télévision, milieu social et rapport cultivé à la lecture : **6.1**. Identification du dernier livre lu. **6.2**. Score de compétence littéraire. **6.3**. Score d'appropriation livresque. Pages 176-177.
Le rapport des partisans du livre à cet objet n'est pas, malgré tout, très cultivé. Plus de la moitié des jeunes partisans de la lecture ont lu au moins quatre ouvrages classiques alors qu'ils ne sont qu'un tiers à en retrouver les auteurs. Par exemple, dans les classes moyennes, 42 % des amoureux de la lecture ont lu *Poil de carotte*, 23 % citent Jules Renard.

L'apprentissage de la lecture cultivée demeure modeste, il ne suit pas le même rythme de développement que la croissance livresque. C'est ce qui ressort de la comparaison des distances entre partisans pour un bon niveau d'appropriation romanesque (lire au moins un roman tous les quinze jours) et pour un bon niveau d'appropriation littéraire (avoir lu au moins trois des sept ouvrages classiques proposés). Le premier écart est, en effet, plus grand que le second. Les partisans du livre ressemblent plus aux partisans de la télévision par leur volume de lecture classique que par leur volume de lecture de romans en général :

| | **Fort volume de lecture des romans** | |
|---|---|---|
| | **en général** | **classiques** |
| **Milieu populaire** | | |
| Partisans du livre | 49 % | 27 % |
| Partisans de la télévision | 19 % | 24 % |
| Clivage | 2,6 | 1,1 |
| **Milieu moyen** | | |
| Partisans du livre | 73 % | 55 % |
| Partisans de la télévision | 30 % | 27 % |
| Clivage | 2,4 | 2,0 |
| **Milieu supérieur** | | |
| Partisans du livre | 82 % | 77 % |
| Partisans de la télévision | 35 % | 45 % |
| Clivage | 2,3 | 1,7 |

Ces partisans de la lecture dévorent tout particulièrement les histoires policières et des histoires dont le héros a leur âge. Ils laissent aux partisans de la télévision les histoires comiques, la science-fiction (dans les familles de cadres moyens et supérieurs). Leur choix est donc composite, avec des livres peu légitimes et des livres représentants les « vrais » ouvrages, les romans. → **Tableau 7**. Préférences pour le livre et la télévision, milieu social et thèmes préférés. Page 177.

## VALEURS

A l'adolescence, la valorisation de certaines attitudes, de certains comportements, est commune à l'ensemble de cette classe d'âge, d'autres attitudes, d'autres comportements créent des différenciations. Les valeurs associées à l'amour de la lecture ne sont pas strictement identiques aux valeurs défendues par les partisans de la télévision, mais ne forment pas un système spécifique, le clivage étant trop faible.

Ceux qui inscrivent la télévision à la première ou la seconde place de leurs loisirs préférés indiquent plus souvent (que ceux qui marquent la lecture) le jeu avec les amis. Le goût pour la peinture, secondairement le goût pour la musique, forment couple avec le goût pour le livre dans les classes supérieures et populaires. L'ordinateur et le sport attirent des publics opposés : faire du sport est mieux apprécié par les téléspectateurs en milieu populaire et par les lecteurs en milieux moyen et supérieur ; l'ordinateur fascine les lecteurs des classes moyennes et les téléspectateurs des classes supérieures.
La moins bonne place, que les amateurs de la lecture donnent aux amis, n'implique pas que l'amour du livre est un refuge pour se protéger d'autrui. Le refus de se confier à quelqu'un — parents ou amis —, le fait d'avoir un ou des amis ne sont pas sensibles à la préférence des loisirs, le fait d'appartenir à une bande l'est davantage, mais dans tous les sens (avec la télévision pour le milieu moyen, avec le livre pour le milieu supérieur). Le sentiment d'avoir un amoureux ou une amoureuse est plus fort chez les partisans du livre pour les jeunes populaires et chez les partisans de la télévision pour les jeunes des classes moyennes. Ce désordre marque l'indépendance de la sociabilité amicale et du penchant pour l'un ou l'autre média.

Au moment de l'été, le livre est présenté comme un élément du décor de la plage. Or, dans tous les milieux, les jeunes qui aiment lire préfèrent davantage marcher en montagne que bronzer sur le sable, contrairement aux jeunes qui aiment la télévision :

| | Bronzer a | Marcher b | Rapport a/b |
|---|---|---|---|
| **Milieu populaire** | | | |
| Partisans du livre | 31 % | 69 % | 2,2 |
| Partisans de la télévision | 43 % | 49 % | 1,1 |
| **Milieu moyen** | | | |
| Partisans du livre | 26 % | 67 % | 2,6 |
| Partisans de la télévision | 46 % | 49 % | 1,1 |
| **Milieu supérieur** | | | |
| Partisans du livre | 26 % | 71 % | 2,7 |
| Partisans de la télévision | 41 % | 49 % | 1,2 |

La représentation cultivée des loisirs selon l'axe de l'activité et de la passivité est intériorisée par les jeunes adolescents: la lecture et la marche, la télévision et la plage. Une telle vision du monde situe les individus les moins cultivés (du point de vue de la culture dominante) au pôle négatif (comme les femmes, traditionnellement)[2].

## CONSERVATION

La télévision fait plus moderne que le livre. Cela n'interdit pas ses partisans dans les familles de milieu supérieur et moyen d'être plus favorables au modèle de la femme au foyer, appréhendé comme plus traditionnel.

| | Travail professionnel | | Rester à |
|---|---|---|---|
| | temps plein | temps partiel | la maison |
| **Milieu populaire** | | | |
| Partisans du livre | 7 | 44 | 49 |
| Partisans de la télé | 10 | 44 | 46 |
| **Milieu moyen** | | | |
| Partisans du livre | 14 | 57 | 29 |
| Partisans de la télé | 12 | 45 | 43 |
| **Milieu supérieur** | | | |
| Partisans du livre | 18 | 63 | 19 |
| Partisans de la télé | 9 | 50 | 40 |

2. Il y a une contradiction dans l'articulation entre ces images, les jeunes filles étant du côté de la lecture, loisir « actif », et préférant la plage, loisir « passif ».

Sur l'axe politique (où la grande majorité refuse de se placer), les partisans de la lecture se positionnent plus à gauche, les partisans de la télévision plus à droite. Là encore, préférence pour la télévision rime plutôt avec le respect de l'ordre établi. Mais, face à des situations précises — tricher à un examen, rouler à 150 kilomètres-heure, voler dans un magasin, prendre de l'argent à ses parents — les partisans de la lecture ne se montrent pas moins sévères, dans les milieux populaire et moyen.
Pour désigner la jeunesse actuelle, le qualificatif de « génération morale » a quelquefois été utilisé, en référence notamment à la réaction face au racisme. Ce sont les amoureux de la lecture qui sont les plus sensibles aux manifestations de racisme. Les partisans de la télévision estiment, eux, que le chômage est un problème plus important :

| | **Chômage** | **Racisme** |
|---|---|---|
| **Milieu populaire** | | |
| Partisans du livre | 36 % | 31 % |
| Partisans de la télévision | 44 % | 20 % |
| **Milieu moyen** | | |
| Partisans du livre | 33 % | 26 % |
| Partisans de la télévision | 37 % | 22 % |
| **Milieu supérieur** | | |
| Partisans du livre | 31 % | 33 % |
| Partisans de la télévision | 36 % | 20 % |

## LA RELIGION DU LIVRE

Les jeunes qui aiment par-dessus tout lire se distinguent par leurs attitudes religieuses, ils sont catholiques pratiquants réguliers plus souvent que les jeunes qui apprécient la télévision. Par contre, ces derniers se déclarent plus volontiers catholiques non pratiquants. Le non rattachement explicite à une religion — choix de la modalité « sans religion » — est du côté du livre dans les classes populaires, et du côté de la télévision dans les familles de cadres. → **Tableau 8.** Préférence pour le livre ou la télévision, milieu social et attitudes religieuses. Page 178.
Les jeunes catholiques qui vont à la messe plus d'une fois par mois et ceux qui y vont plusieurs fois dans l'année forment un groupe important des partisans du livre. Comparativement aux partisans de la télévision, leur supériorité est de 11 points dans les classes populaires, 13 dans les classes moyennes et 17 dans les classes supérieures. L'encadrement

assuré par les journaux de Bayard-Presse sert-il de médiation entre le livre et la religion ? Comment rendre compte du lien entre appartenance à l'église catholique et amour du livre ?

# LE TEMPS DE LIRE

Le clivage entre les partisans du livre et les partisans de la télévision repose sur un investissement temporel différent dans ces deux pratiques, et surtout sur un investissement affectif : les uns et les autres déclarent aimer avant tout lire ou regarder la télévision. Ces deux groupes incarnent ainsi le goût de lire et le goût de regarder.
Tous les pratiquants n'étant pas de forts croyants, il reste à observer les différences associées à l'intensité de la pratique de lecture, et à faire une première synthèse d'éléments dont certains sont déjà relevés dans les chapitres précédents. La variable intensité de la lecture redevient une variable dépendante, avec la probabilité de devenir grand lecteur.

## INTENSITÉ

Pour ne pas désavantager *a priori* les lecteurs de documentaires (car il est difficile d'établir une stricte équivalence entre un roman et un livre documentaire lus « en entier »), on a retenu, non le nombre de livres lus sur une période donnée, mais le temps consacré à la lecture de livres, « en dehors des livres scolaires, des bandes dessinées, des journaux », le dimanche. Les contraintes statistiques ont conduit à un regroupement en trois classes :
— les grands lecteurs qui lisent une heure au moins,
— les moyens lecteurs qui lisent entre une demi-heure et une heure,
— les petits lecteurs qui lisent moins d'une demi-heure.

## LE CUMUL DES AVANTAGES ET LE RATTRAPAGE

Devenir lecteur dépend d'un certain nombre de facteurs. Pour le démontrer, construisons un modèle hypothétique où chaque élément de l'identité sociale ou de l'environnement familial (repéré dans les chapitres précédents) est susceptible de favoriser la pratique de lecture. Attribuons *a priori* au fait d'avoir des parents grands lecteurs, des parents cadres supérieurs, d'être bon élève ou d'être une fille un titre de propriété (codé +) (exemple: le fait d'avoir des parents grands lecteurs et d'être bon élève sera codé + +); au fait d'avoir des parents petits lecteurs, des parents ouvriers ou employés, d'être un élève en retard, ou d'être un garçon une absence de ressources (codé —) et au fait d'avoir des parents moyens lecteurs, des parents cadres moyens, d'être dans la bonne classe sans être bons élèves un signe neutre (codé 0). Ainsi chaque groupe de jeunes peut recevoir une valeur hypothétique, obtenue à partir des deux ressources (colonne de droite du tableau ci-dessous). Les groupes « filles de milieu supérieur » et « bons élèves de milieu supérieur » doivent être équivalents pour la pratique de la lecture. L'ordre observé des chances d'être un grand lecteur correspond-il à un tel modèle hypothétique?

| | Probabilité de devenir grand lecteur | Valeur hypothétique |
|---|---|---|
| **1.** Parent grand lecteur, supérieur | 47,7 | + + |
| **2.** Bon élève, supérieur | 38,5 | + + |
| **3.** Fille, supérieur | 37,4 | + + |
| **4.** Parent moyen lecteur, supérieur | 35,7 | 0 0 |
| **5.** Bon élève, moyen | 32,0 | + 0 |
| **6.** Garçon, supérieur | 28,4 | − + |
| **7.** Parent grand lecteur, moyen | 26,5 | + 0 |
| **8.** Fille, moyen | 26,0 | + 0 |
| **9.** Parent moyen lecteur, moyen | 25,6 | 0 0 |
| **10.** Élève sans histoire, supérieur | 23,6 | 0 + |
| **11.** Parent petit lecteur, moyen | 23,2 | − 0 |
| **12.** Parent grand lecteur, populaire | 22,9 | + − |
| **13.** Bon élève, populaire | 22,7 | + − |
| **14.** Élève en retard, supérieur | 21,9 | − + |
| **15.** Garçon, moyen | 21,3 | − 0 |
| **16.** Fille, populaire | 20,5 | + − |
| **17.** Parent petit lecteur, supérieur | 19,0 | − + |
| **18.** Élève sans histoire, populaire | 18,5 | 0 − |
| **19.** Parent petit lecteur, populaire | 17,6 | − − |
| **20.** Élève sans histoire, moyen | 17,3 | 0 0 |
| **21.** Élève en retard, moyen | 14,9 | − 0 |
| **22.** Parent moyen lecteur, populaire | 11,9 | 0 − |
| **23.** Garçon, populaire | 11,3 | − − |
| **24.** Élève en retard, populaire | 11,1 | − − |

Les investissements temporels dans la lecture de livres se font bien en fonction des ressources disponibles dont disposent les jeunes adolescents. Dans le premier tiers, en effet, figurent les trois groupes + +, dans le dernier les trois groupes — —.

| Volume de capital | Classement 1er tiers | 2e tiers | 3e tiers |
|---|---|---|---|
| + + | 3/3 | | |
| + 0 | 4/5 | 1/5 | |
| 0 0 | | 1/2 | 1/2 |
| + − | 1/6 | 4/6 | 1/6 |
| 0 − | | 2/5 | 3/5 |
| − − | | | 3/3 |

Si la valeur des jeunes adolescents était entièrement fixée par la position sociale de leurs parents, les groupes des classes supérieures devraient occuper les huit premières places et les groupes des classes populaires les huit dernières. Ce n'est pas le cas :

| Milieu | Classement 1er tiers | 2e tiers | 3e tiers |
|---|---|---|---|
| Supérieur | 5 | 2 | 1 |
| Moyen | 3 | 3 | 2 |
| Populaire | 0 | 3 | 5 |

Les effets des autres ressources semblent plus sensibles pour les jeunes des classes moyennes. Leur environnement, leur identité sexuelle ou scolaire interviennent davantage pour fixer leur niveau de pratique livresque. Pour ce milieu, les bons élèves, les enfants de grands lecteurs et les filles sont en cinquième, septième et huitième position, les élèves sans histoire et les élèves en retard en vingtième et vingt et unième position ! Certains enfants originaires des classes populaires sont dans le deuxième tiers grâce à la propriété de ressources positives. Aucun groupe de filles, de bons élèves, d'enfants de parents grands lecteurs n'est classé après la seizième place.

La chute de quelques groupes des classes supérieures dans les positions moyennes du classement est provoquée par une scolarité difficile ou normale, ou par une absence d'exemple familial. Les garçons, eux, restent dans le premier groupe. L'appartenance au sexe masculin forme un moindre handicap que les deux autres critères considérés. Le mouvement descendant pour les classes moyennes (du second au troisième tiers) concerne les groupes des élèves sans histoire ou en retard. Lorsque les jeunes adolescents ne sont pas reconnus dans l'institution scolaire comme de bons élèves, ils ont moins de chance de s'engager dans la lecture. Mieux vaut être un garçon ou un enfant de petit lecteur qu'un élève sans bons résultats scolaires, toutes choses étant égales par ailleurs. Les élèves sans histoire ne lisent pas plus que les élèves en retard. Ils devraient donc recevoir plutôt le signe (—) que le signe (0).

Reste à appréhender la combinaison des ressources afin de déterminer si l'origine sociale influe plus que les autres dimensions de l'environnement et de l'identité. Est-ce que, par exemple, les bons élèves des classes populaires (+ —) lisent autant que les élèves en retard des classes supérieures (— +)? Sur neuf comparaisons, et en considérant significatif un écart de 4 points au minimum, on observe que dans la majorité des cas le milieu familial est un capital équivalent, que dans un cas il est un capital plus influent, et que dans trois cas il a moins d'effet qu'une autre ressource:

| **1. Équivalence des effets** | **Poids des grands lecteurs** |
|---|---|
| Enfants de petits lecteurs, milieu supérieur | 19 % |
| Enfants de grands lecteurs, milieu populaire | 23 % |
| Élèves en retard de milieu supérieur | 22 % |
| Bons élèves de milieu populaire | 23 % |
| Garçons de milieu moyen | 21 % |
| Filles de milieu populaire | 21 % |
| Enfants de petits lecteurs, milieu moyen | 23 % |
| Enfants de grands lecteurs, milieu populaire | 23 % |
| Garçons de milieu supérieur | 28 % |
| Filles de milieu moyen | 26 % |
| **2. Supériorité du milieu social** | |
| Garçons de milieu supérieur | 28 % |
| Filles de milieu populaire | 21 % |
| **3. Supériorité des autres ressources** | |
| Élèves en retard de milieu moyen | 15 % |
| Bons élèves de milieu populaire | 23 % |
| Enfants de petits lecteurs, milieu supérieur | 19 % |
| Enfants de grands lecteurs, milieu moyen | 27 % |
| Élèves en retard de milieu supérieur | 22 % |
| Bons élèves de milieu moyen | 32 % |

Les adolescents des familles populaires effectuant une bonne scolarité sont aussi nombreux à lire longtemps le dimanche que les élèves en retard des familles supérieures. L'accès aux livres n'est pas réservé à ceux qui sont de « bonnes familles ». La naissance dans la famille de tel milieu ne fixe pas une fois pour toutes le niveau ultérieur des lectures. Il ne faut pas cependant que les cartes d'accès « bonne scolarité », « fille » ou « enfant de parents lecteurs », efficaces, soient distribuées de manière très inégale selon les milieux sociaux. Ainsi, avoir des parents grands lecteurs est moins fréquent pour un enfant de classes populaires (10 %) que pour un enfant de classes supérieures (23 %). De plus, ces cartes peuvent avoir une efficacité différentielle. Le passage entre le groupe dont les parents lisent peu ou pas (au maximum un livre par mois) et le groupe dont les parents lisent plus ne se traduit pas que dans les classes supérieures par une augmentation sensible du nombre des jeunes grands lecteurs :

| | **Poids des grands lecteurs en classes** | | |
|---|---|---|---|
| | **populaires** | **moyennes** | **supérieures** |
| **Mère lectrice** | | | |
| faible | 16 % | 21 % | 23 % |
| moyenne ou grande | 15 % | 29 % | 40 % |
| **Père lecteur** | | | |
| faible | 13 % | 25 % | 24 % |
| moyen ou grand | 22 % | 25 % | 42 % |

## DE LA CONVERSATION FAMILIALE

La socialisation implicite agit d'autant plus que les parents ont, par ailleurs, des ressources sociales et culturelles importantes. La socialisation explicite de la lecture, elle, semble avoir des effets pervers puisque plus la mère incite à lire et moins le jeune adolescent lit :

| | **Poids des grands lecteurs en classes** | | |
|---|---|---|---|
| | **populaires** | **moyennes** | **supérieures** |
| **Incitation à lire** | | | |
| régulière | 15 % | 23 % | 29 % |
| occasionnelle | 13 % | 17 % | 29 % |
| rare | 28 % | 45 % | 61 % |

C'est une illusion. Les parents dont les enfants lisent beaucoup ne se croient pas obligés d'intervenir sous la forme la plus contraignante, surtout dans les classes supérieures. Leurs encouragements prennent la forme de la discussion et moins de la surveillance (dans les classes populaires, il y a cumul des deux) :

| | Poids des grands lecteurs en classes populaires | moyennes | supérieures |
|---|---|---|---|
| **Surveillance maternelle** | | | |
| régulière | 20 % | 24 % | 32 % |
| occasionnelle | 14 % | 22 % | 29 % |
| rare | 12 % | 26 % | 40 % |
| **Discussion maternelle** | | | |
| régulière | 20 % | 27 % | 38 % |
| occasionnelle | 16 % | 22 % | 31 % |
| rare | 11 % | 18 % | 15 % |

Ces discussions sont d'autant plus fructueuses que la mère, dans les classes supérieures, a une connaissance spécifique de la littérature enfantine. Les femmes qui connaissent peu de collections ont moins d'enfants grands lecteurs que les femmes qui en connaissent beaucoup (respectivement 13 % et 41 %). Dans les autres familles, la compétence maternelle agit moins.

Le cumul des rôles de la mère et de l'enseignante contribue au développement de la pratique de lecture à la condition que le lieu de l'exercice professionnel soit le collège ou le lycée et non une école primaire ou maternelle. Les enfants d'un père ou d'une mère instituteur(trice) se ressemblent entre eux du point de vue de la lecture, et ressemblent également aux autres enfants de cadres moyens. Les mères professeurs ont un enfant grand lecteur dans près de la moitié des cas (46,7 %) — soit 14 points de mieux que le taux moyen de leur milieu ; et ces mères ont un rendement éducatif supérieur à leurs collègues masculins (33,1 %), sans doute davantage spécialisés dans les matières scientifiques. Cette performance des mères professeurs ne dérive pas d'une dot scolaire plus élevée. Les mères des classes supérieures qui possèdent au moins le niveau licence ont des jeunes grands lecteurs dans 39 % des cas, niveau inférieur à celui obtenu par les femmes professeurs. Le choix de l'enseignement secondaire pour une femme mariée traduit-il un intérêt spécifique pour les livres et la culture écrite ?

## UNE MAÎTRISE DE LA LANGUE FRANÇAISE

Un apprentissage rapide et aisé de la lecture encourage l'enfant à continuer. Au sein des classes populaires, 8 % de ceux qui ont du mal à apprendre à lire, et 21 % des autres lisent chaque dimanche au moins une heure. L'augmentation dans les classes supérieures est de 14% à 37 %.

Ensuite, les bons élèves en français passent plus le temps que les autres à lire. L'interaction entre lecture et réussite dans cette matière est incontestable, alors qu'elle est moins nette pour les mathématiques :

| | Poids des grands lecteurs en classes | | |
|---|---|---|---|
| | **populaires** | **moyennes** | **supérieures** |
| **Très bons ou bons** élèves en français | 29 % | 29 % | 40 % |
| Moyens ou mauvais élèves en **français** | 10 % | 18 % | 22 % |
| **Très bons ou bons** élèves en maths | 16 % | 29 % | 36 % |
| Moyens ou mauvais élèves en **maths** | 15 % | 18 % | 27 % |

Dans les classes moyennes, lire dépend moins de la reconnaissance obtenue à l'école dans les matières littéraires. C'est dans le milieu social où la réussite scolaire importe le plus que la pratique de lecture semble avoir le plus d'autonomie par rapport à une notation dans la discipline correspondante.

## LA BIBLIOTHÈQUE DE L'ÉCOLE

Sans qu'il soit possible de démêler les fils, il est évident que la fréquentation d'une bibliothèque, hors de l'enceinte de l'école, soit un facteur associé à la forte lecture. Le nombre des grands lecteurs augmente de 9 points en milieu populaire, de 10 points en milieu moyen et de 15 points en milieu supérieur entre les inscrits et les non-inscrits en bibliothèque. Pour les jeunes adolescents qui vivent pourtant dans un univers familial plus riche culturellement, la bibliothèque est un complèment très utile. Une politique de la lecture ne doit pas oublier cette fonction de conservation en quelque sorte des grands lecteurs. Le développement des espaces réservés aux livres dans les écoles est aussi requis, puisque ceux qui empruntent des livres dans ce type de bibliothèque sont des jeunes qui passent peu de temps à lire.

| **Provenance des livres** | Poids des grands lecteurs en classes | | |
|---|---|---|---|
| | **populaires** | **moyennes** | **supérieures** |
| École | 15 % | 28 % | 34 % |
| Bibliothèque non scolaire | 25 % | 38 % | 48 % |

De nouveau, apparaît le cercle dans lequel sont enfermés certains jeunes adolescents : la lecture est pour eux associée à l'école, quelquefois même à des mauvais souvenirs. Pour cette raison, les livres les attirent peu, et pourtant leur consommation livresque dépend fortement des conseils des professeurs ou des emprunts dans le stock, souvent modeste, proposé par l'école. Le nombre des jeunes qui lisent longtemps le dimanche en fonction de la nature de la prescription montre cette difficulté.

| **Raisons de lire** | **Poids des grands lecteurs en classes** | | |
|---|---|---|---|
| | **populaires** | **moyennes** | **supérieures** |
| Conseils des professeurs | 13 % | 23 % | 21 % |
| Hasard, ou absence de conseils | 21 % | 33 % | 40 % |

Les conseils des enseignants sont mieux écoutés par les petits lecteurs que parmi les grands lecteurs, plus indépendants. L'efficacité (relative) de l'encadrement scolaire n'est pas enregistrée exclusivement auprès des jeunes de milieu populaire. Dans les classes supérieures, 18 % des petits lecteurs et 35 % des grands lecteurs déclarent que le dernier livre lu l'a été après une incitation d'un professeur.

## ATTRAPE-LECTEURS

Lorsque, à 12 ans, la lecture est vécue sous le mode de la contrainte, elle est peu désirable. Les grands lecteurs ne dépassent pas 10 % des jeunes qui lisent parce qu'ils y sont obligés par l'école (ou par les parents), alors qu'entre un quart (en milieu populaire) et deux cinquièmes (en milieu supérieur) des jeunes qui lisent par plaisir consacrent une heure à lire le dimanche.

Pour tenter de rompre ce cercle, un des moyens pourrait être de proposer « librement » — c'est-à-dire sans recommandation explicite des enseignants — dans ces espaces scolaires ou des espaces non scolaires de proximité scolaire, des livres qui apparaissent aux responsables peu « convenables », par exemple des histoires comiques, sans oublier des attrape-lecteurs indispensables, comme les bandes dessinées. → **Tableau 9**. Investissement temporel dans la lecture, milieu social et types de lecture : **9.1**. Thèmes préférés. **9.2.-9.3**. Genres préférés. **9.4**. Lecture régulière. Pages 178-179.
Ne fournir que des romans risque, sinon, d'attirer principalement des

grands lecteurs : 50 % des jeunes des classes supérieures qui donnent en première préférence le roman et 22 % des jeunes qui préfèrent avant tout les bandes dessinées sont classés dans cette catégorie. A l'autre extrémité de l'échelle sociale, 38 % des romanesques et 10 % des bédéphiles passent beaucoup de temps à lire des livres. Le rayon des bandes dessinées offre, en outre, l'intérêt d'être un lieu potentiel de rencontre entre grands et petits lecteurs puisque plus de la moitié des premiers indique aussi les albums dans les deux premières places de leur classement.
Enfin, les enseignants devraient insister davantage, semble-t-il, sur le repérage des livres: titre, auteur, collection ou éditeur. Ce réflexe culturel est peu acquis, comme le montre l'écart entre les jeunes qui ont lu tel ouvrage classique et le nombre de ceux qui sont capables d'en donner l'auteur. Dans les familles de cadres, 41 % des grands lecteurs ont lu *Poil de carotte*, 27 % l'attribuent à Jules Renard. → **Tableau 10.** Investissement temporel dans la lecture, milieu social et rapport aux ouvrages classiques: **10.1.** Livres classiques lus. **10.2.** Atrribution exacte des auteurs. Page 180.

Malgré tout, s'il est vrai que tous les grands lecteurs n'ont pas une forte compétence littéraire, les jeunes sensibles aux noms des auteurs consacrent plus de temps à la lecture, surtout en milieu supérieur :

| **Compétence littéraire** | **Poids des grands lecteurs en classes populaires** | **moyennes** | **supérieures** |
|---|---|---|---|
| Nulle | 14 % | 20 % | 24 % |
| Faible | 16 % | 25 % | 24 % |
| Assez forte | 20 % | 27 % | 40 % |

Apprendre l'identité d'un livre n'aura pas pour effet d'accroître automatiquement le niveau des investissements dans la lecture, mais rendra possible, par la mémorisation progressive, une certaine accumulation de savoir indispensable au plaisir de lire.

CHAPITRE 6

# L'APPÉTIT VIENT EN LISANT

## L'APPÉTIT

Le besoin de lire est fragile, le portrait de Hayley Delane dans *L'Étincelle* d'Edith Wharton[1] le rappelle. Au départ, Hayley Delane a reçu un soutien familial pour la lecture, il s'en souvient: « L'ennui, dans mon cas, c'est que mes parents étaient l'un et l'autre des puristes et qu'ils n'ont jamais laissé passer une expression vulgaire chez aucun de nous, leurs enfants, sans nous corriger. Ils nous faisaient lire les meilleurs livres. » Le narrateur est intrigué par ce personnage: « Il était parfaitement exact — encore qu'au début j'avais eu du mal à le croire — que Delane avait dû avoir jadis des lectures. » Celui-ci en effet, cite quelquefois des vers. « Il ne s'était pas nourri d'ailleurs que de Byron. Il y avait eu visiblement un temps où il connaissait toute l'Elégie de Gray par cœur. » Le narrateur mène l'enquête — « à en juger par son stock extrêmement limité d'allusions et de citations, il devait avoir cessé de lire bien avant sa première rencontre avec Leila Gracy ». Il en conclut: « Comme chez d'autres hommes de ma connaissance, son esprit avait été réceptif jusqu'à un certain âge, puis il s'était refermé d'un coup sur ce qu'il avait absorbé, comme un crustacé repu jamais visité par une autre marée. »

Une politique de la lecture de la jeunesse doit faire naître, conserver et développer l'appétit de lire. Comment séduire les lecteurs sans appétit?

1. E. Warthon, « L'Étincelle », in *Vieux New York*, Flammarion, Paris, 1989.

Comment encourager les lecteurs modestes? Comment éviter le sentiment de satiété chez les lecteurs gourmands? Une chose est évidente, les nourritures littéraires proposées doivent d'abord répondre aux « besoins » immédiats des jeunes adolescents. Les menus proposés doivent être adaptés à chacun de ces trois niveaux. Une analyse de classification peut aider à les fixer, en repérant les manières de lire des jeunes adolescents. Ces derniers sont regroupés en un nombre restreint de classes le plus homogènes possible, à partir de trente-trois variables « actives »[2] portant exclusivement sur la pratique de lecture.
Chaque type n'est pas à équidistance des huit autres. Il est possible de ranger les neuf groupes de jeunes adolescents en trois sous-ensembles qui correspondent à des degrés inégaux d'investissements temporels et affectifs dans les livres. Une première catégorie — les lecteurs gourmands — comprend les jeunes qui consacrent en fin de semaine le plus de temps à lire. Ils le font davantage que les autres par plaisir, ils aiment beaucoup lire. A l'opposé, les lecteurs sans appétit s'intéressent à autre chose qu'aux livres. Au centre, les lecteurs ordinaires qui ont, pour nombre d'indicateurs, des positions intermédiaires entre les deux groupes précédents. L'intériorisation ou non du besoin de lire, l'amour ou non des livres, le temps consacré à lire révèlent bien les positions respectives de ces trois sous-ensembles[3]:

---

2. L'analyse de classification a été effectuée à partir des variables actives suivantes:
Nombre de B.D. lues — de journaux lus — de romans lus — de documentaires lus — de livre jeux lus.
Genre préféré en 1er — préféré en 2e.
Thème préféré, enquête policière — aventures — amour et jeune héros — nature et sciences — science-fiction — comique.
Temps de lecture semaine/temps de lecture dimanche.
Variation du niveau de lecture.
Provenance livre, prêt école — prêt bibliothèque — emprunt maison — prêt amis.
Origine livre acheté.
Score de compétence littéraire — score d'appropriation livresque.
Amour de la lecture — lecture loisir préféré — sociabilité autour des livres — inscription bibliothèque — déchiffrage — profil des goûts livresques — rythme de lecture — conseils — collection préférée — raisons de lire.

3. Comme tout rangement, celui-ci comporte une part d'arbitraire. Le type 4, les scolaires, aurait pu être aussi classé avec les lecteurs modestes. Dans l'analyse de classification, à une étape antérieure, les scolaires étaient mélangés aux aventuriers. Cependant, les scolaires déclarent lire par plaisir dans 37 % des cas, alors que deux tiers des lecteurs modestes ont un rapport similaire à cette pratique.
Les trois catégories ainsi obtenues ont des effectifs assez semblables: 336 pour les lecteurs gourmands (160 piliers de bibliothèque, 89 amateurs de suspense, 87 romantiques); 363 pour les lecteurs modestes (117 futuristes, 183 fouineurs, 63 aventuriers); et 367 pour les lecteurs sans appétit (113 scolaires, 101 déchiffreurs, 153 bédéphiles).

| | Investissement dans la lecture<br>% de jeunes qui<br>lisent par plaisir | aiment beaucoup lire | lisent au moins 1 heure le dimanche |
|---|---|---|---|
| **Lecteurs gourmands** | | | |
| Pilier de bibliothèque | 82 % | 71 % | 53 % |
| Amateur de suspense | 88 % | 65 % | 46 % |
| Romantique | 85 % | 76 % | 40 % |
| **Lecteurs modestes** | | | |
| Futuriste | 75 % | 34 % | 31 % |
| Fouineur | 66 % | 20 % | 18 % |
| Aventurier | 70 % | 10 % | 14 % |
| **Lecteurs sans appétit** | | | |
| Scolaire | 38 % | 13 % | 7 % |
| Déchiffreur | 30 % | 3 % | 6 % |
| Bédéphile | 35 % | 10 % | 8 % |

L'appétit de lire dépend de certaines conditions sociales et culturelles dans lesquelles vivent les jeunes adolescents :

| | Importance des<br>filles | classes supérieures | bons élèves | enfants de parents lecteurs |
|---|---|---|---|---|
| **Lecteurs gourmands** | | | | |
| Pilier de bibliothèque | 64 % | 46 % | 71 % | 22 % |
| Amateur de suspense | 60 % | 33 % | 67 % | 15 % |
| Romantique | 75 % | 39 % | 64 % | 23 % |
| **Lecteurs modestes** | | | | |
| Futuriste | 26 % | 41 % | 56 % | 22 % |
| Fouineur | 44 % | 33 % | 55 % | 12 % |
| Aventurier | 57 % | 32 % | 51 % | 10 % |
| **Lecteurs sans appétit** | | | | |
| Scolaire | 58 % | 25 % | 41 % | 16 % |
| Déchiffreur | 33 % | 19 % | 21 % | 9 % |
| Bédéphile | 38 % | 22 % | 20 % | 12 % |

Le rapport entre les deux valeurs extrêmes est de 2,4 pour le milieu social et pour l'appartenance au sexe féminin ; pour le volume de lecture maternelle de 2,6 ; et pour la réussite scolaire de 3,6. Le rapport à l'école est la dimension la plus fortement associée au rapport à la lecture. Le temps de lire augmente plus avec le capital acquis des jeunes qu'avec leur capital hérité.

## L'IMPORTANCE DES THÈMES

Un premier axe — le volume de lecture des livres et l'amour de cette pratique — met en ordre les neuf types. Un second axe permet, pour l'essentiel, de distinguer chacun et de le nommer. C'est la structure de la lecture, avec les genres et les thèmes préférés. Sur les neuf types, six noms renvoient à cette dimension. Les trois derniers reposent sur d'autres modalités de la lecture: le manque de maîtrise de la technique de la lecture, l'usage de la bibliothèque, la docilité vis-à-vis des conseils des enseignants.
Chacun des types de lecteurs est désigné par un nom qui sélectionne un de ses traits originaux:

### LES PILIERS DE BIBLIOTHÈQUE

Les piliers de bibliothèque indiquent dans 82 % des cas que le lieu de provenance de leurs livres est la bibliothèque, les autres font appel à cette offre dans 12 % des cas. 94 % des piliers sont inscrits personnellement à une bibliothèque et 28 % des autres jeunes. → **Tableau 1**. Typologie et lieu de provenance des livres. Page 181. → **Tableau 2**. Typologie et inscription à une bibliothèque. Page 182.

### LES AMATEURS DE SUSPENSE

68 % des amateurs de suspense et 20 % des autres jeunes aiment lire avant tout des policiers. → **Tableau 3**.Typologie et thèmes préférés. Page 182.

### LES ROMANTIQUES

Les romantiques sont les plus nombreux à préférer le roman. Ils lisent régulièrement des romans, et non régulièrement des bandes dessinées et des documentaires. Les romans, oui, mais des romans d'amour (14 %

contre 5 % pour le reste des adolescents) et des romans où le personnage central a le même âge qu'eux (67 % contre 20 %). → **Tableau 4**. Typologie et genres préférés. Page 183.→ **Tableau 5**. Typologie et lecture de romans. Page 184.

## LES FUTURISTES

Aucune ambiguïté: 100 % des futuristes et 4 % des autres jeunes indiquent comme thème préféré la science-fiction !

## LES FOUINEURS

57 % des fouineurs et 24 % des autres adolescents, eux, retiennent comme thème préféré de lecture les livres sur la nature et les animaux. Ils sont 17 % à avoir lu, le mois précédant l'enquête, quatre livres documentaires au moins (contre 6 % pour le reste). → **Tableau 6**. Typologie et lectures de livres documentaires. Page 184.

## LES AVENTURIERS

Deux fois plus de jeunes de ce type s'échappent de la réalité grâce aux récits d'aventure (98 % contre 48 % pour les autres adolescents).

## LES SCOLAIRES

Ils n'aiment pas beaucoup l'école. Et pourtant, les scolaires puisent dans les réserves, souvent modestes, des bibliothèques des collèges. La moitié des scolaires (et un quart des autres jeunes) déclarent que c'est sur le conseil d'un enseignant qu'ils ont acheté ou emprunté le dernier livre qu'ils ont lu. Malgré leur faible niveau volume de lecture, ils sont les plus nombreux à avoir lu au moins un des livres conseillés par les professeurs (90 % contre 78 % pour le sous-ensemble des jeunes dont les enseignants ont fourni des indications de lecture). → **Tableau 7**. Typologie et obtention du dernier livre lu. Page 185. → **Tableau 8**. Typologie et raisons d'emprunter ou d'acheter le dernier livre lu. Page 185. → **Tableau 9**. Typologie et suivi des conseils scolaires. Page 186.

## LES DÉCHIFFREURS

Ils ont de mauvais souvenirs de leur apprentissage de la lecture. 74 % d'entre eux ont appris difficilement alors que 19 % seulement des autres jeunes ne se rappellent pas avoir peiné, même un peu. Aujourd'hui, 20 % des déchiffreurs et 7 % des autres adolescents mettent le doigt sur la ligne pour lire. C'est une astreinte. Les déchiffreurs ne lisent en effet régulièrement ni des bandes dessinées, ni des romans, ni des documentaires. Leur réaction relève plutôt de la résignation. → **Tableau 10**. Typologie et difficultés d'apprentissage de la lecture. Page 186.

## LES BÉDÉPHILES

Les bédéphiles ne lisent pas plus de bandes dessinées que d'autres groupes, et même moins que les futuristes et les fouineurs. En revanche, deux tiers d'entre eux (contre un tiers pour le reste) indiquent en première préférence les albums. Ils ont un profil spécifique de lecture : 36 % d'entre eux (et 19 % des autres jeunes) lisent régulièrement des bandes dessinées, et non régulièrement des romans et des documentaires. Les bédéphiles tendent à ne consommer que des bulles. → **Tableau 11**. Typologie et lecture de bandes dessinées. Page 187.

| Typologie | «Bof» | Bédéphiles | Romanesques | Curieux | Bédéphiles romanesques | Bédéphiles curieux | Romanesques curieux | Cumulards |
|---|---|---|---|---|---|---|---|---|
| **Lecteurs gourmands** | | | | | | | | |
| Pilier de bibliothèque | 22,5 | 6,3 | 31,3 | 4,4 | 14,4 | 3,8 | 14,4 | 3,1 |
| Amateur de suspense | 30,3 | 9,0 | 23,6 | 4,5 | 14,6 | 1,1 | 14,6 | 2,2 |
| Romantique | 13,8 | 6,9 | 58,6 | 1,1 | 4,6 | 2,3 | 10,3 | 2,3 |
| **Lecteurs modestes** | | | | | | | | |
| Futuriste | 29,1 | 29,1 | 9,4 | 8,5 | 12,0 | 6,8 | 2,6 | 2,6 |
| Fouineur | 29,0 | 29,0 | 7,7 | 17,5 | 3,8 | 9,8 | 2,2 | 1,1 |
| Aventurier | 41,3 | 20,6 | 23,8 | 3,2 | 4,8 | 0 | 3,2 | 3,2 |
| **Lecteurs sans appétit** | | | | | | | | |
| Scolaire | 51,3 | 23,0 | 13,3 | 3,5 | 6,2 | 0,9 | 0 | 1,8 |
| Déchiffreur | 60,4 | 26,7 | 2,0 | 6,9 | 1,0 | 2,0 | 0 | 1,0 |
| Bédéphile | 54,2 | 35,9 | 3,9 | 1,3 | 1,3 | 2,0 | 0 | 1,3 |

**«Bof»**: lecture régulière ni de romans, ni de B.D., ni de documentaires.
**Bédéphiles**: lecture régulière de B.D. exclusivement.
**Romanesques**: lecture régulière de romans exclusivement.
**Curieux**: lecture régulière de documentaires exclusivement.
**Cumulards**: lecture régulière de romans, de B.D. et de documentaires.

Ce cadrage a permis une première familiarisation avec ces groupes de lecteurs. Il reste à mieux préciser le profil de chaque type, en le comparant non plus à l'ensemble des adolescents, mais aux jeunes du sous-ensemble auquel il appartient. Par exemple, les piliers de bibliothèque ont une attitude beaucoup plus distante avec la télévision que les amateurs de suspense et que les romantiques : 44 % des premiers, 30 % des seconds et 28 % des troisièmes ne regardent pas la télévision tous les jours. Cette procédure permet de connaître les clivages internes aux jeunes qui, par ailleurs, ont un degré d'engagement (assez) comparable dans la lecture.

## TROIS FORMES DE GOURMANDISE

Les trois types de lecteurs gourmands se ressemblent par le plaisir qu'ils prennent à lire. La lecture leur est devenue « naturelle ». Près de la moitié marquent cette activité en première ou en deuxième place de leur hiérarchie des loisirs. Au moins les deux tiers de leurs mères estiment qu'ils lisent suffisamment.

### LE PILIER DE BIBLIOTHÈQUE

La moitié des piliers de bibliothèque lisent plus d'une heure le dimanche. Inscrits en bibliothèque extra-scolaire, ils en font bon usage. Comme les romantiques, ils lisent les journaux édités par Bayard-Presse.

Par rapport aux amateurs de suspense et aux romantiques, les piliers de bibliothèques appartiennent moins aux classes populaires et plus aux classes supérieures. Le poids des pères professeurs et instituteurs est également le plus fort. Leurs mères, plus « actives », se rendent davantage dans les musées[4]. La télévision est un appareil auquel ces collégiens ont peu accès. L'évitement est de règle. La sociabilité sous la forme de la bande est également davantage proscrite, inversement la sociabilité familiale est encouragée. Le seul droit dont les piliers de

4. Afin de ne pas alourdir les phrases, il n'est pas rappelé à chaque fois qu'il s'agit de tendances, repérées en comparant avec les deux autres groupes de la catégorie considérée.

bibliothèque disposent plus que les autres est celui de pouvoir donner leur avis dans la discussion familiale.
Les stratégies maternelles face à la lecture sont explicites[5]. Les mères des piliers de bibliothèques surveillent un peu plus leurs lectures, feuillettent plus régulièrement leurs livres et en parlent aussi davantage. L'amour de la lecture par ces collégiens est stimulé en permanence, discrètement sous la forme de la conversation ou moins discrètement par des rappels. Ces mères ne montrent pas, cependant, le meilleur exemple; elles ne lisent pas plus que les mères des romantiques. Mais elles fréquentent beaucoup les bibliothèques.
C'est pour les piliers de bibliothèque que le rapport entre lecture et règlement du temps est le plus étroit. Plus de la moitié ont au moins deux activités organisées le mercredi. « En revenant de l'atelier de peinture, penses à passer à la bibliothèque ».

## L'AMATEUR DE SUSPENSE

Les collégiens appartenant à ce groupe se distinguent surtout par leur goût pour les romans d'aventure et les romans policiers. Ils utilisent peu les services des bibliothèques, prenant les livres chez eux, ou à l'école. Les mères des amateurs de suspense ont moins d'ambition scolaire pour

---

5. Certaines des données sont présentées dans les tableaux complémentaires suivants:
SUR LA LECTURE
**Tableau 12.** Typologie et temps de lecture. Page 187.
**Tableau 13.** Typologie et lecture des livres classiques. Page 188.
**Tableau 14.** Typologie et score d'appropriation livresque. Page 189.
**Tableau 15.** Typologie et score de compétence littéraire. Page 189.
**Tableau 16.** Typologie et collections préférées. Page 190.
**Tableau 17.** Typologie et lecture des journaux. Page 190.
**Tableau 18.** Typologie et place de la lecture dans les loisirs. Page 191.
**Tableau 19.** Typologie et surveillance maternelle des lectures. Page 191.
**Tableau 20.** Typologie et incitation maternelle à la lecture. Page 192.
**Tableau 21.** Typologie et apports de la lecture. Page 194.
**Tableau 22.** Typologie et volume de lecture des parents. Page 194.
SUR L'ENVIRONNEMENT SOCIAL, CULTUREL ET IDÉOLOGIQUES
**Tableau 23.** Typologie et profession des parents. Page 195.
**Tableau 24.** Typologie et ambition scolaire de la mère. Page 196.
**Tableau 25.** Typologie et usage de la télévision. Page 196.
**Tableau 26.** Typologie et organisation du temps libre. Page 197.
**Tableau 27.** Typologie et opinions politiques et religieuses. Page 197.
**Tableau 28.** Typologie et division sexuelle du travail. Page 198.
**Tableau 29.** Typologie et rapport à l'école. Page 199.
**Tableau 30.** Typologie et niveaux en français et en mathématiques. Page 200.

leurs jeunes adolescents — bien que les ayant poussés à prendre allemand en première langue —. Elles ne cherchent pas non plus à remplir les cases vides du mercredi. Ces amateurs aiment bien le sport, ou l'ordinateur, et moins l'école que les romantiques et les piliers de bibliothèque.

## LA ROMANTIQUE

Un peu moins gourmands que les autres, les romantiques sont pourtant les plus nombreux à aimer beaucoup lire. Ils dévorent des romans dont les héros ont le même âge qu'eux et qui vivent des histoires d'amour. Trois quarts des romantiques sont des filles ! Bronzer sur la plage leur plaît mieux que marcher dans la montagne. Elles sont aussi nombreuses à regarder la télévision une heure par jour qu'à la regarder rarement. Leurs parents les jugent de bonne humeur et intellectuelles. Jouer avec des amis rallie leurs suffrages. Les romantiques, choisissent des histoires d'amour, mais cela ne les conduit pas à s'enfermer dans leurs rêveries. Elles rejoignent vite leur bande de copines et de copains (elles ont d'ailleurs un élu de cœur). A la maison, elles ont un peu moins d'obligation dans le domaine alimentaire : manger de tout ou finir son assiette est moins exigé. La règle morale entre-t-elle en conflit avec le principe de la ligne ? En tout cas, les romantiques ont le droit de manger quand elles veulent, contrairement aux autres collégiens gourmands.

# TROIS FORMES D'INCLINAISON MODÉRÉE

Ni grands lecteurs, ni petits lecteurs, ils lisent avec plaisir. Discrets, ils vont peu dans les bibliothèques ; on peut les distinguer, toutefois, par les titres des ouvrages qu'ils lisent.

## LE FUTURISTE

Les futuristes sont les moins modestes de la série. Un tiers de ses membres sont grands lecteurs. Mais ce qui scelle leur ogirinalité, c'est leur amour immodéré de la science-fiction. Ils l'indiquent tous comme

leur thème préféré. Sinon, ils avouent un penchant pour les albums de bandes dessinées.
Trois quarts des futuristes sont des garçons. Ils ont peu souvent un père ouvrier ou employé. Ce sont les plus «bourgeois» de la série des modestes, deux cinquièmes vivent dans les classes supérieures. L'air familial qu'ils respirent contient peu de culture religieuse, il est plutôt progressiste. Ils sont, en tout cas, les plus nombreux à avouer une sympathie pour la gauche politique. Groupe le plus masculin, c'est pourtant celui qui rejette le plus le sport. Les futuristes préfèrent les ordinateurs ou la télévision à la maison.

## LE FOUINEUR

Le fouineur aime aussi les bandes dessinées. Il se fait remarquer par une préférence assez marquée pour les livres documentaires. Peut-être est-ce pour cela qu'il lit aussi beaucoup les journaux édités par Bayard-Presse. Il recherche surtout des ouvrages sur la nature et les animaux, tout en appréciant les reportages et les livres sur la science, les revues comme *Wapiti, Science et Nature*. Curieusement, le fouineur ne pousse pas ses investigations jusque dans les bibliothèques. Il trouve ce qu'il désire chez lui.

Timide, il n'appartient pas à une bande d'amis. Il est à l'aise à la maison. La personne à laquelle il se confie est sa mère, beaucoup plus qu'à un ami. Il peut donner son avis dans la conversation. Il n'est pas obligé de finir son assiette, ni de mettre les mains sur la table. Sa mère le trouve de bonne humeur (aussi souvent que la mère du romantique). Elle l'incite régulièrement à lire et autorise assez peu une forte écoute quotidienne de la télévision.

## L'AVENTURIER

Plus que les autres lecteurs modestes, l'aventurier préfère les romans, et presque uniquement des romans d'aventure. Une partie de ce groupe aime bien les histoires comiques, comme les lecteurs sans appétit. Quand les aventuriers lisent, ils le font, disent-ils, avec plaisir, mais cependant ils n'aiment pas beaucoup lire. Ils hésitent à aller très loin dans la conquête du livre. Leurs premières expériences n'ont pas été très heureuses. Près des deux cinquièmes ont eu du mal à apprendre à lire. Le nom du groupe est un peu trompeur. En effet, entre marcher dans la montagne et bronzer sur la plage, l'aventurier retient la seconde solution. Le sport pour occuper ses loisirs, pour s'entraîner? Pourquoi pas, mais encore faut-il que le temps des copains et de la musique soit préservé. Sa mère, au foyer, le décrit comme timide et « bébé » pour son âge. Elle le laisse lire à sa guise, c'est-à-dire peu. Quand il n'est pas avec sa bande d'amis, il regarde la télévision. Il n'apprécie pas le collège; le rapport entre aimer beaucoup et ne pas aimer du tout l'école est le plus faible de tous les types.

## TROIS FORMES DE L'INAPPÉTENCE

Le nom de ce groupe ne les désigne pas positivement, le questionnaire portant principalement sur la pratique de lecture. Or ils ont peu d'appétit pour la lecture. Moins d'un dixième aime beaucoup lire, ou consacre plus d'une heure le dimanche à cette activité. La chose imprimée pour eux n'est pas le livre au sens légitime, mais la bande dessinée, leur genre préféré.

### LE SCOLAIRE

Parmi ces petits lecteurs, un type présente un profil paradoxal. Les scolaires manifestent une bonne volonté culturelle certaine, pourvu qu'ils soient encadrés. Ils lisent sur les conseils de leurs professeurs, ils empruntent leurs livres à l'école. Le cercle des biens culturels est le plus dur à rompre pour les scolaires. Le collège les nourrit, mais le fait que cela provienne de ce lieu suffit, semble-t-il, à ne pas les convaincre de l'excellence des plats. Une cantine?

Par rapport aux autres mères des lecteurs sans appétit littéraire, celles des collégiens scolaires surveillent nettement plus leurs lectures; elles incitent à lire, feuillettent les ouvrages, discutent de ce sujet. Elles fréquentent aussi une bibliothèque, se rendent au musée. Elles poussent leur fils ou leur fille à s'inscrire à deux activités organisées, et l'éloignent un peu de la télévision. Toutes ces stratégies éducatives ne produisent pas, il faut l'avouer, de grands résultats; ces jeunes n'aiment ni beaucoup lire, ni beaucoup l'école (c'est pourtant dans ce type que le rêve de professeur est le plus fréquent). Ces « scolaires » n'ont pas, pour autant, de mauvais résultats au collège, plus des trois quarts sont en cinquième ou quatrième. Ils suivent, sans enthousiasme, sans croyance culturelle, malgré la pression maternelle.

## LE DÉCHIFFREUR

Le déchiffreur, lui non plus, ne lit pas avec plaisir, il ne lit pas beaucoup, il n'aime pas lire. Cela se comprend, un cinquième des membres de ce groupe lit en mettant le doigt sur la ligne, et trois quarts avouent avoir eu des difficultés à apprendre à lire. Le rapport distant que les déchiffreurs ont vis-à-vis de la lecture provient d'une exclusion initiale. Ils ne sont jamais rentrés dans le royaume du livre. Les seuls ouvrages qui les tentent sont les documentaires sur les animaux et la nature, ceux qui leur semblent les moins intellectuels.

Le père des déchiffreurs appartient aux milieux populaires dans plus d'un cas sur deux; il est souvent ouvrier qualifié. Sa mère ne va ni dans les musées, ni dans les bibliothèques. Elle obtient le plus mauvais score de compétence pour la littérature enfantine — il s'agit de la connaissance des collections spécialisées pour adolescents. La culture cultivée, ou légitime, pénètre peu le cercle domestique; le déchiffreur peut difficilement dans ces conditions rattraper son retard dans la maîtrise de l'expression écrite. Il est peu attiré par les bibliothèques. Il regarde la télévision — 42 % des déchiffreurs indiquent ce média comme loisir préféré. Comme le fouineur, il n'est pas intégré à une bande d'amis et choisit rarement un ami comme confident.

## LE BÉDÉPHILE

Les bédéphiles vivent encore plus loin de la sphère culturelle des livres. Les deux tiers n'aiment pas du tout lire. Plus de la moitié ne connaissent aucun des auteurs de la liste des ouvrages proposés. Lorsqu'ils achètent un livre ou une bande dessinée, ils le font, beaucoup plus que les autres, dans une grande surface. Ils lisent peu les journaux « éducatifs » ou les

revues scientifiques. Ce sont *Mickey, Pif, Spirou* qui les attirent le plus. Ils sont amateurs d'histoires drôles, de blagues.
Leur environnement culturel (au sens légitime) n'est pas plus pauvre que celui des déchiffreurs (les pères ouvriers ou employés sont même moins nombreux; les mères, elles aussi au foyer, énoncent des principes comparables en matière d'incitation et de surveillance de la lecture) et leurs difficultés d'apprentissage ont été moindres. Pourtant les bédéphiles s'éloignent des livres. Ils ne participent pas, non plus, à des activités organisées. Leur temps est «libre». Ils jouent avec des amis (comme les scolaires), et regardent assidûment les émissions de télévision. Les bédéphiles ont de l'appétit pour les images à la télévision, dans les albums ou les journaux publiant des bandes dessinées. Ils retiennent parmi les métiers de cadres proposés celui de pilote. Les bédéphiles vivent l'action par procuration; ne sont-ils pas ceux qui avouent le plus aimer ne rien faire (54 % contre 39 % pour les romantiques)?

## L'APPÉTIT VIENT EN MANGEANT?

Une question est souvent posée au sociologue: «Alors, optimiste ou pessimiste pour la lecture?» Ce dernier hésite. Pour comprendre son embarras, il suffit de considérer le rapport entre le nombre des collégiens qui déclarent «lire plus aujourd'hui qu'avant» et le nombre de ceux qui avouent «lire moins aujourd'hui». Les personnes qui veulent voir la vie en rose remarqueront qu'à l'exception des déchiffreurs, tous les autres groupes ont l'impression de lire plus. Celles qui veulent voir la vie en noir souligneront qu'une fois de plus, dans le domaine culturel, l'appétit vient en mangeant. Les lecteurs gourmands ont l'impression de dévorer toujours plus, et les petits lecteurs de perdre l'appétit:

| | Impression de lire plus a | Impression de lire moins b | Rapport a/b |
|---|---|---|---|
| **Lecteurs gourmands** | | | |
| Piliers de bibliothèque | 51 % | 6 % | 8,5 |
| Amateurs de suspense | 56 % | 7 % | 8,0 |
| Romantiques | 52 % | 7 % | 7,4 |
| **Lecteurs modestes** | | | |
| Futuristes | 53 % | 9 % | 5,9 |
| Fouineurs | 45 % | 12 % | 3,8 |
| Aventuriers | 43 % | 8 % | 5,4 |
| **Lecteurs sans appétit** | | | |
| Scolaires | 54 % | 16 % | 3,4 |
| Déchiffreurs | 15 % | 20 % | 0,8 |
| Débéphiles | 27 % | 18 % | 1,5 |

Pour tenter (au sens strict) les jeunes adolescents, il faut leur offrir des restaurants agréables où aucune nourriture ne doit être exclue. Au risque de choquer certains intellectuels, l'énoncé : « Il n'y a pas de mauvais lecteurs » doit former la base de toute action en faveur de la lecture[6]. Non pas que tous les écrits se valent, mais aucun pas dans le territoire du livre ne doit être négligé. Pour reprendre l'analogie avec la nourriture, l'anorexie ne se soigne pas uniquement avec les conseils des diététiciens. Appliquée aux collégiens, une telle politique doit s'appuyer sur les profils dessinés par les types. Les rayons de science-fiction, de documentaires sur la nature, de récits d'aventure, d'histoires comiques et de bandes dessinées doivent être bien garnis, même (et peut-être surtout ?) dans les bibliothèques scolaires, rénovées.

6. Sur ce point, se reporter à l'article de Jean-Claude Passeron, « Le plus ingénument polymorphe des actes culturels : la lecture » in *Bibliothèques et illétrisme*, Direction du Livre, ministère de la Culture, Paris, 1986.

# DOCUMENTS

## TABLEAUX

## QUESTIONNAIRE

# TABLEAUX DU CHAPITRE I

## Tableau 1. MILIEU SOCIAL ET NOMBRE DE LIVRES LUS

### 1.1. Romans lus depuis un mois

*(% en ligne)*

| Milieu | 0 | 1 | 2 à 3 | 4 à 5 | 6 à 10 | + 10 | Np. |
|---|---|---|---|---|---|---|---|
| Populaire | 36,0 | 26,8 | 21,8 | 4,1 | 3,2 | 0,3 | 7,8 |
| Moyen | 23,3 | 28,2 | 28,8 | 7,8 | 5,2 | 1,7 | 5,0 |
| Supérieur | 18,9 | 27,6 | 34,5 | 10,8 | 5,0 | 1,1 | 2,1 |

Np. = non réponse

*Observatoire France-Loisirs de la lecture*

### 1.2. Documentaires lus depuis un mois

*(% en ligne)*

| Milieu | Nombre de documentaires lus | | | | | | |
|---|---|---|---|---|---|---|---|
| | 0 | 1 | 2 à 3 | 4 à 5 | 6 à 10 | + de 10 | Np. |
| Populaire | 51,0 | 17,1 | 12,1 | 4,7 | 2,9 | 0,6 | 11,6 |
| Moyen | 49,6 | 16,4 | 16,1 | 4,6 | 2,0 | 1,2 | 10,1 |
| Supérieur | 44,7 | 23,4 | 17,9 | 5,0 | 2,1 | 1,1 | 5,8 |

*Observatoire France-Loisirs de la lecture*

### 1.3. Bandes dessinées lues depuis un mois

*(% en ligne)*

| Milieu | Nombre de bandes dessinées lues | | | | | | |
|---|---|---|---|---|---|---|---|
| | 0 | 1 | 2 à 3 | 4 à 5 | 6 à 10 | + de 10 | Np. |
| Populaire | 21,9 | 10,6 | 26,6 | 15,0 | 15,0 | 5,6 | 5,3 |
| Moyen | 15,3 | 12,4 | 24,8 | 13,0 | 20,2 | 9,5 | 4,8 |
| Supérieur | 20,8 | 10,5 | 23,2 | 18,4 | 17,4 | 8,7 | 1,0 |

*Observatoire France-Loisirs de la lecture*

## Tableau 2. MILIEU SOCIAL ET TEMPS DE LECTURE

*(% en ligne)*

| Milieu | 0 h | 1/4 h ou — | Entre 1/4 h et 1/2 h | Entre 1/2 h et 1 h | 1 h et + |
|---|---|---|---|---|---|
| Populaire | 14,5 | 22,5 | 31,2 | 24,1 | 5,6 |
| Moyen | 10,8 | 21,9 | 35,9 | 23,7 | 7,5 |
| Supérieur | 9,6 | 17,1 | 29,1 | 33,6 | 9,3 |

*Observatoire France-Loisirs de la lecture*

### 2.2. Temps de lecture, le dimanche

*(% en ligne)*

| Milieu | 0 h | 1/4 h ou — | Entre 1/4 h et 1/2 h | Entre 1/2 h et 1 h | 1 h et + |
|---|---|---|---|---|---|
| Populaire | 16,7 | 14,2 | 19,8 | 29,0 | 16,7 |
| Moyen | 15,6 | 9,3 | 20,4 | 28,1 | 24,6 |
| Supérieur | 9,1 | 6,7 | 16,5 | 32,8 | 33,1 |

*Observatoire France-Loisirs de la lecture*

## Tableau 3. MILIEU SOCIAL ET LECTURE ACTUELLE D'UN LIVRE

*(% en ligne)*

| Milieu | Livre en cours | | Sinon, dernier livre fini depuis: | | | |
|---|---|---|---|---|---|---|
| | Oui | Non | 15 jours | Entre 15 jours et 1 mois | + d'1 mois | N.p. |
| Populaire | 64,5 | 35,5 | 23,5 | 18,3 | 31,2 | 27,0 |
| Moyen | 68,8 | 31,2 | 23,6 | 17,9 | 38,7 | 19,8 |
| Supérieur | 77,3 | 22,7 | 36,5 | 14,1 | 25,9 | 23,5 |

N.p. = non-réponse

*Observatoire France-Loisirs de la lecture*

## Tableau 4. MILIEU SOCIAL ET GENRE DU DERNIER LIVRE LU

*(% en ligne)*

| Milieu | Roman | Documentaire | Livre-jeux | Autre |
|---|---|---|---|---|
| Populaire | 72,0 | 7,2 | 3,8 | 17,0 |
| Moyen | 78,3 | 5,1 | 3,2 | 13,4 |
| Supérieur | 84,2 | 4,2 | 0,8 | 10,2 |

*Observatoire France-Loisirs de la lecture*

## Tableau 5. MILIEU SOCIAL ET GENRE PRÉFÉRÉ *(% en ligne)*

| Milieu | Première préférence | | | | |
|---|---|---|---|---|---|
| | B.D. | Revue | Roman | Documentaire | Livre-jeux |
| Populaire | 46,6 | 12,4 | 22,7 | 8,0 | 8,6 |
| Moyen | 40,6 | 10,1 | 34,3 | 10,1 | 4,6 |
| Supérieur | 35,8 | 12,9 | 36,6 | 10,5 | 4,2 |

*Observatoire France-Loisirs de la lecture*

## Tableau 6. MILIEU SOCIAL ET AMOUR DE LA LECTURE

| Milieu | «Aimes-tu la lecture?» (% en ligne) | | |
|---|---|---|---|
| | Beaucoup | Assez | Pas du tout |
| Populaire | 24,2 | 45,4 | 30,4 |
| Moyen | 35,2 | 41,7 | 23,1 |
| Supérieur | 39,3 | 44,4 | 16,3 |

*Observatoire France-Loisirs de la lecture*

## Tableau 7. MILIEU SOCIAL ET LOISIRS PRÉFÉRÉS

### 7.1. Place de la lecture dans la hiérarchie des loisirs *(% en ligne)*

| Milieu | Place de la lecture | | | Activité |
|---|---|---|---|---|
| | En 1er | En 2e | En 1ère ou en 2e | non aimée |
| Populaire | 6,8 | 10,0 | 16,8 | 9,4 |
| Moyen | 10,1 | 12,7 | 22,8 | 5,5 |
| Supérieur | 10,5 | 12,1 | 22,6 | 4,5 |

*Observatoire France-Loisirs de la lecture*

### 7.2. Loisirs préférés en première ou deuxième place *(% en ligne)*

| Milieu | Jouer avec des amis | Faire du sport | Regarder la TV | Écouter de la musique | Lire | Ordinateur | Cuisiner | Bricoler | Peindre |
|---|---|---|---|---|---|---|---|---|---|
| Populaire | 54,3 | 34,5 | 33,0 | 21,2 | 16,8 | 15,3 | 7,1 | 6,5 | 10,6 |
| Moyen | 55,0 | 37,2 | 24,5 | 23,1 | 22,8 | 12,7 | 5,8 | 8,1 | 10,7 |
| Supérieur | 49,2 | 41,8 | 24,7 | 20,5 | 22,6 | 15,0 | 6,8 | 7,4 | 11,3 |

*Observatoire France-Loisirs de la lecture*

## Tableau 8. MILIEU SOCIAL ET RAISON DE LIRE

*(% en ligne)*

| Milieu | Lire par plaisir | Lire à cause | | «On me le demande, cela ne me déplaît pas» |
|---|---|---|---|---|
| | | des parents | de l'école | |
| Populaire | 54,3 | 5,9 | 13,3 | 21,0 |
| Moyen | 64,7 | 7,5 | 6,9 | 18,0 |
| Supérieur | 68,8 | 5,1 | 7,5 | 14,7 |

*Observatoire France-Loisirs de la lecture*

## Tableau 9. MILIEU SOCIAL ET APPROPRIATION LITTÉRAIRE

### 9.1. Score d'appropriation littéraire* *(% en ligne)*

| Milieu | 0 | 1 | 2 | 3 | 4 et + |
|---|---|---|---|---|---|
| Populaire | 14,5 | 27,2 | 31,8 | 16,0 | 10,5 |
| Moyen | 9,0 | 22,2 | 29,5 | 16,8 | 22,5 |
| Supérieur | 8,0 | 13,9 | 21,3 | 24,0 | 32,8 |

* Sur les 7 possibles

*Observatoire France-Loisirs de la lecture*

### 9.2. Livres classiques lus *(% en ligne)*

| Milieu | Les Contes du chat perché | La Gloire de mon père | L'Enfant et la rivière | Poil de carotte | Le Petit Nicolas | Le Grand Meaulnes | L'Appel de la forêt |
|---|---|---|---|---|---|---|---|
| Populaire | 43,2 | 31,2 | 24,7 | 30,2 | 35,8 | 5,2 | 17,0 |
| Moyen | 50,0 | 40,7 | 29,3 | 35,6 | 44,3 | 8,1 | 23,7 |
| Supérieur | 57,3 | 50,4 | 38,1 | 39,2 | 53,6 | 13,3 | 27,7 |

*Observatoire France-Loisirs de la lecture*

## Tableau 10. MILIEU SOCIAL ET COMPÉTENCE LITTÉRAIRE

### 10.1. Score de compétence littéraire *(% en ligne)*

| Milieu | Nombre de bonnes attributions* | | | | |
|---|---|---|---|---|---|
| | 0 | 1 | 2 | 3 | 4 et + |
| Populaire | 36,7 | 31,5 | 16,4 | 10,2 | 5,2 |
| Moyen | 28,1 | 27,5 | 18,6 | 14,7 | 11,1 |
| Supérieur | 9,0 | 22,2 | 29,5 | 16,8 | 22,5 |

* Sur les 7 possibles

*Observatoire France-Loisirs de la lecture*

### 10.2. Attributions exactes de l'auteur *(% en ligne)*

| Milieu | Les Contes du chat perché | La Gloire de mon père | L'Enfant et la rivière | Poil de carotte | Le Petit Nicolas | Le Grand Meaulnes | L'Appel de la forêt |
|---|---|---|---|---|---|---|---|
| Populaire | 16,0 | 37,7 | 14,2 | 15,1 | 18,2 | 5,6 | 10,8 |
| Moyen | 23,7 | 51,5 | 16,2 | 21,3 | 22,5 | 4,2 | 19,8 |
| Supérieur | 24,5 | 61,3 | 26,7 | 25,1 | 31,2 | 12,0 | 24,8 |

*Observatoire France-Loisirs de la lecture*

## Tableau 11. MILIEU SOCIAL ET IDENTIFICATION DU DERNIER LIVRE LU

### 11.1. Indications du titre, de l'auteur et de la collection* *(% en ligne)*

| Milieu | Nombre d'indications | | | |
|---|---|---|---|---|
| | 3 éléments cités | 2 | 1 | Aucun |
| Populaire | 31,1 | 41,6 | 19,5 | 6,5 |
| Moyen | 35,5 | 39,9 | 21,7 | 2,2 |
| Supérieur | 40,3 | 42,3 | 13,5 | 2,0 |

* Sous-ensemble de ceux qui sont en train de lire un livre ou qui en ont lu un récemment

*Observatoire France-Loisirs de la lecture*

### 11.2. Collections les plus citées* du dernier livre lu *(% en ligne)*

| Milieu | Bib. verte | Bib. rose | Livre poche jeunesse | Castor poche | Folio cadet | Autre collection | Np. |
|---|---|---|---|---|---|---|---|
| Populaire | 4,1 | 5,1 | 4,8 | 2,0 | 8,9 | 26,6 | 48,5 |
| Moyen | 7,0 | 4,5 | 7,0 | 3,2 | 12,5 | 24,0 | 41,9 |
| Supérieur | 5,4 | 1,1 | 10,7 | 4,2 | 12,1 | 26,2 | 40,3 |

* Sous-ensemble de ceux qui sont en train de lire un livre ou qui en ont lu récemment

*Observatoire France-Loisirs de la lecture*

## Tableau 12. MILIEU SOCIAL ET COLLECTION PRÉFÉRÉE

*(% en ligne)*

| Milieu | Sans précision | Bib. verte | Castor poche | Livre poche jeunesse | Bib. rose | Folio cadet | Autre |
|---|---|---|---|---|---|---|---|
| Populaire | 40,7 | 12,3 | 5,2 | 5,6 | 5,6 | 7,7 | 22,9 |
| Moyen | 35,0 | 12,9 | 4,8 | 5,7 | 5,1 | 12,3 | 24,2 |
| Supérieur | 32,0 | 10,1 | 8,0 | 8,0 | 3,5 | 14,1 | 24,3 |

Bib. = Bibliothèque

*Observatoire France-Loisirs de la lecture*

## Tableau 13. MILIEU SOCIAL ET THÈMES PRÉFÉRÉS

| Milieu | Policier | Aventure | Histoire de ton âge | Histoire d'amour | Nature | Histoire | Science | Science-fiction | Histoire comique | Bricolage | Reportage |
|---|---|---|---|---|---|---|---|---|---|---|---|
| Populaire | 19,4 | 51,2 | 25,6 | 6,8 | 36,7 | 7,1 | 4,3 | 12,3 | 23,8 | 3,4 | 4,3 |
| Moyen | 25,1 | 52,1 | 21,3 | 5,4 | 35,3 | 7,5 | 4,2 | 15,0 | 19,8 | 3,0 | 6,9 |
| Supérieur | 28,3 | 49,6 | 24,5 | 5,6 | 27,5 | 8,5 | 5,1 | 16,3 | 18,7 | 2,4 | 8,3 |

*(% en ligne)*

*Observatoire France-Loisirs de la lecture*

## Tableau 14. MILIEU SOCIAL ET MAÎTRISE DE LA LECTURE

| Milieu | Lecture actuelle avec le doigt | | Difficultés à apprendre à lire | | |
|---|---|---|---|---|---|
| | Oui | Non | Beaucoup | Un peu | Pas du tout |
| Populaire | 14,2 | 85,2 | 8,0 | 29,9 | 61,1 |
| Moyen | 6,9 | 93,1 | 3,0 | 18,6 | 76,9 |
| Supérieur | 3,7 | 96,0 | 2,9 | 14,4 | 81,3 |

*(% en ligne)*

*Observatoire France-Loisirs de la lecture*

## Tableau 15. MILIEU SOCIAL ET VOLUME DE LECTURE DES PARENTS

| Milieu | Nombre de livres lus par mois par la mère | | | | par le père * | | | |
|---|---|---|---|---|---|---|---|---|
| | 1 ou – | 2 ou 3 | 4 et + | Np. | 1 ou – | 2 ou 3 | 4 et + | Np. |
| Populaire | 64,0 | 17,7 | 10,6 | 7,7 | 62,5 | 15,5 | 4,1 | 19,0 |
| Moyen | 57,3 | 24,8 | 14,4 | 3,5 | 57,2 | 20,5 | 11,3 | 11,0 |
| Supérieur | 41,2 | 35,4 | 21,6 | 1,8 | 49,7 | 24,2 | 18,7 | 7,4 |

*(% en ligne)*

* Estimation donnée par la mère

*Observatoire France-Loisirs de la lecture*

## Tableau 16. MILIEU SOCIAL ET SOURCES FAMILIALES D'APPROVISIONNEMENT

| Milieu | Parents abonnés à un club | Parents inscrits à une bibliothèque | Adolescents inscrits à une bibliothèque |
|---|---|---|---|
| Populaire | 29,5 | 18,6 | 30,1 |
| Moyen | 37,8 | 32,3 | 43,2 |
| Supérieur | 36,6 | 46,3 | 50,8 |

*(% en ligne)*

*Observatoire France-Loisirs de la lecture*

## Tableau 17. MILIEU SOCIAL ET ORIGINE DES LIVRES

### 17.1. Obtention du dernier livre lu *(% en ligne)*

| Milieu | Emprunt | | | Achat | | | Cadeau |
|---|---|---|---|---|---|---|---|
| | École | Bib. | Maison | Seul | Avec la mère | Avec le père | |
| Populaire | 32,1 | 10,2 | 9,2 | 5,5 | 13,7 | 1,7 | 9,2 |
| Moyen | 23,6 | 10,5 | 13,4 | 6,4 | 14,4 | 3,5 | 13,7 |
| Supérieur | 16,9 | 12,4 | 17,5 | 8,5 | 13,8 | 4,8 | 11,3 |

*Observatoire France-Loisirs de la lecture*

### 17.2. Provenance des livres en général *(% en ligne)*

| Milieu | École | Bib. | Maison | Amis | Autre | Achat |
|---|---|---|---|---|---|---|
| Populaire | 56,5 | 20,7 | 31,2 | 16,7 | 2,5 | 47,2 |
| Moyen | 44,9 | 24,0 | 49,1 | 15,6 | 2,1 | 59,9 |
| Supérieur | 38,1 | 23,5 | 48,5 | 15,5 | 1,6 | 55,2 |

*Observatoire France-Loisirs de la lecture*

## Tableau 18. MILIEU SOCIAL ET RÔLE DES ENSEIGNANTS

### 18.1. Rapport des jeunes aux conseils de l'enseignant *(% en ligne)*

| Milieu | Livres conseillés lus | | | Livres lus avant le conseil* | |
|---|---|---|---|---|---|
| | 0 | 1 | Ps | Oui | Non |
| Populaire | 22,7 | 35,0 | 40,9 | 34,0 | 62,6 |
| Moyen | 18,1 | 30,9 | 48,6 | 40,3 | 55,6 |
| Supérieur | 17,5 | 25,0 | 56,0 | 54,5 | 44,4 |

Ps = plusieurs *Observatoire France-Loisirs de la lecture*

* Sous-ensemble de ceux qui ont eu un conseil de lecture

### 18.2. Place relative des conseils de l'enseignant *(% en ligne)*

| Milieu | Raisons de lire le dernier livre lu | | | | |
|---|---|---|---|---|---|
| | Conseil des parents | Conseil des professeurs | Conseil des copains | Autre | Hasard |
| Populaire | 6,8 | 31,6 | 13,5 | 13,5 | 32,3 |
| Moyen | 13,3 | 29,3 | 13,0 | 18,9 | 23,3 |
| Supérieur | 15,9 | 27,0 | 8,6 | 21,0 | 24,4 |

*Observatoire France-Loisirs de la lecture*

## Tableau 19. MILIEU SOCIAL ET POSITION SCOLAIRE

*(% en ligne)*

| Milieu | Jeunes en | | | |
|---|---|---|---|---|
| | CM2 | 6e | 5e | 4e |
| Populaire | 7,4 | 35,7 | 53,4 | 3,2 |
| Moyen | 3,2 | 20,5 | 72,3 | 3,7 |
| Supérieur | 1,3 | 18,7 | 70,0 | 10,0 |

*Observatoire France-Loisirs de la lecture*

## Tableau 20. MILIEU SOCIAL ET USAGE DU TEMPS LIBRE

### 20.1. Le recours à des activités organisées

*(% en ligne)*

| Milieu | L'enfant est-il inscrit à des activités non scolaires? | | | | Types d'activités non scolaires* | | |
|---|---|---|---|---|---|---|---|
| | Non | à 1 | à 2 | à 3 et + | Artistique | Sportive | De groupe |
| Populaire | 35,4 | 37,2 | 20,6 | 5,9 | 20,3 | 91,7 | 8,3 |
| Moyen | 22,5 | 41,7 | 26,3 | 9,5 | 26,4 | 88,8 | 8,9 |
| Supérieur | 13,2 | 37,1 | 31,1 | 18,4 | 35,5 | 87,9 | 9,4 |

* Sous ensemble de ceux qui sont inscrits à une activité non scolaire

*Observatoire France-Loisirs de la lecture*

### 20.2. La consommation d'images de la télévision

*(% en ligne)*

| Milieu | Temps d'écoute de la télévision | | | | |
|---|---|---|---|---|---|
| | + 1 h/j | Entre 1/2 h et 1 h/j | – d'1/2 h/j | 2 à 3 fois par semaine | Rarement |
| Populaire | 37,5 | 36,3 | 6,7 | 13,0 | 6,5 |
| Moyen | 26,8 | 35,4 | 8,4 | 21,6 | 7,8 |
| Supérieur | 20,0 | 32,6 | 12,9 | 22,4 | 12,1 |

*Observatoire France-Loisirs de la lecture*

## Tableau 21.
## MILIEU SOCIAL ET LECTURE DES JOURNAUX ET DES REVUES

*(% en ligne)*

| Milieu | Nature des revues lues* | | | | | | Lecteurs de revues** | |
|---|---|---|---|---|---|---|---|---|
| | Bayard-Presse | Mikado | De sciences | Mickey, Tintin, Pif | Ok magazine, Podium | De sports | Éducatives ou non | Éducatives |
| Populaire | 26,8 | 5,7 | 28,9 | 66,5 | 45,4 | 28,4 | 69,1 | 27,2 |
| Moyen | 35,9 | 6,8 | 36,8 | 63,6 | 34,1 | 24,5 | 73,2 | 37,2 |
| Supérieur | 40,7 | 7,3 | 44,7 | 52,8 | 33,3 | 27,6 | 77,9 | 48,2 |

* Sous-ensemble des lecteurs de journaux

** Ensemble de l'échantillon

*Observatoire France-Loisirs de la lecture*

## Tableau 22. MILIEU SOCIAL ET SURVEILLANCE MATERNELLE FACE À LA LECTURE DES JEUNES

### 22.1. Incitation à la lecture

*(% en ligne)*

| Milieu | Régulière | Occasionnelle | Jamais |
|---|---|---|---|
| Populaire | 53,4 | 32,4 | 13,9 |
| Moyen | 64,8 | 24,2 | 11,0 |
| Supérieur | 62,9 | 25,0 | 12,0 |

*Observatoire France-Loisirs de la lecture*

### 22.2. Intérêt de la lecture

*(% en ligne)*

| Milieu | «Qu'apporte la lecture à un enfant?» | | | |
|---|---|---|---|---|
| | Bases de français | Culture générale | Imagination | Plaisir |
| Populaire | 75,8 | 50,4 | 33,6 | 18,3 |
| Moyen | 51,0 | 64,6 | 34,6 | 30,8 |
| Supérieur | 42,4 | 61,8 | 37,4 | 38,9 |

*Observatoire France-Loisirs de la lecture*

### 22.3. Surveillance et discussion autour de la lecture

*(% en ligne)*

| Milieu | Surveillance | | | Discussion | | |
|---|---|---|---|---|---|---|
| | Régulière | Occasionnelle | Rare | Régulière | Occasionnelle | Jamais |
| Populaire | 38,1 | 37,2 | 24,7 | 30,1 | 44,5 | 23,9 |
| Moyen | 46,1 | 34,9 | 19,0 | 45,0 | 42,9 | 11,2 |
| Supérieur | 56,4 | 24,7 | 18,9 | 49,0 | 41,3 | 8,9 |

*Observatoire France-Loisirs de la lecture*

## Tableau 23. HÉTÉROGÉNÉITÉ SOCIALE ET DIPLÔME PARENTAL

### 23.1. Diplôme du père *(% en ligne)*

| Hétérogénéité sociale Père | Mère | 0 | Cap | Cap, Bepc | Bac | Bac + 2 | Bac + 3, 4 | Bac + 5 |
|---|---|---|---|---|---|---|---|---|
| Pop. | Pop. | 4,0 | 8,9 | 67,2 | 12,9 | 3,0 | 3,0 | 0 |
| Pop. | Moy. | 2,8 | 6,6 | 46,2 | 26,4 | 9,4 | 4,7 | 0,9 |
| Moy. | Moy. | 0 | 3,2 | 16,0 | 42,6 | 27,7 | 7,4 | 3,2 |
| Moy. | Moy. | 0 | 3,2 | 16,0 | 42,6 | 27,7 | 7,4 | 3,2 |
| Moy. | Sup. | 0 | 0 | 9,5 | 13,3 | 15,2 | 35,2 | 24,8 |
| Sup. | Sup. | 0 | 0 | 3,0 | 13,9 | 8,9 | 38,6 | 35,6 |

Pop. = populaire Moy. = moyen(ne) Sup. = supérieur(e) *Observatoire France-Loisirs de la lecture*

### 23.2. Diplôme de la mère *(% en ligne)*

| Hétérogénéité sociale Père | Mère | 0 | Cap | Cap, Bepc | Bac | Bac + 2 | Bac + 3, 4 | Bac + 5 |
|---|---|---|---|---|---|---|---|---|
| Pop. | Pop. | 5,5 | 4,0 | 66,3 | 19,8 | 4,0 | 0 | 0 |
| Pop. | Moy. | 4,7 | 9,4 | 49,1 | 20,8 | 12,3 | 2,8 | 0,9 |
| Moy. | Moy. | 1,1 | 1,1 | 14,9 | 43,6 | 30,8 | 8,5 | 0 |
| Moy. | Moy. | 1,1 | 1,1 | 14,9 | 43,6 | 30,8 | 8,5 | 0 |
| Moy. | Sup. | 1,0 | 1,9 | 11,4 | 26,7 | 26,7 | 24,8 | 5,7 |
| Sup. | Sup. | 0 | 0 | 2,0 | 8,9 | 10,9 | 57,4 | 19,8 |

Pop. = populaire Moy. = moyen(ne) Sup. = supérieur(e) *Observatoire France-Loisirs de la lecture*

## Tableau 24. HÉTÉROGÉNÉITÉ PARENTALE ET TEMPS DE LECTURE DES JEUNES

### 24.1. Temps de lecture le dimanche

*(% en ligne)*

| Hétérogénéité sociale Père | Mère | 0 h | 1/4 h ou – | Entre 1/4 h et 1/2 h | Entre 1/2 h et 1 h | 1 h et + |
|---|---|---|---|---|---|---|
| Pop. | Pop. | 17,3 | 13,3 | 18,4 | 27,6 | 19,4 |
| Pop. | Moy. | 15,4 | 7,7 | 26,0 | 26,9 | 21,2 |
| Moy. | Moy. | 8,8 | 9,9 | 15,4 | 33,0 | 30,8 |
| Moy. | Moy. | 8,8 | 9,9 | 15,4 | 33,0 | 30,8 |
| Moy. | Sup. | 7,7 | 6,7 | 21,2 | 31,7 | 30,8 |
| Sup. | Sup. | 7,0 | 5,0 | 12,0 | 31,0 | 44,0 |

Pop. = populaire
Moy. = moyen(ne)
Sup. = supérieur(e)

*Observatoire France-Loisirs de la lecture*

### 24.2. Temps de lecture, un jour d'école

*(% en ligne)*

| Hétérogénéité sociale Père | Mère | 0 h | 1/4 h ou – | Entre 1/4 h et 1/2 h | Entre 1/2 h et 1 h | 1 h et + |
|---|---|---|---|---|---|---|
| Pop. | Pop. | 16,3 | 21,4 | 29,6 | 24,5 | 6,1 |
| Pop. | Moy. | 13,5 | 21,2 | 35,5 | 23,1 | 6,7 |
| Moy. | Moy. | 7,7 | 17,6 | 40,6 | 28,6 | 5,5 |
| Moy. | Moy. | 7,7 | 17,6 | 40,6 | 28,6 | 5,5 |
| Moy. | Sup. | 3,8 | 19,2 | 29,9 | 35,6 | 9,6 |
| Sup. | Sup. | 10,0 | 13,3 | 33,0 | 33,0 | 9,0 |

Pop. = populaire
Moy. = moyen(ne)
Sup. = supérieur(e)

*Observatoire France-Loisirs de la lecture*

## Tableau 25. HÉTÉROGÉNÉITÉ SOCIALE ET VOLUME DE LECTURE PARENTALE

### 25.1. Chez la mère, nombre de livres lus par mois *(% en ligne)*

| Hétérogénéité sociale | | Nombre de livres lus par mois | | | | |
|---|---|---|---|---|---|---|
| Père | Mère | 1 ou – | 2, 3 | 4, 5 | + de 5 | Np. |
| Pop. | Pop. | 69,3 | 15,7 | 5,0 | 5,0 | 5,0 |
| Pop. | Moy. | 65,1 | 23,6 | 1,9 | 6,6 | 2,8 |
| Moy. | Moy. | 47,9 | 34,0 | 9,6 | 7,4 | 1,1 |
| Moy. | Moy. | 47,9 | 34,0 | 9,6 | 7,4 | 1,1 |
| Moy. | Sup. | 41,9 | 39,0 | 8,6 | 9,5 | 1,0 |
| Sup. | Sup. | 31,7 | 38,6 | 10,9 | 17,8 | 1,0 |

*Observatoire France-Loisirs de la lecture*

### 25.2. Chez le père, nombre de livres lus par mois *(% en ligne)*

| Hétérogénéité sociale | | Nombre de livres lus par mois | | | | |
|---|---|---|---|---|---|---|
| Père | Mère | 1 ou – | 2, 3 | 4, 5 | + de 5 | Np. |
| Pop. | Pop. | 65,3 | 10,9 | 4,0 | 5,0 | 14,8 |
| Pop. | Moy. | 67,0 | 16,0 | 1,9 | 5,7 | 9,4 |
| Moy. | Moy. | 46,8 | 28,7 | 8,5 | 7,5 | 8,5 |
| Moy. | Moy. | 46,8 | 28,7 | 8,5 | 7,5 | 8,5 |
| Moy. | Sup. | 53,3 | 21,0 | 10,5 | 7,6 | 7,6 |
| Sup. | Sup. | 34,7 | 34,7 | 12,8 | 9,9 | 7,9 |

*Observatoire France-Loisirs de la lecture*

## Tableau 26. HÉTÉROGÉNÉITÉ SOCIALE ET THÈMES DE LECTURE PRÉFÉRÉS

*(% en ligne)*

| Hétérogénéité sociale | | Policier | Aventure | Histoire de ton âge | Nature | Science-fiction | Histoire comique |
|---|---|---|---|---|---|---|---|
| Père | Mère | | | | | | |
| Pop. | Pop. | 17,3 | 55,1 | 27,6 | 32,7 | 14,3 | 22,4 |
| Pop. | Moy. | 27,9 | 54,8 | 19,2 | 35,6 | 12,5 | 13,5 |
| Moy. | Moy. | 30,8 | 45,1 | 23,1 | 26,7 | 19,8 | 18,3 |
| Moy. | Moy. | 30,8 | 45,1 | 23,1 | 26,7 | 19,8 | 18,3 |
| Moy. | Sup. | 26,0 | 43,3 | 25,0 | 31,9 | 16,3 | 23,1 |
| Sup. | Sup. | 35,0 | 54,0 | 26,0 | 33,7 | 17,0 | 20,2 |

Pop. = populaire
Moy. = moyen(ne) Sup. = supérieur(e)

*Observatoire France-Loisirs de la lecture*

## Tableau 27. HÉTÉROGÉNÉITÉ PARENTALE ET LIEUX DE PROVENANCE DES LIVRES

*(% en ligne)*

| Hétérogénéité sociale Père | Mère | École | Bib. | Maison | Amis | Achat |
|---|---|---|---|---|---|---|
| Pop. | Pop. | 56,1 | 18,4 | 34,7 | 19,4 | 51,0 |
| Pop. | Moy. | 44,2 | 21,2 | 49,0 | 10,6 | 68,3 |
| Moy. | Moy. | 45,1 | 28,6 | 42,9 | 16,5 | 61,5 |
| Moy. | Moy. | 45,1 | 28,6 | 42,9 | 16,5 | 61,5 |
| Moy. | Sup. | 34,6 | 24,0 | 51,9 | 11,5 | 51,0 |
| Sup. | Sup. | 30,0 | 32,0 | 52,0 | 18,0 | 60,0 |

Pop. = populaire Sup. = supérieur(e) *Observatoire France-Loisirs de la lecture*
Moy. = moyen(ne) Bib. = bibliothèque

## Tableau 28. HÉTÉROGÉNÉITÉ PARENTALE ET RAPPORT DES JEUNES AUX OUVRAGES CLASSIQUES

### 28.1. Attribution exacte *(% en ligne)*

| Hétérogénéité sociale Père | Mère | Les Contes du chat perché | La Gloire de mon père | L'Enfant et la rivière | Poil de carotte | Le Petit Nicolas | Le Grand Meaulnes | L'Appel de la forêt |
|---|---|---|---|---|---|---|---|---|
| Pop. | Pop. | 15,3 | 43,9 | 15,3 | 11,2 | 17,3 | 4,1 | 10,2 |
| Pop. | Moy. | 26,0 | 50,0 | 15,4 | 23,2 | 19,2 | 2,9 | 15,4 |
| Moy. | Moy. | 31,9 | 57,1 | 24,2 | 30,8 | 30,8 | 6,6 | 22,0 |
| Moy. | Moy. | 31,9 | 57,1 | 24,2 | 30,8 | 30,8 | 6,6 | 22,0 |
| Moy. | Sup. | 26,9 | 59,6 | 30,8 | 23,1 | 36,5 | 9,6 | 29,8 |
| Sup. | Sup. | 27,0 | 69,0 | 30,0 | 27,0 | 38,0 | 13,0 | 28,8 |

Pop. = populaire Moy. = moyen(ne) Sup. = supérieur(e) *Observatoire France-Loisirs de la lecture*

### 28.2. Lecture des ouvrages classiques

*(% en ligne)*

| Hétérogénéité sociale Père | Mère | Les Contes du chat perché | La Gloire de mon père | L'Enfant et la rivière | Poil de carotte | Le Petit Nicolas | Le Grand Meaulnes | L'Appel de la forêt |
|---|---|---|---|---|---|---|---|---|
| Pop. | Pop. | 38,8 | 35,7 | 29,6 | 29,6 | 39,8 | 6,1 | 17,3 |
| Pop. | Moy. | 49,0 | 41,3 | 27,9 | 32,7 | 41,3 | 7,7 | 24,0 |
| Moy. | Moy. | 53,8 | 37,4 | 41,8 | 41,8 | 53,8 | 12,1 | 24,2 |
| Moy. | Moy. | 53,8 | 37,4 | 41,8 | 39,4 | 53,8 | 12,1 | 24,2 |
| Moy. | Sup. | 58,7 | 59,9 | 41,3 | 38,0 | 50,0 | 16,3 | 33,7 |
| Sup. | Sup. | 60,0 | 57,0 | 48,0 | 33,4 | 65,0 | 15,0 | 28,0 |

Pop. = populaire Moy. = moyen(ne) Sup. = supérieur(e) *Observatoire France-Loisirs de la lecture*

## Tableau 28. HÉTÉROGÉNÉITÉ PARENTALE ET RAPPORT DES JEUNES AUX OUVRAGES CLASSIQUES

### 28.3. Score de compétence littéraire

*(% en ligne)*

| Hétérogénéité sociale | | Nombre d'attributions exactes d'auteurs* | | | | |
|---|---|---|---|---|---|---|
| Père | Mère | 0 | 1 | 2 | 3 | 4 et + |
| Pop. | Pop. | 37,8 | 30,6 | 14,3 | 12,2 | 5,1 |
| Pop. | Moy. | 28,8 | 28,8 | 16,3 | 16,3 | 9,6 |
| Moy. | Moy. | 23,1 | 20,9 | 20,9 | 16,5 | 18,6 |
| Moy. | Moy. | 23,1 | 20,9 | 20,9 | 16,5 | 18,6 |
| Moy. | Sup. | 14,4 | 24,0 | 23,1 | 18,3 | 20,2 |
| Sup. | Sup. | 13,0 | 25,0 | 19,0 | 20,0 | 23,0 |

Pop. = populaire
Moy. = moyen(ne)
Sup. = supérieur(e)
*Sur les 7 possibles

*Observatoire France-Loisirs de la lecture*

### 28.4. Score d'appropriation littéraire

*(% en ligne)*

| Hétérogénéité sociale | | Nombre de livres classiques lus* | | | | |
|---|---|---|---|---|---|---|
| Père | Mère | 0 | 1 | 2 | 3 | 4 et + |
| Pop. | Pop. | 11,2 | 27,6 | 29,6 | 21,4 | 10,2 |
| Pop. | Moy. | 11,5 | 25,0 | 23,1 | 19,2 | 21,2 |
| Moy. | Moy. | 4,4 | 18,7 | 30,8 | 16,5 | 29,6 |
| Moy. | Moy. | 4,4 | 18,7 | 30,8 | 16,5 | 29,6 |
| Moy. | Sup. | 6,7 | 12,5 | 17,3 | 30,8 | 32,7 |
| Sup. | Sup. | 4,0 | 8,0 | 27,0 | 19,0 | 42,0 |

Pop. = populaire
Moy. = moyen(ne)
Sup. = supérieur(e)
*Sur les 7 possibles

*Observatoire France-Loisirs de la lecture*

## Tableau 29. CAPITAL SCOLAIRE DES PARENTS ET TEMPS DE LECTURE

### 29.1. Temps de lecture un jour d'école *(% en ligne)*

| Capital scolaire parental Père | Mère | 0 h | 1/4 h ou – | Entre 1/4 h et 1/2 h | Entre 1/2 h et 1 h | 1 h et + |
|---|---|---|---|---|---|---|
| Aucun | Aucun | 8,7 | 23,2 | 37,7 | 23,2 | 4,3 |
| Aucun | Bepc | 20,0 | 22,9 | 28,6 | 25,7 | 0 |
| Bepc | Aucun | 14,5 | 20,5 | 33,7 | 24,1 | 4,8 |
| Bepc | Bepc | 13,1 | 23,9 | 30,1 | 21,6 | 10,2 |
| Bepc | Bepc | 13,1 | 23,9 | 30,1 | 21,6 | 10,2 |
| Bepc | Bac et + | 14,5 | 25,5 | 32,7 | 21,8 | 5,5 |
| Bac et + | Bepc | 12,4 | 26,4 | 31,0 | 23,3 | 7,0 |
| Bac | Inf. Bac | 12,2 | 22,2 | 33,3 | 27,8 | 4,4 |
| Inf. Bac | Bac | 18,6 | 18,6 | 39,5 | 23,3 | 0 |
| Bac | Bac | 6,3 | 25,0 | 32,5 | 22,5 | 12,5 |
| Bac | Bac | 6,3 | 25,0 | 32,5 | 22,5 | 12,5 |
| Sup. Bac | Bac | 6,1 | 20,7 | 31,7 | 35,4 | 6,1 |
| Bac | Sup. Bac | 17,5 | 12,5 | 27,5 | 35,0 | 5,0 |
| Sup. Bac | Sup. Bac | 11,1 | 12,5 | 31,3 | 35,1 | 8,7 |
| Sup. Bac | Bepc | 8,3 | 31,7 | 26,7 | 25,0 | 8,3 |

*Observatoire France-Loisirs de la lecture*

### 29.2. Temps de lecture le dimanche *(% en ligne)*

| Capital scolaire parental Père | Mère | 0 h | 1/4 h | Entre 1/4 h et 1/2 h | Entre 1/2 h et 1 h | 1 h et + |
|---|---|---|---|---|---|---|
| Aucun | Aucun | 17,4 | 14,5 | 24,6 | 21,7 | 15,9 |
| Aucun | Bepc | 22,9 | 20,0 | 14,3 | 28,6 | 11,4 |
| Bepc | Aucun | 27,7 | 15,7 | 15,7 | 24,1 | 14,5 |
| Bepc | Bepc | 14,8 | 13,1 | 25,0 | 23,9 | 19,9 |
| Bepc | Bepc | 14,8 | 13,1 | 25,0 | 23,9 | 19,9 |
| Bepc | Bac et + | 12,7 | 12,7 | 25,5 | 20,0 | 27,3 |
| Bac et + | Bepc | 13,2 | 9,3 | 18,6 | 34,9 | 22,5 |
| Bac | Inf. Bac | 14,4 | 10,0 | 17,8 | 36,7 | 20,0 |
| Inf. Bac | Bac | 14,0 | 9,3 | 25,6 | 23,3 | 27,9 |
| Bac | Bac | 8,8 | 6,3 | 20,0 | 33,8 | 28,8 |
| Bac | Bac | 8,8 | 6,3 | 20,0 | 33,8 | 28,8 |
| Sup. Bac | Bac | 6,1 | 9,8 | 11,0 | 40,2 | 31,7 |
| Bac | Sup. Bac | 12,5 | 2,5 | 20,0 | 42,5 | 20,0 |
| Sup. Bac | Sup. Bac | 9,1 | 4,3 | 14,4 | 32,2 | 38,9 |
| Sup. Bac | Bepc | 13,3 | 8,3 | 20,0 | 35,0 | 21,7 |

Aucun = Aucun ou Cap  Bepc = Bepc ou Cap

*Observatoire France-Loisirs de la lecture*

## Tableau 30. CAPITAL SCOLAIRE DES PARENTS ET APPROPRIATION LITTÉRAIRE

### 30.1. Score de d'appropriation littéraire *(% en ligne)*

| Capital scolaire parental | | Nombre d'ouvrages classiques lus* | | | | |
|---|---|---|---|---|---|---|
| Père | Mère | 0 | 1 | 2 | 3 | 4 et + |
| Aucun | Aucun | 15,9 | 31,9 | 33,3 | 10,1 | 8,7 |
| Aucun | Bepc | 17,1 | 37,1 | 28,6 | 14,3 | 2,9 |
| Bepc | Aucun | 19,3 | 24,1 | 34,9 | 12,0 | 9,6 |
| Bepc | Bepc | 12,5 | 28,4 | 25,6 | 18,2 | 15,3 |
| Bepc | Bepc | 12,5 | 28,4 | 25,6 | 18,2 | 15,3 |
| Bepc | Bac et + | 7,3 | 20,0 | 32,7 | 23,6 | 16,4 |
| Bac et + | Bepc | 13,2 | 19,4 | 24,8 | 25,6 | 17,0 |
| Bac | Inf. Bac | 12,2 | 17,8 | 34,4 | 23,3 | 12,2 |
| Inf. Bac | Bac | 7,0 | 23,3 | 37,2 | 16,3 | 16,2 |
| Bac | Bac | 2,5 | 20,0 | 32,5 | 18,8 | 26,2 |
| Bac | Bac | 2,5 | 20,0 | 32,5 | 18,8 | 26,2 |
| Sup. Bac | Bac | 11,0 | 12,2 | 17,1 | 14,6 | 45,1 |
| Bac | Sup. Bac | 10,0 | 20,0 | 37,5 | 17,5 | 15,0 |
| Sup. Bac | Sup. Bac | 4,8 | 10,6 | 22,6 | 23,6 | 38,4 |
| Sup. Bac | Bepc | 13,3 | 25,0 | 18,3 | 25,0 | 18,4 |

Aucun = Aucun ou Cap Bepc = Bepc ou Cap * Sur les 7 possibles

*Observatoire France-Loisirs de la lecture*

### 30.2. Lecture des ouvrages classiques *(% en ligne)*

| Capital scolaire parental | | Les Contes du chat perché | La Gloire de mon père | L'Enfant et la rivière | Poil de carotte | Le Petit Nicolas | Le Grand Meaulnes | L'Appel de la forêt |
|---|---|---|---|---|---|---|---|---|
| Père | Mère | | | | | | | |
| Aucun | Aucun | 43,5 | 29,0 | 23,2 | 23,2 | 30,4 | 4,3 | 17,4 |
| Aucun | Bepc | 42,9 | 22,9 | 20,0 | 22,9 | 31,4 | 0 | 8,6 |
| Bepc | Aucun | 33,7 | 25,3 | 24,1 | 31,3 | 34,9 | 3,6 | 20,5 |
| Bepc | Bepc | 48,3 | 34,7 | 24,4 | 31,3 | 39,8 | 9,1 | 18,2 |
| Bepc | Bepc | 48,3 | 34,7 | 24,4 | 31,3 | 39,8 | 9,1 | 18,2 |
| Bepc | Bac et + | 54,5 | 45,5 | 32,7 | 40,0 | 34,5 | 3,6 | 18,2 |
| Bac et + | Bepc | 48,1 | 45,0 | 33,3 | 38,0 | 38,8 | 6,2 | 16,3 |
| Bac | Inf. Bac | 44,4 | 42,2 | 31,1 | 32,2 | 37,8 | 5,6 | 21,1 |
| Inf. Bac | Bac | 46,5 | 44,2 | 27,9 | 39,5 | 37,2 | 4,7 | 18,6 |
| Bac | Bac | 50,0 | 33,8 | 40,0 | 43,8 | 45,0 | 11,3 | 28,8 |
| Bac | Bac | 50,0 | 33,8 | 40,0 | 43,8 | 45,0 | 11,3 | 28,6 |
| Sup. Bac | Bac | 58,5 | 52,4 | 29,3 | 56,1 | 45,1 | 19,5 | 32,9 |
| Bac | Sup.Bac | 42,5 | 40,0 | 35,0 | 30,0 | 50,0 | 17,5 | 12,5 |
| Sup. Bac | Sup.Bac | 63,5 | 56,3 | 40,9 | 33,7 | 64,9 | 14,4 | 31,3 |
| Sup. Bac | Bepc | 50,0 | 45,0 | 26,7 | 43,3 | 40,0 | 7,5 | 11,7 |

Aucun = Aucun ou Cap Bepc = Bepc ou Cap *Observatoire France-Loisirs de la lecture*

## Tableau 31. CAPITAL SCOLAIRE DES PARENTS ET COMPÉTENCE LITTÉRAIRE

### 31.1. Score de compétence littéraire *(% en ligne)*

| Capital scolaire parental – Père | Mère | Nombre d'attributions exactes 0 | 1 | 2 | 3 | 4 et + |
|---|---|---|---|---|---|---|
| Aucun | Aucun | 46,4 | 33,3 | 11,6 | 4,3 | 4,3 |
| Aucun | Bepc | 42,9 | 31,4 | 17,1 | 5,7 | 2,9 |
| Bepc | Aucun | 43,4 | 24,1 | 18,1 | 12,0 | 2,4 |
| Bepc | Bepc | 35,2 | 29,5 | 17,0 | 9,7 | 8,5 |
| Bepc | Bepc | 35,2 | 29,5 | 17,0 | 9,7 | 8,5 |
| Bepc | Bac et + | 20,0 | 29,1 | 32,7 | 16,4 | 1,8 |
| Bac et + | Bepc | 31,0 | 25,6 | 21,7 | 15,5 | 6,2 |
| Bac | Inf. Bac | 27,8 | 31,1 | 23,3 | 12,2 | 5,6 |
| Inf. Bac | Bac | 25,6 | 32,6 | 20,9 | 16,3 | 4,7 |
| Bac | Bac | 17,5 | 27,5 | 23,8 | 12,5 | 18,8 |
| Bac | Bac | 17,5 | 27,5 | 23,8 | 12,5 | 18,8 |
| Sup. Bac | Bac | 17,1 | 28,0 | 14,6 | 18,3 | 22,0 |
| Bac | Sup. Bac | 27,5 | 32,5 | 22,5 | 7,5 | 10,0 |
| Sup. Bac | Sup. Bac | 14,9 | 23,6 | 16,3 | 19,2 | 26,0 |
| Sup. Bac | Bepc | 33,3 | 25,0 | 18,3 | 18,3 | 5,0 |

Aucun = Aucun ou Cap    Bepc = Bepc ou Cap

*Observatoire France-Loisirs de la lecture*

### 31.2. Attribution exacte des auteurs *(% en ligne)*

| Capital scolaire parental – Père | Mère | Les Contes du chat perché | La Gloire de mon père | L'Enfant et la rivière | Poil de carotte | Le Petit Nicolas | Le Grand Meaulnes | L'Appel de la forêt |
|---|---|---|---|---|---|---|---|---|
| Aucun | Aucun | 5,8 | 33,3 | 11,6 | 11,6 | 10,1 | 5,8 | 10,1 |
| Aucun | Bepc | 17,1 | 31,4 | 11,4 | 14,3 | 14,3 | 5,7 | 0 |
| Bepc | Aucun | 14,5 | 31,3 | 14,5 | 15,7 | 12,0 | 4,8 | 13,3 |
| Bepc | Bepc | 20,5 | 40,9 | 14,2 | 14,2 | 23,3 | 4,0 | 13,1 |
| Bepc | Bepc | 20,5 | 40,9 | 14,2 | 14,2 | 23,3 | 4,0 | 13,1 |
| Bepc | Bac et + | 29,1 | 54,5 | 10,9 | 23,6 | 16,4 | 1,8 | 14,5 |
| Bac et + | Bepc | 19,4 | 48,1 | 19,4 | 18,6 | 20,2 | 7,8 | 11,6 |
| Bac | Inf. Bac | 15,6 | 51,1 | 18,9 | 14,4 | 17,8 | 6,7 | 13,3 |
| Inf. Bac | Bac | 25,6 | 46,5 | 4,7 | 23,3 | 20,9 | 4,7 | 16,3 |
| Bac | Bac | 23,8 | 57,5 | 20,0 | 33,8 | 26,3 | 10,0 | 25,0 |
| Bac | Bac | 23,8 | 57,5 | 20,0 | 33,8 | 26,3 | 10,0 | 25,0 |
| Sup. Bac | Bac | 30,5 | 54,9 | 24,4 | 36,6 | 28,0 | 11,1 | 26,8 |
| Bac | Sup. Bac | 10,0 | 60,0 | 17,5 | 17,5 | 27,5 | 0 | 12,5 |
| Sup. Bac | Sup. Bac | 29,3 | 69,7 | 31,7 | 23,1 | 35,6 | 14,4 | 32,7 |
| Sup. Bac | Bepc | 21,7 | 46,7 | 15,0 | 23,3 | 23,6 | 6,7 | 8,3 |

Aucun = Aucun ou Cap  Bepc = Bepc ou Cap    *Observatoire France-Loisirs de la lecture*

## Tableau 32. CAPITAL SCOLAIRE DES PARENTS INTERVENTION DE LA MÈRE DANS LES LECTURES DE L'ENFANT

| Capital scolaire parental | | La mère | | | |
|---|---|---|---|---|---|
| Père | Mère | Surveille et incite | Incite | Surveille | Ni l'un, ni l'autre |
| Aucun | Aucun | 24,0 | 14,7 | 17,3 | 44,0 |
| Aucun | Bepc | 33,3 | 27,8 | 8,3 | 30,6 |
| Bepc | Aucun | 28,2 | 21,2 | 8,2 | 42,4 |
| Bepc | Bepc | 29,5 | 26,2 | 9,3 | 35,0 |
| Bepc | Bepc | 29,5 | 26,2 | 9,3 | 35,0 |
| Bepc | Bac et + | 42,1 | 35,1 | 8,8 | 14,0 |
| Bac et + | Bepc | 34,1 | 28,8 | 15,9 | 21,2 |
| Bac | Inf. Bac | 30,4 | 28,3 | 18,5 | 22,8 |
| Inf. Bac | Bac | 44,5 | 24,4 | 11,1 | 20,0 |
| Bac | Bac | 42,9 | 28,6 | 2,4 | 26,2 |
| Bac | Bac | 42,9 | 28,6 | 2,4 | 26,2 |
| Sup. Bac | Bac | 44,0 | 19,0 | 6,0 | 31,0 |
| Bac | Sup. Bac | 43,9 | 31,7 | 7,3 | 17,1 |
| Sup. Bac | Sup. Bac | 50,0 | 27,2 | 7,6 | 15,2 |
| Sup. Bac | Bepc | 37,7 | 26,2 | 13,1 | 23,0 |

(% en ligne)

*Observatoire France-Loisirs de la lecture*

## Tableau 33. CAPITAL SCOLAIRE DES PARENTS ET USAGE DE LA BIBLIOTHÈQUE ET DU CLUB DE LIVRES

| Capital scolaire parental | | Bib. et Club | Bib. | Club | Ni l'un ni l'autre |
|---|---|---|---|---|---|
| Père | Mère | | | | |
| Aucun | Aucun | 8,0 | 5,3 | 16,0 | 70,7 |
| Aucun | Bepc | 2,8 | 2,8 | 30,6 | 64,0 |
| Bepc | Aucun | 5,9 | 9,4 | 25,9 | 58,8 |
| Bepc | Bepc | 8,7 | 10,9 | 27,3 | 53,0 |
| Bepc | Bepc | 8,7 | 10,9 | 27,3 | 53,0 |
| Bepc | Bac et + | 15,8 | 22,8 | 15,8 | 45,6 |
| Bac et + | Bepc | 14,4 | 25,8 | 23,5 | 36,3 |
| Bac | Inf. Bac | 14,1 | 19,6 | 29,3 | 37,0 |
| Inf. Bac | Bac | 15,6 | 17,8 | 24,4 | 42,2 |
| Bac | Bac | 9,5 | 16,7 | 27,4 | 46,4 |
| Bac | Bac | 9,5 | 16,7 | 27,4 | 46,4 |
| Sup. Bac | Bac | 15,5 | 36,9 | 11,9 | 35,7 |
| Bac | Sup. Bac | 4,9 | 31,7 | 22,0 | 41,4 |
| Sup. Bac | Sup. Bac | 21,4 | 32,9 | 17,1 | 28,6 |
| Sup. Bac | Bepc | 14,8 | 29,5 | 19,7 | 36,0 |

*Observatoire France-Loisirs de la lecture*

Bib. = Bibliothèque Aucun = Aucun ou Cap Bepc = Bepc ou Cap

# TABLEAUX DU CHAPITRE II

## Tableau 1. AMBIANCE LIVRESQUE, MILIEU SOCIAL ET AMOUR DE LA LECTURE

*(% en ligne)*

| Ambiance livresque | «Aimes-tu la lecture?» | | |
|---|---|---|---|
| | Beaucoup | Assez | Pas du tout |
| **Milieu populaire** | | | |
| Favorable | 34,3 | 45,7 | 20,0 |
| Neutre | 20,2 | 48,8 | 31,0 |
| Défavorable | 24,1 | 44,1 | 31,8 |
| **Milieu moyen** | | | |
| Favorable | 35,8 | 45,3 | 18,9 |
| Neutre | 34,5 | 43,7 | 21,8 |
| Défavorable | 35,4 | 39,4 | 25,1 |
| **Milieu supérieur** | | | |
| Favorable | 51,1 | 42,0 | 6,8 |
| Neutre | 40,6 | 43,5 | 15,9 |
| Défavorable | 28,7 | 47,5 | 23,8 |

*Observatoire France-Loisirs de la lecture*

## Tableau 2. AMBIANCE LIVRESQUE, MILIEU SOCIAL ET TEMPS DE LECTURE LE DIMANCHE

*(% en ligne)*

| Ambiance livresque | 0 h | 1/4 h ou – | Entre 1/4 h et 1/2 h | Entre 1/2 h et 1 h | 1 h et + | Au moins 1/2 h |
|---|---|---|---|---|---|---|
| **Milieu populaire** | | | | | | |
| Favorable | 20,0 | 11,4 | 14,3 | 31,4 | 22,9 | 54,3 |
| Neutre | 21,4 | 9,5 | 16,7 | 34,5 | 11,9 | 46,4 |
| Défavorable | 14,1 | 16,5 | 22,0 | 26,3 | 17,6 | 43,9 |
| **Milieu moyen** | | | | | | |
| Favorable | 18,4 | 4,1 | 12,2 | 36,7 | 26,5 | 63,2 |
| Neutre | 13,7 | 9,4 | 21,4 | 29,1 | 25,6 | 54,7 |
| Défavorable | 16,1 | 10,7 | 22,0 | 25,0 | 23,2 | 48,2 |
| **Milieu supérieur** | | | | | | |
| Favorable | 9,3 | 3,5 | 8,1 | 31,4 | 47,7 | 79,1 |
| Neutre | 7,1 | 4,8 | 19,0 | 32,1 | 37,7 | 67,8 |
| Défavorable | 11,6 | 11,6 | 19,0 | 34,7 | 19,0 | 53,7 |

*Observatoire France-Loisirs de la lecture*

## Tableau 3. AMBIANCE LIVRESQUE, MILIEU SOCIAL ET NOMBRE DE ROMANS LUS DEPUIS UN MOIS

*(% en ligne)*

| Ambiance livresque | Nombre de romans lus | | | | | |
|---|---|---|---|---|---|---|
| | 0 | 1 | 2 à 3 | 4 à 5 | 6 et + | 2 et + |
| **Milieu populaire** | | | | | | |
| Favorable | 31,4 | 17,1 | 34,3 | 5,7 | 5,8 | 45,8 |
| Neutre | 36,9 | 27,4 | 21,4 | 4,8 | 1,2 | 27,4 |
| Défavorable | 36,4 | 28,2 | 20,0 | 3,6 | 4,1 | 27,7 |
| **Milieu moyen** | | | | | | |
| Favorable | 24,5 | 18,9 | 37,7 | 9,4 | 1,9 | 49,0 |
| Neutre | 16,0 | 33,6 | 30,3 | 7,6 | 8,4 | 46,3 |
| Défavorable | 28,0 | 27,4 | 25,1 | 7,4 | 7,4 | 39,9 |
| **Milieu supérieur** | | | | | | |
| Favorable | 10,2 | 28,4 | 37,5 | 14,8 | 6,8 | 59,1 |
| Neutre | 20,0 | 22,4 | 35,3 | 12,4 | 7,7 | 55,4 |
| Défavorable | 23,8 | 34,4 | 31,1 | 5,7 | 3,3 | 40,1 |

*Observatoire France-Loisirs de la lecture*

## Tableau 4. AMBIANCE LIVRESQUE, MILIEU SOCIAL ET LECTURE D'OUVRAGES CLASSIQUES

### 4.1. Lecture des ouvrages classiques

*(% en ligne)*

| Ambiance livresque | Les Contes du chat perché | La Gloire de mon père | L'Enfant et la rivière | Poil de carotte | Le Petit Nicolas | Le Grand Meaulnes | L'Appel de la forêt |
|---|---|---|---|---|---|---|---|
| **Milieu populaire** | | | | | | | |
| Favorable | 54,3 | 51,4 | 25,7 | 37,1 | 31,4 | 11,4 | 25,7 |
| Neutre | 42,9 | 33,3 | 14,3 | 27,4 | 36,9 | 7,1 | 15,5 |
| Défavorable | 41,5 | 26,8 | 28,8 | 30,2 | 36,1 | 3,4 | 16,1 |
| **Milieu moyen** | | | | | | | |
| Favorable | 51,0 | 40,8 | 30,6 | 30,6 | 53,1 | 8,2 | 26,5 |
| Neutre | 55,6 | 46,2 | 27,4 | 34,2 | 45,3 | 12,0 | 21,4 |
| Défavorable | 45,8 | 36,9 | 30,4 | 38,1 | 41,1 | 5,4 | 24,4 |
| **Milieu supérieur** | | | | | | | |
| Favorable | 58,1 | 58,1 | 41,9 | 38,4 | 53,5 | 16,3 | 31,4 |
| Neutre | 61,3 | 50,0 | 39,3 | 39,9 | 59,5 | 16,1 | 25,6 |
| Défavorable | 51,2 | 45,5 | 33,9 | 38,8 | 45,5 | 7,4 | 28,1 |

*Observatoire France-Loisirs de la lecture*

### 4.2. Score d'appropriation littéraire

*(% en ligne)*

| Ambiance livresque | Nombre d'ouvrages classiques lus | | | | |
|---|---|---|---|---|---|
| | 0 | 1 | 2 | 3 | 4 et + |
| **Milieu populaire** | | | | | |
| Favorable | 8,6 | 22,9 | 25,7 | 22,9 | 20,0 |
| Neutre | 20,2 | 21,4 | 33,3 | 14,3 | 10,7 |
| Défavorable | 13,2 | 30,2 | 32,2 | 15,6 | 8,8 |
| **Milieu moyen** | | | | | |
| Favorable | 16,3 | 14,3 | 24,5 | 14,3 | 30,6 |
| Neutre | 5,1 | 21,4 | 29,1 | 22,2 | 22,2 |
| Défavorable | 9,5 | 25,0 | 31,5 | 13,7 | 20,2 |
| **Milieu supérieur** | | | | | |
| Favorable | 5,8 | 15,1 | 18,6 | 17,4 | 43,0 |
| Neutre | 7,1 | 11,3 | 21,4 | 25,6 | 34,5 |
| Défavorable | 10,7 | 16,5 | 23,1 | 26,4 | 23,1 |

*Observatoire France-Loisirs de la lecture*

## Tableau 5. AMBIANCE LIVRESQUE, MILIEU SOCIAL ET ATTITUDES DE LA MÈRE VIS-À-VIS DE LA LECTURE DES JEUNES

### 5.1. Régularité : de la surveillance à la discussion

*(% en ligne)*

| Ambiance livresque | Surveillance | Incitation | «Feuilletage» | Discussion |
|---|---|---|---|---|
| **Milieu populaire** | | | | |
| Favorable | 54,3 | 80,0 | 57,1 | 45,7 |
| Neutre | 40,5 | 65,0 | 53,6 | 35,7 |
| Défavorable | 34,5 | 44,5 | 39,1 | 25,5 |
| **Milieu moyen** | | | | |
| Favorable | 39,6 | 64,2 | 56,6 | 62,3 |
| Neutre | 46,2 | 69,7 | 60,5 | 47,1 |
| Défavorable | 48,0 | 61,7 | 48,6 | 38,1 |
| **Milieu supérieur** | | | | |
| Favorable | 60,2 | 64,8 | 54,5 | 60,2 |
| Neutre | 56,5 | 72,9 | 60,6 | 51,8 |
| Défavorable | 53,3 | 68,9 | 51,6 | 36,9 |

*Observatoire France-Loisirs de la lecture*

### 5.2. Les raisons de la surveillance *

*(% en ligne)*

| Ambiance livresque | Éviter | | | |
|---|---|---|---|---|
| | Trop de B.D. | Livres «pas de son âge» | Livres médiocres | Livres immoraux |
| **Milieu populaire** | | | | |
| Favorable | 29,6 | 18,5 | 37,0 | 18,5 |
| Neutre | 35,3 | 38,2 | 26,5 | 26,5 |
| Défavorable | 26,3 | 51,3 | 20,0 | 28,8 |
| **Milieu moyen** | | | | |
| Favorable | 47,5 | 30,0 | 40,0 | 20,0 |
| Neutre | 36,1 | 32,0 | 43,3 | 28,9 |
| Défavorable | 33,3 | 38,9 | 31,3 | 26,4 |
| **Milieu supérieur** | | | | |
| Favorable | 37,3 | 23,9 | 28,4 | 11,9 |
| Neutre | 29,1 | 33,3 | 42,6 | 29,1 |
| Défavorable | 37,0 | 37,0 | 31,0 | 20,0 |

* Sous-ensemble des mères qui surveillent

*Observatoire France-Loisirs de la lecture*

## Tableau 6. AMBIANCE LIVRESQUE, MILIEU SOCIAL ET COMPÉTENCE LITTÉRAIRE

### 6.1. Attributions exactes des auteurs

*(% en ligne)*

| Ambiance livresque | Les Contes du chat perché | La Gloire de mon père | L'Enfant et la rivière | Poil de carotte | Le Petit Nicolas | Le Grand Meaulnes | L'Appel de la forêt |
|---|---|---|---|---|---|---|---|
| **Milieu populaire** | | | | | | | |
| Favorable | 20,0 | 48,6 | 14,3 | 14,3 | 22,9 | 14,3 | 25,7 |
| Neutre | 13,1 | 45,2 | 7,1 | 15,5 | 21,4 | 4,8 | 4,8 |
| Défavorable | 16,6 | 32,7 | 17,1 | 15,1 | 16,1 | 4,4 | 10,7 |
| **Milieu moyen** | | | | | | | |
| Favorable | 24,5 | 55,1 | 16,3 | 20,4 | 16,3 | 4,1 | 22,4 |
| Neutre | 21,4 | 52,1 | 13,7 | 23,9 | 23,9 | 6,8 | 18,8 |
| Défavorable | 25,0 | 50,0 | 17,9 | 19,6 | 23,2 | 2,4 | 19,6 |
| **Milieu supérieur** | | | | | | | |
| Favorable | 30,2 | 64,0 | 31,4 | 26,7 | 30,2 | 14,4 | 25,6 |
| Neutre | 24,4 | 64,3 | 23,8 | 24,4 | 35,1 | 14,9 | 23,2 |
| Défavorable | 20,7 | 55,4 | 27,3 | 24,8 | 26,4 | 6,6 | 26,4 |

*Observatoire France-Loisirs de la lecture*

### 6.2. Score de compétence littéraire

*(% en ligne)*

| Ambiance livresque | Nombre d'attributions exactes d'auteurs* | | | | |
|---|---|---|---|---|---|
| | 0 | 1 | 2 | 3 | 4 et + |
| **Milieu populaire** | | | | | |
| Favorable | 28,6 | 28,6 | 20,0 | 14,3 | 8,6 |
| Neutre | 36,9 | 33,3 | 14,3 | 11,9 | 3,6 |
| Défavorable | 38,0 | 31,2 | 16,6 | 8,8 | 5,4 |
| **Milieu moyen** | | | | | |
| Favorable | 32,7 | 20,4 | 20,4 | 12,2 | 14,3 |
| Neutre | 26,5 | 27,4 | 20,5 | 14,5 | 11,1 |
| Défavorable | 28,0 | 29,8 | 16,7 | 15,5 | 10,1 |
| **Milieu supérieur** | | | | | |
| Favorable | 14,0 | 27,9 | 18,6 | 16,3 | 23,3 |
| Neutre | 19,0 | 24,4 | 18,5 | 16,7 | 21,4 |
| Défavorable | 19,8 | 27,3 | 24,0 | 14,0 | 14,0 |

* Sur les 7 possibles

*Observatoire France-Loisirs de la lecture*

## Tableau 7. AMBIANCE LIVRESQUE, MILIEU SOCIAL ET THÈMES PRÉFÉRÉS DE LA LECTURE

*(% en ligne)*

| Ambiance livresque | Policier | Aventure | Histoire de ton âge | Nature | Science-fiction | Histoire comique | Histoire d'amour |
|---|---|---|---|---|---|---|---|
| **Milieu populaire** | | | | | | | |
| Favorable | 14,3 | 65,7 | 31,4 | 31,4 | 11,4 | 17,1 | 5,7 |
| Neutre | 19,0 | 45,2 | 22,6 | 34,5 | 16,7 | 25,0 | 8,3 |
| Défavorable | 20,5 | 51,2 | 25,9 | 38,5 | 10,7 | 24,4 | 6,3 |
| **Milieu moyen** | | | | | | | |
| Favorable | 30,6 | 63,3 | 18,4 | 26,5 | 16,3 | 18,4 | 4,1 |
| Neutre | 26,5 | 44,4 | 19,7 | 38,5 | 16,2 | 20,5 | 6,0 |
| Défavorable | 22,5 | 54,2 | 23,2 | 35,7 | 13,7 | 19,6 | 5,4 |
| **Milieu supérieur** | | | | | | | |
| Favorable | 27,9 | 47,7 | 30,2 | 20,9 | 19,8 | 17,4 | 11,6 |
| Neutre | 29,2 | 53,0 | 24,4 | 24,4 | 16,1 | 20,2 | 3,0 |
| Défavorable | 27,3 | 46,3 | 20,7 | 36,4 | 14,0 | 17,4 | 5,0 |

*Observatoire France-Loisirs de la lecture*

## Tableau 8. AMBIANCE LIVRESQUE, MILIEU SOCIAL ET HISTOIRE SCOLAIRE

*(% en ligne)*

| Ambiance livresque | Classe de l'enfant | | | | Fort amour de l'école |
|---|---|---|---|---|---|
| | CM2 | 6e | 5e | 4e | |
| **Milieu populaire** | | | | | |
| Favorable | 8,6 | 14,3 | 65,7 | 11,4 | 28,6 |
| Neutre | 9,5 | 39,3 | 48,8 | 2,4 | 13,1 |
| Défavorable | 6,4 | 37,7 | 53,2 | 2,3 | 12,3 |
| **Milieu moyen** | | | | | |
| Favorable | 3,8 | 20,8 | 71,7 | 3,8 | 18,9 |
| Neutre | 4,2 | 19,3 | 73,1 | 2,5 | 25,2 |
| Défavorable | 2,3 | 21,1 | 72,0 | 4,6 | 16,0 |
| **Milieu supérieur** | | | | | |
| Favorable | 0 | 17,0 | 69,3 | 13,6 | 25,0 |
| Neutre | 1,2 | 20,0 | 68,2 | 10,6 | 20,6 |
| Défavorable | 2,5 | 18,0 | 73,0 | 6,6 | 17,2 |

*Observatoire France-Loisirs de la lecture*

## Tableau 9. AMBIANCE LIVRESQUE ; MILIEU SOCIAL ET RAISONS DE LIRE LE DERNIER OUVRAGE SELON LES ADOLESCENTS

*(% en ligne)*

| Ambiance livresque | Sur les conseils des | | | Autre | Hasard |
|---|---|---|---|---|---|
| | parents | professeurs | copains | | |
| **Milieu populaire** | | | | | |
| Favorable | 3,3 | 36,7 | 10,0 | 10,0 | 40,0 |
| Neutre | 11,9 | 43,3 | 7,5 | 14,9 | 20,9 |
| Défavorable | 5,9 | 26,0 | 16,6 | 13,6 | 35,5 |
| **Milieu moyen** | | | | | |
| Favorable | 17,1 | 14,3 | 17,1 | 25,7 | 20,0 |
| Neutre | 12,6 | 32,6 | 10,5 | 21,2 | 23,2 |
| Défavorable | 12,9 | 30,7 | 13,6 | 15,7 | 24,3 |
| **Milieu supérieur** | | | | | |
| Favorable | 17,1 | 20,0 | 4,3 | 24,3 | 30,0 |
| Neutre | 19,4 | 24,3 | 7,6 | 25,0 | 21,5 |
| Défavorable | 9,9 | 35,6 | 12,9 | 12,9 | 24,8 |

*Observatoire France-Loisirs de la lecture*

## Tableau 10. AMBIANCE LIVRESQUE, MILIEU SOCIAL ET APPORTS DE LA LECTURE SELON LES MÈRES

*(% en ligne)*

| Ambiance livresque | Bonne base en français | Culture générale | Imagination | Plaisir |
|---|---|---|---|---|
| **Milieu populaire** | | | | |
| Favorable | 77,1 | 54,3 | 34,3 | 20,0 |
| Neutre | 76,2 | 52,4 | 33,3 | 21,4 |
| Défavorable | 75,5 | 49,1 | 33,6 | 16,8 |
| **Milieu moyen** | | | | |
| Favorable | 47,2 | 60,4 | 34,0 | 39,6 |
| Neutre | 53,8 | 65,5 | 40,3 | 27,7 |
| Défavorable | 50,3 | 65,1 | 30,9 | 30,3 |
| **Milieu supérieur** | | | | |
| Favorable | 36,4 | 63,6 | 39,8 | 44,3 |
| Neutre | 37,1 | 58,2 | 40,6 | 44,7 |
| Défavorable | 54,1 | 65,6 | 31,1 | 27,0 |

*Observatoire France-Loisirs de la lecture*

## Tableau 11. AMBIANCE LIVRESQUE, MILIEU SOCIAL ET RAPPORT AUX RÉSEAUX DE DISTRIBUTION DES LIVRES

### 11.1. Inscription à une bibliothèque ou à un club de livres

*(% en ligne)*

| Ambiance livresque | Parents | | | Enfants inscrits à une Bib. |
|---|---|---|---|---|
| | Abonnés à un club | Inscrits à une Bib. | Ni inscrits ni abonnés | |
| **Milieu populaire** | | | | |
| Favorable | 37,1 | 45,7 | 25,7 | 37,1 |
| Neutre | 42,9 | 26,2 | 47,6 | 29,8 |
| Défavorable | 23,2 | 11,4 | 68,6 | 29,1 |
| **Milieu moyen** | | | | |
| Favorable | 30,2 | 50,9 | 32,1 | 66,0 |
| Neutre | 43,7 | 37,8 | 33,6 | 44,5 |
| Défavorable | 36,0 | 22,9 | 50,9 | 35,4 |
| **Milieu supérieur** | | | | |
| Favorable | 42,0 | 60,2 | 22,7 | 55,7 |
| Neutre | 38,8 | 50,6 | 30,0 | 57,1 |
| Défavorable | 29,5 | 30,3 | 49,2 | 38,5 |

Bib. = Bibliothèque

*Observatoire France-Loisirs de la lecture*

### 11.2. Lieux de provenance des livres

*(% en ligne)*

| Ambiance livresque | École | Bib. | Maison | Achat | Amis |
|---|---|---|---|---|---|
| **Milieu populaire** | | | | | |
| Favorable | 40,0 | 28,6 | 31,4 | 45,7 | 8,6 |
| Neutre | 60,7 | 16,7 | 39,3 | 57,1 | 16,7 |
| Défavorable | 57,6 | 21,0 | 27,8 | 43,4 | 18,0 |
| **Milieu moyen** | | | | | |
| Favorable | 44,9 | 36,7 | 36,7 | 59,2 | 16,3 |
| Neutre | 47,9 | 24,8 | 50,4 | 64,1 | 13,7 |
| Défavorable | 42,9 | 19,6 | 51,8 | 57,1 | 16,7 |
| **Milieu supérieur** | | | | | |
| Favorable | 32,6 | 29,1 | 39,5 | 59,3 | 18,6 |
| Neutre | 38,1 | 26,2 | 51,8 | 58,3 | 16,7 |
| Défavorable | 42,1 | 15,7 | 50,4 | 47,9 | 11,6 |

Bib. = bibliothèque

*Observatoire France-Loisirs de la lecture*

## Tableau 12. AMBIANCE LIVRESQUE, MILIEU SOCIAL ET RÈGLES ÉDUCATIVES

*(% en ligne)*

| Ambiance livresque | A table, il est exigé | | L'enfant a le droit de | | |
|---|---|---|---|---|---|
| | De manger de tout | De mettre les mains sur la table | Tout voir à la TV | Manger quand il veut | Donner son avis |
| **Milieu populaire** | | | | | |
| Favorable | 62,9 | 65,7 | 22,9 | 42,9 | 25,7 |
| Neutre | 45,2 | 63,1 | 31,0 | 47,6 | 34,5 |
| Défavorable | 50,9 | 50,9 | 30,9 | 53,6 | 31,4 |
| **Milieu moyen** | | | | | |
| Favorable | 50,9 | 64,2 | 13,2 | 52,8 | 32,1 |
| Neutre | 49,6 | 59,7 | 19,3 | 49,6 | 38,7 |
| Défavorable | 52,0 | 61,7 | 24,0 | 57,1 | 35,4 |
| **Milieu supérieur** | | | | | |
| Favorable | 52,3 | 44,3 | 30,7 | 46,6 | 46,6 |
| Neutre | 51,2 | 58,2 | 20,6 | 50,0 | 40,0 |
| Défavorable | 58,2 | 59,0 | 19,7 | 56,6 | 42,6 |

*Observatoire France-Loisirs de la lecture*

## Tableau 13. AMBIANCE LIVRESQUE, MILIEU SOCIAL ET ATTITUDES RELIGIEUSES DES JEUNES

*(% en ligne)*

| Ambiance livresque | | Catholiques | | | |
|---|---|---|---|---|---|
| | Sans religion | Non pratiquants | Pratiquant irréguliers | Pratiquants réguliers | Lecteurs de Bayard Presse* |
| **Milieu populaire** | | | | | |
| Favorable | 20,0 | 37,1 | 20,0 | 22,9 | 26,1 |
| Neutre | 31,0 | 38,1 | 13,1 | 16,7 | 38,0 |
| Défavorable | 21,8 | 38,2 | 17,3 | 22,3 | 21,4 |
| **Milieu moyen** | | | | | |
| Favorable | 32,1 | 37,7 | 7,5 | 22,6 | 37,9 |
| Neutre | 30,3 | 28,6 | 21,0 | 20,2 | 36,3 |
| Défavorable | 20,0 | 26,9 | 18,9 | 32,6 | 35,1 |
| **Milieu supérieur** | | | | | |
| Favorable | 42,0 | 20,5 | 12,5 | 25,0 | 33,3 |
| Neutre | 27,1 | 32,4 | 13,5 | 27,1 | 41,6 |
| Défavorable | 26,2 | 27,9 | 14,8 | 30,3 | 44,7 |

* Sous-ensemble de ceux qui lisent au moins un journal

*Observatoire France-Loisirs de la lecture*

## Tableau 14. AMBIANCE LIVRESQUE, MILIEU SOCIAL ET USAGE ORGANISÉ DU TEMPS LIBRE

*(% en ligne)*

| Ambiance livresque | Activités | | | | | |
|---|---|---|---|---|---|---|
| | 0 | 1 | 2 ou 3 | Artistique* | Sportive* | De groupe* |
| **Milieu populaire** | | | | | | |
| Favorable | 22,9 | 45,7 | 28,6 | 26,9 | 92,3 | 11,5 |
| Neutre | 32,1 | 39,3 | 27,4 | 26,3 | 91,2 | 8,8 |
| Défavorable | 38,6 | 35,0 | 25,9 | 16,4 | 91,8 | 7,5 |
| **Milieu moyen** | | | | | | |
| Favorable | 22,6 | 47,2 | 30,2 | 26,8 | 87,8 | 7,3 |
| Neutre | 16,8 | 37,8 | 45,4 | 31,3 | 88,9 | 12,1 |
| Défavorable | 26,3 | 42,9 | 30,8 | 22,5 | 89,1 | 7,0 |
| **Milieu supérieur** | | | | | | |
| Favorable | 10,2 | 38,6 | 51,2 | 39,2 | 84,8 | 7,6 |
| Neutre | 11,8 | 32,4 | 55,2 | 38,0 | 88,0 | 11,3 |
| Défavorable | 17,2 | 42,6 | 40,1 | 28,7 | 90,1 | 7,9 |

* Sous-ensemble de ceux qui sont inscrits à au moins une activité

*Observatoire France-Loisirs de la lecture*

# TABLEAUX DU CHAPITRE III

## Tableau 1. DIFFICULTÉS D'APPRENTISSAGE, MILIEU SOCIAL ET TEMPS CONSACRÉ A LA LECTURE

### 1.1. Temps de lecture, un jour d'école

*(% en ligne)*

| Apprentissage de la lecture | 0 h | 1/4 h ou – | Entre 1/4 h et 1/2 h | Entre 1/2 h et 1 h | 1 h et + | Np. |
|---|---|---|---|---|---|---|
| **Milieu populaire** | | | | | | |
| Difficile | 21,1 | 28,5 | 30,1 | 13,3 | 4,9 | 2,4 |
| Facile | 10,6 | 19,2 | 32,3 | 30,8 | 5,6 | 1,5 |
| **Milieu moyen** | | | | | | |
| Difficile | 13,9 | 27,8 | 33,3 | 16,7 | 6,9 | 1,4 |
| Facile | 10,1 | 19,8 | 37,0 | 25,3 | 7,8 | 0 |
| **Milieu supérieur** | | | | | | |
| Difficile | 12,3 | 29,2 | 29,2 | 16,9 | 9,2 | — |
| Facile | 9,2 | 14,1 | 28,9 | 37,4 | 9,5 | — |

*Observatoire France-Loisirs de la lecture*

### 1.2. Temps de lecture, le dimanche

*(% en ligne)*

| Apprentissage de la lecture | 0 h | 1/4 h ou – | Entre 1/4 h et 1/2 h | Entre 1/2 h et 1 h | 1 h et + |
|---|---|---|---|---|---|
| **Milieu populaire** | | | | | |
| Difficile | 24,4 | 17,1 | 15,4 | 30,9 | 8,1 |
| Facile | 12,1 | 12,6 | 22,7 | 28,3 | 21,2 |
| **Milieu moyen** | | | | | |
| Difficile | 27,8 | 6,9 | 20,8 | 22,2 | 16,7 |
| Facile | 12,5 | 9,3 | 19,5 | 30,4 | 27,2 |
| **Milieu supérieur** | | | | | |
| Difficile | 10,8 | 12,3 | 26,2 | 32,3 | 13,8 |
| Facile | 8,9 | 5,6 | 14,4 | 32,5 | 37,4 |

*Observatoire France-Loisirs de la lecture*

## Tableau 2. DIFFICULTÉS D'APPRENTISSAGE, MILIEU SOCIAL ET AMBITION MATERNELLE

*(% en ligne)*

| Apprentissage de la lecture | Âge de fin d'études projeté par la mère | | | | |
|---|---|---|---|---|---|
| | 16-19 ans | 20-21 ans | 22-23 ans | 24 ans et + | Np. |
| **Milieu populaire** | | | | | |
| Difficile | 37,4 | 17,1 | 14,6 | 8,1 | 22,8 |
| Facile | 21,2 | 17,2 | 17,2 | 20,2 | 24,2 |
| **Milieu moyen** | | | | | |
| Difficile | 30,6 | 19,4 | 13,9 | 16,7 | 19,4 |
| Facile | 7,8 | 16,7 | 24,5 | 34,2 | 16,7 |
| **Milieu supérieur** | | | | | |
| Difficile | 10,8 | 7,7 | 20,0 | 32,3 | 29,2 |
| Facile | 4,3 | 10,2 | 20,7 | 46,1 | 18,7 |

Np. = non-réponse

*Observatoire France-Loisirs de la lecture*

## Tableau 3. DIFFICULTÉS D'APPRENTISSAGE, MILIEU SOCIAL ET TEMPS D'ÉCOUTE DE LA TÉLÉVISION

*(% en ligne)*

| Apprentissage de la lecture | + d'1 h par jour | Entre 1/2 et 1 h/j | – d'1/2 h/j | 2 à 3 fois par semaine | Rarement |
|---|---|---|---|---|---|
| **Milieu populaire** | | | | | |
| Difficile | 43,1 | 31,7 | 6,5 | 11,4 | 7,3 |
| Facile | 33,8 | 37,9 | 7,1 | 14,6 | 6,6 |
| **Milieu moyen** | | | | | |
| Difficile | 33,3 | 37,5 | 6,9 | 16,7 | 5,6 |
| Facile | 24,1 | 36,2 | 8,9 | 23,0 | 7,8 |
| **Milieu supérieur** | | | | | |
| Difficile | 18,5 | 33,8 | 4,6 | 27,7 | 15,4 |
| Facile | 20,0 | 32,5 | 14,1 | 21,6 | 11,8 |

*Observatoire France-Loisirs de la lecture*

## Tableau 4. DIFFICULTÉS D'APPRENTISSAGE, MILIEU SOCIAL ET FORMES DE REJET DE LA LECTURE

*(% en ligne)*

| Apprentissage de la lecture | Aucun roman | Aucun document | Aucune B.D. | Aucun livre-jeux | Aucune revue | Aucun journal* |
|---|---|---|---|---|---|---|
| **Milieu populaire** | | | | | | |
| Difficile | 44,7 | 58,5 | 22,8 | 45,5 | 39,0 | 78,9 |
| Facile | 29,3 | 46,5 | 22,2 | 43,9 | 30,8 | 67,7 |
| **Milieu moyen** | | | | | | |
| Difficile | 40,3 | 55,6 | 20,8 | 52,8 | 40,3 | 75,0 |
| Facile | 16,3 | 46,7 | 14,0 | 49,8 | 25,7 | 58,8 |
| **Milieu supérieur** | | | | | | |
| Difficile | 23,1 | 40,0 | 23,1 | 58,5 | 30,8 | 64,6 |
| Facile | 16,7 | 44,9 | 20,3 | 59,3 | 24,3 | 55,1 |

* Il s'agit de journal éducatif

*Observatoire France-Loisirs de la lecture*

## Tableau 5. DIFFICULTÉS D'APPRENTISSAGE, MILIEU SOCIAL ET LECTURE DES JOURNAUX

*(% en ligne)*

| Apprentissage de la lecture | Lisent* | | | | | |
|---|---|---|---|---|---|---|
| | Bayard-Presse | Éd. du Milan | Science et nature | Genre «Mickey» | Chanson | Sport |
| **Milieu populaire** | | | | | | |
| Difficile | 19,4 | 6,0 | 26,9 | 70,1 | 50,7 | 29,9 |
| Facile | 32,5 | 5,0 | 30,0 | 64,2 | 43,3 | 26,7 |
| **Milieu moyen** | | | | | | |
| Difficile | 28,6 | 7,1 | 26,2 | 66,7 | 35,7 | 21,4 |
| Facile | 37,9 | 7,1 | 39,6 | 60,9 | 34,9 | 26,0 |
| **Milieu supérieur** | | | | | | |
| Difficile | 50,0 | 12,5 | 43,8 | 62,5 | 31,3 | 25,0 |
| Facile | 39,6 | 6,8 | 45,4 | 50,2 | 34,3 | 28,5 |

* Sous-ensemble de ceux qui lisent au moins 1 journal

*Observatoire France-Loisirs de la lecture*

## Tableau 6. DIFFICULTÉS D'APPRENTISSAGE, MILIEU SOCIAL ET THÈMES PRÉFÉRÉS DE LECTURE

*(% en ligne)*

| Apprentissage de la lecture | Policier | Aventure | Histoire de ton âge | Histoire d'amour | Nature | Bricolage | Reportage | Histoire | Science | Science-fiction | Histoire comique |
|---|---|---|---|---|---|---|---|---|---|---|---|
| **Milieu populaire** | | | | | | | | | | | |
| Difficile | 20,3 | 47,2 | 22,0 | 8,1 | 42,3 | 4,1 | 6,5 | 6,5 | 5,7 | 11,4 | 21,1 |
| Facile | 18,7 | 54,5 | 28,3 | 6,1 | 33,3 | 3,0 | 3,0 | 7,1 | 3,5 | 12,6 | 25,8 |
| **Milieu moyen** | | | | | | | | | | | |
| Difficile | 15,3 | 48,6 | 15,3 | 4,2 | 47,3 | 8,3 | 11,1 | 5,6 | 5,6 | 19,4 | 11,1 |
| Facile | 28,0 | 52,9 | 23,3 | 5,4 | 32,3 | 1,6 | 5,8 | 8,2 | 3,9 | 13,6 | 21,4 |
| **Milieu supérieur** | | | | | | | | | | | |
| Difficile | 20,0 | 52,3 | 15,4 | 6,2 | 38,5 | 3,1 | 4,6 | 6,2 | 4,6 | 15,4 | 27,7 |
| Facile | 29,8 | 48,9 | 26,6 | 5,6 | 25,6 | 2,3 | 8,9 | 9,2 | 4,9 | 16,4 | 17,0 |

*Observatoire France-Loisirs de la lecture*

## Tableau 7. DIFFICULTÉS D'APPRENTISSAGE, MILIEU SOCIAL ET LECTURE DES OUVRAGES CLASSIQUES

### 7.1. Lecture des ouvrages classiques

*(% en ligne)*

| Apprentissage de la lecture | Les Contes du chat perché | La Gloire de mon père | L'Enfant et la rivière | Poil de carotte | Le Petit Nicolas | Le Grand Meaulnes | L'Appel de la forêt |
|---|---|---|---|---|---|---|---|
| **Milieu populaire** | | | | | | | |
| Difficile | 35,8 | 29,3 | 24,4 | 27,6 | 30,1 | 3,3 | 14,6 |
| Facile | 48,5 | 32,3 | 24,7 | 31,8 | 38,9 | 6,6 | 18,2 |
| **Milieu moyen** | | | | | | | |
| Difficile | 43,1 | 40,3 | 23,6 | 27,8 | 27,8 | 2,8 | 13,9 |
| Facile | 51,4 | 41,2 | 31,1 | 38,1 | 49,4 | 9,7 | 26,8 |
| **Milieu supérieur** | | | | | | | |
| Difficile | 49,2 | 30,8 | 23,1 | 27,7 | 43,1 | 6,1 | 26,2 |
| Facile | 59,3 | 55,1 | 41,3 | 42,0 | 56,1 | 15,1 | 27,9 |

*Observatoire France-Loisirs de la lecture*

## 7.2. Score d'appropriation littéraire

*(% en ligne)*

| Apprentissage de la lecture | Nombre d'ouvrages lus* | | | | |
|---|---|---|---|---|---|
| | 0 | 1 | 2 | 3 | 4 et + |
| **Milieu populaire** | | | | | |
| Difficile | 21,1 | 30,1 | 26,0 | 13,8 | 8,9 |
| Facile | 10,1 | 25,3 | 35,9 | 17,7 | 11,1 |
| **Milieu moyen** | | | | | |
| Difficile | 16,7 | 30,6 | 27,8 | 13,9 | 11,0 |
| Facile | 7,0 | 19,5 | 29,6 | 17,9 | 26,0 |
| **Milieu supérieur** | | | | | |
| Difficile | 16,9 | 20,0 | 27,7 | 18,5 | 16,9 |
| Facile | 5,9 | 12,5 | 20,0 | 25,2 | 36,4 |

* Sur les 7 possibles

*Observatoire France-Loisirs de la lecture*

## 7.3. Score de compétence littéraire

*(% en ligne)*

| Apprentissage de la lecture | Nombre d'attributions exactes* | | | | |
|---|---|---|---|---|---|
| | 0 | 1 | 2 | 3 | 4 et + |
| **Milieu populaire** | | | | | |
| Difficile | 47,1 | 29,2 | 9,8 | 10,6 | 3,3 |
| Facile | 30,3 | 33,3 | 20,2 | 9,6 | 6,6 |
| **Milieu moyen** | | | | | |
| Difficile | 45,8 | 27,8 | 11,1 | 12,5 | 2,8 |
| Facile | 23,0 | 27,6 | 20,2 | 15,6 | 13,6 |
| **Milieu supérieur** | | | | | |
| Difficile | 26,2 | 38,4 | 20,0 | 10,8 | 4,6 |
| Facile | 15,7 | 23,6 | 20,7 | 17,0 | 23,0 |

* Sur les 7 possibles

*Observatoire France-Loisirs de la lecture*

### Tableau 8. DIFFICULTÉS D'APPRENTISSAGE, NIVEAU SOCIAL ET RAISON DE LIRE L'ACHAT OU L'EMPRUNT DU DERNIER LIVRE

*(% en ligne)*

| Apprentissage de la lecture | Lire par plaisir | Lire à cause des parents | Lire à cause de l'école | «On me le demande, cela ne me déplaît pas» |
|---|---|---|---|---|
| **Milieu populaire** | | | | |
| Difficile | 46,3 | 6,5 | 21,1 | 18,7 |
| Facile | 59,1 | 5,6 | 8,6 | 22,7 |
| **Milieu moyen** | | | | |
| Difficile | 61,1 | 9,7 | 11,1 | 15,3 |
| Facile | 66,5 | 6,6 | 5,8 | 17,9 |
| **Milieu supérieur** | | | | |
| Difficile | 60,0 | 6,2 | 15,4 | 13,8 |
| Facile | 71,1 | 4,9 | 5,9 | 14,1 |

*Observatoire France-Loisirs de la lecture*

### Tableau 9. TYPE DE SCOLARITÉ, MILIEU SOCIAL ET AMOUR DE LA LECTURE

*(% en ligne)*

| Scolarité | «Aimes-tu la lecture?» | | |
|---|---|---|---|
| | Beaucoup | Assez | Peu ou pas du tout |
| **Milieu populaire** | | | |
| Difficile | 20,5 | 41,8 | 37,7 |
| Normale | 16,8 | 46,3 | 36,8 |
| Facile | 36,1 | 50,5 | 13,4 |
| **Milieu moyen** | | | |
| Difficile | 25,6 | 42,7 | 31,7 |
| Normale | 19,3 | 48,2 | 32,5 |
| Facile | 47,0 | 38,6 | 14,4 |
| **Milieu supérieur** | | | |
| Difficile | 27,6 | 46,1 | 26,3 |
| Normale | 16,1 | 55,3 | 28,6 |
| Facile | 48,0 | 41,5 | 10,5 |

*Observatoire France-Loisirs de la lecture*

## Tableau 10. TYPE DE SCOLARITÉ, MILIEU SOCIAL ET ACTIVITÉS PRÉFÉRÉES EN PREMIÈRE OU DEUXIÈME PLACE

*(% en ligne)*

| Scolarité | Jouer avec des amis | Écouter de la musique | Regarder la TV | Lire | Faire du sport | Ordinateur | Peindre |
|---|---|---|---|---|---|---|---|
| **Milieu populaire** | | | | | | | |
| Difficile | 55,5 | 20,5 | 37,0 | 13,0 | 35,6 | 13,0 | 11,0 |
| Normale | 61,1 | 20,0 | 34,7 | 12,6 | 32,6 | 15,8 | 5,3 |
| Facile | 46,4 | 23,7 | 25,8 | 26,8 | 35,1 | 17,5 | 15,5 |
| **Milieu moyen** | | | | | | | |
| Difficile | 64,6 | 24,4 | 26,8 | 17,1 | 34,1 | 8,5 | 11,0 |
| Normale | 61,4 | 25,3 | 24,1 | 16,9 | 34,9 | 13,3 | 13,3 |
| Facile | 47,5 | 21,5 | 23,2 | 28,2 | 39,8 | 14,4 | 9,4 |
| **Milieu supérieur** | | | | | | | |
| Difficile | 50,0 | 17,1 | 28,9 | 23,7 | 34,2 | 11,8 | 15,8 |
| Normale | 51,8 | 28,6 | 28,6 | 12,5 | 39,3 | 14,3 | 8,9 |
| Facile | 48,4 | 19,8 | 22,6 | 24,6 | 44,8 | 16,1 | 10,5 |

*Observatoire France-Loisirs de la lecture*

## Tableau 11. TYPE DE SCOLARITÉ, MILIEU SOCIAL ET TEMPS DE LECTURE

### 11.1. Temps de lecture, un jour d'école

*(% en ligne)*

| Scolarité | 0 h | 1/4 h ou – | Entre 1/4 h et 1/2 h | Entre 1/2 h et 1 h | 1 h et + | Np. |
|---|---|---|---|---|---|---|
| **Milieu populaire** | | | | | | |
| Difficile | 18,5 | 26,7 | 29,6 | 18,5 | 3,7 | 3,2 |
| Normale | 15,2 | 25,0 | 31,5 | 19,6 | 6,5 | 2,2 |
| Facile | 8,2 | 14,4 | 33,0 | 36,1 | 7,3 | 1,0 |
| **Milieu moyen** | | | | | | |
| Difficile | 10,8 | 29,7 | 41,9 | 13,5 | 4,1 | 0 |
| Normale | 14,8 | 23,5 | 32,1 | 21,0 | 8,6 | 0 |
| Facile | 9,0 | 18,0 | 34,8 | 29,2 | 8,4 | 0,6 |
| **Milieu supérieur** | | | | | | |
| Difficile | 8,2 | 23,3 | 32,8 | 24,7 | 11,0 | 0 |
| Normale | 14,5 | 16,5 | 34,5 | 20,0 | 10,9 | 3,6 |
| Facile | 8,9 | 15,4 | 26,7 | 39,3 | 8,5 | 1,2 |

*Observatoire France-Loisirs de la lecture*

## Tableau 11. TYPE DE SCOLARITÉ, MILIEU SOCIAL ET TEMPS DE LECTURE

### 11.2. Temps de lecture, le dimanche

*(% en ligne)*

| Scolarité | 0 h | 1/4 h ou – | Entre 1/4 h et 1/2 h | Entre 1/2 h et 1 h | 1 h et + | Np. |
|---|---|---|---|---|---|---|
| **Milieu populaire** | | | | | | |
| Difficile | 20,0 | 17,0 | 17,0 | 28,9 | 11,2 | 5,9 |
| Normale | 20,7 | 10,9 | 22,8 | 23,9 | 18,5 | 3,2 |
| Facile | 8,2 | 13,4 | 20,6 | 34,0 | 22,7 | 1,1 |
| **Milieu moyen** | | | | | | |
| Difficile | 24,3 | 6,8 | 12,2 | 39,2 | 14,9 | 2,6 |
| Normale | 23,5 | 8,6 | 24,7 | 22,2 | 17,3 | 3,7 |
| Facile | 7,9 | 10,7 | 21,9 | 26,4 | 32,0 | 1,1 |
| **Milieu supérieur** | | | | | | |
| Difficile | 6,8 | 9,6 | 23,3 | 35,6 | 21,9 | 2,8 |
| Normale | 14,5 | 10,9 | 23,6 | 27,3 | 23,7 | 0 |
| Facile | 8,5 | 4,9 | 13,0 | 33,2 | 38,4 | 2,0 |

*Observatoire France-Loisirs de la lecture*

## Tableau 12. TYPE DE SCOLARITÉ, MILIEU SOCIAL ET TEMPS D'ÉCOUTE DE LA TÉLÉVISION

*(% en ligne)*

| Scolarité | + d'1 h par jour | Entre 1/2 et 1 h/j | – d'1/2 h/j | 2 à 3 fois par semaine | Rarement |
|---|---|---|---|---|---|
| **Milieu populaire** | | | | | |
| Difficile | 36,3 | 39,7 | 6,8 | 8,9 | 8,2 |
| Normale | 43,2 | 34,7 | 5,3 | 10,5 | 6,3 |
| Facile | 33,0 | 33,0 | 8,2 | 21,6 | 4,1 |
| **Milieu moyen** | | | | | |
| Difficile | 28,0 | 40,2 | 8,5 | 14,6 | 8,5 |
| Normale | 31,3 | 36,1 | 4,8 | 20,5 | 7,2 |
| Facile | 23,8 | 33,1 | 9,9 | 25,4 | 7,7 |
| **Milieu supérieur** | | | | | |
| Difficile | 18,4 | 38,2 | 7,9 | 21,1 | 14,4 |
| Normale | 32,1 | 30,4 | 3,6 | 23,2 | 10,7 |
| Facile | 17,7 | 31,5 | 16,5 | 22,6 | 11,7 |

*Observatoire France-Loisirs de la lecture*

## Tableau 13. TYPE DE SCOLARITÉ, MILIEU SOCIAL ET THÈMES PRÉFÉRÉS DE LECTURE

*(% en ligne)*

| Scolarité | Policier | Aventure | Histoire de ton âge | Nature | Science | Science-fiction | Histoire comique | Histoire d'amour | Histoire | Reportage |
|---|---|---|---|---|---|---|---|---|---|---|
| **Milieu populaire** | | | | | | | | | | |
| Difficile | 14,1 | 50,4 | 25,2 | 44,4 | 6,7 | 11,1 | 17,0 | 5,9 | 7,4 | 5,9 |
| Normale | 17,4 | 50,0 | 25,0 | 32,6 | 3,3 | 13,0 | 34,8 | 6,5 | 8,7 | 3,3 |
| Facile | 28,9 | 53,6 | 26,8 | 29,9 | 2,1 | 13,4 | 22,7 | 8,2 | 5,2 | 3,1 |
| **Milieu moyen** | | | | | | | | | | |
| Difficile | 21,6 | 47,3 | 16,2 | 47,3 | 4,1 | 17,6 | 18,9 | 4,1 | 6,8 | 8,1 |
| Normale | 21,0 | 48,1 | 17,3 | 40,7 | 0 | 18,5 | 19,8 | 7,4 | 6,2 | 8,6 |
| Facile | 28,7 | 56,2 | 25,3 | 28,1 | 5,6 | 12,4 | 20,2 | 5,1 | 8,4 | 5,6 |
| **Milieu supérieur** | | | | | | | | | | |
| Difficile | 19,2 | 57,5 | 16,4 | 38,4 | 2,7 | 16,4 | 21,9 | 2,7 | 9,6 | 5,5 |
| Normale | 25,5 | 54,5 | 18,2 | 23,6 | 3,6 | 18,2 | 27,3 | 7,3 | 7,3 | 9,1 |
| Facile | 31,6 | 46,2 | 28,3 | 25,1 | 6,1 | 15,8 | 15,8 | 6,1 | 8,5 | 8,9 |

*Observatoire France-Loisirs de la lecture*

## Tableau 14. TYPE DE SCOLARITÉ, MILIEU SOCIAL ET RAISONS DE LIRE

*(% en ligne)*

| Scolarité | Lire par plaisir | Lire à cause | | «On me le demande, cela ne me déplaît pas» |
|---|---|---|---|---|
| | | des parents | de l'école | |
| **Milieu populaire** | | | | |
| Difficile | 54,1 | 4,4 | 14,8 | 23,0 |
| Normale | 51,1 | 7,6 | 16,3 | 16,3 |
| Facile | 57,7 | 6,2 | 8,2 | 22,7 |
| **Milieu moyen** | | | | |
| Difficile | 59,5 | 9,5 | 6,8 | 23,0 |
| Normale | 58,0 | 11,1 | 9,9 | 19,8 |
| Facile | 70,2 | 4,5 | 5,6 | 15,2 |
| **Milieu supérieur** | | | | |
| Difficile | 68,5 | 8,2 | 4,1 | 13,7 |
| Normale | 52,7 | 9,1 | 14,5 | 23,6 |
| Facile | 72,5 | 3,2 | 6,9 | 13,0 |

*Observatoire France-Loisirs de la lecture*

## Tableau 15. TYPE DE SCOLARITÉ, MILIEU SOCIAL ET LECTURE DES OUVRAGES CLASSIQUES

### 15.1. Score d'appropriation littéraire

*(% en ligne)*

| Scolarité | Nombre de livres lus* | | | | |
|---|---|---|---|---|---|
| | 0 | 1 | 2 | 3 | 4 et + |
| **Milieu populaire** | | | | | |
| Difficile | 20,7 | 31,2 | 28,9 | 13,3 | 5,9 |
| Normale | 8,7 | 27,2 | 34,8 | 17,3 | 12,0 |
| Facile | 11,3 | 21,6 | 33,0 | 18,6 | 15,5 |
| **Milieu moyen** | | | | | |
| Difficile | 18,9 | 21,6 | 41,9 | 9,5 | 8,1 |
| Normale | 9,9 | 22,2 | 28,4 | 14,8 | 24,7 |
| Facile | 4,5 | 21,9 | 25,3 | 20,8 | 27,5 |
| **Milieu supérieur** | | | | | |
| Difficile | 19,2 | 17,8 | 23,2 | 28,8 | 11,0 |
| Normale | 10,9 | 16,4 | 38,2 | 12,7 | 21,8 |
| Facile | 4,0 | 12,1 | 17,0 | 25,1 | 41,8 |

* Sur les 7 proposés

*Observatoire France-Loisirs de la lecture*

### 15.2. Lecture des ouvrages classiques

*(% en ligne)*

| Scolarité | Les Contes du chat perché | La Gloire de mon père | L'Enfant et la rivière | Poil de carotte | Le Petit Nicolas | Le Grand Meaulnes | L'Appel de la forêt |
|---|---|---|---|---|---|---|---|
| **Milieu populaire** | | | | | | | |
| Difficile | 36,3 | 24,4 | 17,0 | 30,4 | 32,6 | 3,0 | 13,3 |
| Normale | 50,0 | 31,5 | 27,2 | 31,5 | 39,1 | 5,4 | 19,6 |
| Facile | 46,4 | 40,2 | 33,0 | 28,9 | 37,1 | 8,2 | 19,6 |
| **Milieu moyen** | | | | | | | |
| Difficile | 41,9 | 25,7 | 16,2 | 31,1 | 23,0 | 6,8 | 23,0 |
| Normale | 49,4 | 50,6 | 24,7 | 35,8 | 45,7 | 7,4 | 21,0 |
| Facile | 53,9 | 42,7 | 37,1 | 37,6 | 52,2 | 9,0 | 25,3 |
| **Milieu supérieur** | | | | | | | |
| Difficile | 49,3 | 37,0 | 21,9 | 31,5 | 41,1 | 4,1 | 16,4 |
| Normale | 49,1 | 43,6 | 29,1 | 20,0 | 60,0 | 5,5 | 20,0 |
| Facile | 61,5 | 55,9 | 44,9 | 45,7 | 55,9 | 17,8 | 32,8 |

*Observatoire France-Loisirs de la lecture*

## Tableau 16. TYPE DE SCOLARITÉ, MILIEU SOCIAL ET COMPÉTENCE LITTÉRAIRE

### 16.1. Score de compétence littéraire

*(% en ligne)*

| Scolarité | Nombre d'attributions exactes* | | | | |
|---|---|---|---|---|---|
| | 0 | 1 | 2 | 3 | 4 et + |
| **Milieu populaire** | | | | | |
| Difficile | 50,4 | 28,4 | 7,4 | 9,6 | 3,7 |
| Normale | 28,3 | 35,9 | 22,8 | 7,6 | 5,4 |
| Facile | 25,8 | 30,9 | 22,7 | 13,4 | 7,2 |
| **Milieu moyen** | | | | | |
| Difficile | 47,3 | 23,0 | 16,2 | 10,8 | 2,7 |
| Normale | 34,6 | 25,9 | 16,0 | 11,1 | 12,3 |
| Facile | 16,9 | 30,3 | 20,8 | 18,0 | 14,0 |
| **Milieu supérieur** | | | | | |
| Difficile | 28,8 | 32,9 | 20,5 | 12,3 | 5,5 |
| Normale | 18,2 | 38,1 | 27,3 | 9,1 | 7,3 |
| Facile | 15,0 | 21,5 | 18,6 | 18,2 | 26,7 |

* Sur les 7 possibles

*Observatoire France-Loisirs de la lecture*

### 16.2. Attributions exactes

*(% en ligne)*

| Scolarité | Les Contes du chat perché | La Gloire de mon père | L'Enfant et la rivière | Poil de carotte | Le Petit Nicolas | Le Grand Meaulnes | L'Appel de la forêt |
|---|---|---|---|---|---|---|---|
| **Milieu populaire** | | | | | | | |
| Difficile | 12,6 | 24,4 | 9,6 | 11,9 | 15,6 | 4,4 | 8,9 |
| Normale | 19,6 | 42,4 | 15,2 | 18,5 | 17,4 | 4,3 | 12,0 |
| Facile | 17,5 | 51,5 | 19,6 | 16,5 | 22,7 | 8,2 | 12,4 |
| **Milieu moyen** | | | | | | | |
| Difficile | 14,9 | 31,1 | 9,5 | 12,2 | 8,1 | 4,1 | 18,9 |
| Normale | 17,3 | 58,0 | 11,1 | 14,8 | 21,0 | 2,5 | 17,3 |
| Facile | 30,3 | 57,3 | 21,3 | 28,1 | 29,2 | 5,1 | 21,3 |
| **Milieu supérieur** | | | | | | | |
| Difficile | 17,3 | 50,7 | 11,0 | 17,8 | 20,5 | 4,1 | 13,7 |
| Normale | 16,4 | 56,4 | 9,1 | 16,4 | 29,1 | 3,6 | 18,2 |
| Facile | 28,3 | 65,6 | 35,2 | 29,1 | 34,8 | 16,2 | 29,6 |

*Observatoire France-Loisirs de la lecture*

## Tableau 17. TYPE DE SCOLARITÉ, MILIEU SOCIAL ET ATTITUDES RÉGULIÈRES DE LA MÈRE VIS-À-VIS DE LA LECTURE

*(% en ligne)*

| Scolarité | Surveillance | Incitation | «Feuilletage» | Discussion |
|---|---|---|---|---|
| **Milieu populaire** | | | | |
| Difficile | 30,8 | 45,9 | 38,4 | 24,7 |
| Normal | 44,2 | 54,7 | 45,3 | 26,3 |
| Facile | 42,3 | 62,9 | 52,6 | 42,3 |
| **Milieu moyen** | | | | |
| Difficile | 45,1 | 67,1 | 57,3 | 46,3 |
| Normal | 48,2 | 60,2 | 49,4 | 42,2 |
| Facile | 45,9 | 66,3 | 54,7 | 45,9 |
| **Milieu supérieur** | | | | |
| Difficile | 61,8 | 69,7 | 59,2 | 50,0 |
| Normal | 44,6 | 73,2 | 48,2 | 41,1 |
| Facile | 57,3 | 69,0 | 57,3 | 50,4 |

*Observatoire France-Loisirs de la lecture*

# TABLEAUX DU CHAPITRE IV

## Tableau 1. IDENTITÉ SOCIALE, MILIEU SOCIAL ET TEMPS DE LECTURE

### 1.1. Temps de lecture un jour d'école

*(% en ligne)*

| | 0 h | 1/4 h ou – | Entre 1/4 h et 1/2 h | Entre 1/2 h et 1 h | 1 h et + |
|---|---|---|---|---|---|
| **Milieu populaire** | | | | | |
| Garçon | 17,5 | 23,1 | 32,5 | 18,8 | 5,0 |
| Fille | 11,6 | 22,0 | 29,9 | 29,3 | 6,1 |
| **Milieu moyen** | | | | | |
| Garçon | 12,0 | 22,9 | 39,8 | 19,9 | 5,4 |
| Fille | 9,5 | 20,8 | 32,1 | 27,4 | 9,4 |
| **Milieu supérieur** | | | | | |
| Garçon | 8,6 | 19,7 | 30,8 | 29,3 | 10,6 |
| Fille | 10,7 | 14,1 | 27,1 | 38,4 | 7,9 |

*Observatoire France-Loisirs de la lecture*

### 1.2. Temps de lecture le dimanche

*(% en ligne)*

| | 0 h | 1/4 h ou – | Entre 1/4 h et 1/2 h | Entre 1/2 h et 1 h | 1 h et + |
|---|---|---|---|---|---|
| **Milieu populaire** | | | | | |
| Garçon | 21,9 | 17,5 | 18,8 | 24,4 | 11,9 |
| Fille | 11,6 | 11,0 | 20,7 | 33,5 | 21,3 |
| **Milieu moyen** | | | | | |
| Garçon | 18,7 | 9,6 | 18,1 | 28,9 | 22,3 |
| Fille | 12,5 | 8,9 | 22,6 | 27,4 | 26,8 |
| **Milieu supérieur** | | | | | |
| Garçon | 11,1 | 6,1 | 18,7 | 33,3 | 28,8 |
| Fille | 6,8 | 7,3 | 14,1 | 32,2 | 37,9 |

*Observatoire France-Loisirs de la lecture*

## Tableau 2.
## IDENTITÉ SEXUELLE, MILIEU SOCIAL ET RAISONS DE LIRE

*(% en ligne)*

| Apprentissage de la lecture | Lire par plaisir | Lire à cause | | «On me le demande, cela ne me déplaît pas» |
|---|---|---|---|---|
| | | des parents | de l'école | |
| **Milieu populaire** | | | | |
| Garçon | 48,1 | 8,8 | 15,6 | 21,9 |
| Fille | 60,4 | 3,0 | 11,0 | 20,1 |
| **Milieu moyen** | | | | |
| Garçon | 61,4 | 6,6 | 6,6 | 21,7 |
| Fille | 67,9 | 8,3 | 7,1 | 14,3 |
| **Milieu supérieur** | | | | |
| Garçon | 63,6 | 6,6 | 9,6 | 15,2 |
| Fille | 74,6 | 3,4 | 5,1 | 14,1 |

*Observatoire France-Loisirs de la lecture*

## Tableau 3. IDENTITÉ SEXUELLE, MILIEU SOCIAL ET USAGE DU TEMPS LIBRE

### 3.1. Activités préférées en première ou deuxième place

*(% en ligne)*

| | Jouer avec des amis | Écouter de la musique | Regarder la TV | Lire | Cuisiner | Faire du sport | Bricoler | Ordinateur | Peindre |
|---|---|---|---|---|---|---|---|---|---|
| **Milieu populaire** | | | | | | | | | |
| Garçon | 59,5 | **8,3** | 35,7 | 10,1 | 3,6 | 44,6 | 10,7 | 20,8 | 6,0 |
| Fille | 49,1 | **33,3** | 30,4 | 23,4 | 10,5 | 24,6 | 2,3 | 9,9 | 15,2 |
| **Milieu moyen** | | | | | | | | | |
| Garçon | 64,9 | **12,1** | 27,0 | 13,8 | 2,9 | 43,1 | 10,3 | 18,4 | 7,5 |
| Fille | 45,1 | **34,1** | 22,0 | 31,8 | 8,7 | 31,2 | 5,8 | 6,9 | 13,9 |
| **Milieu supérieur** | | | | | | | | | |
| Garçon | 49,8 | **14,0** | 28,9 | 14,4 | 3,5 | 47,8 | 11,9 | 21,9 | 6,5 |
| Fille | 48,6 | **27,4** | 20,1 | 31,8 | 10,6 | 35,2 | 2,2 | 7,3 | 16,8 |

*Observatoire France-Loisirs de la lecture*

### 3.2. Temps d'écoute de la télévision *(% en ligne)*

| | + d'1 h par jour | Entre 1/2 et 1 h/j | – d'1/2 h/j | 2 à 3 fois par semaine | Rarement |
|---|---|---|---|---|---|
| **Milieu populaire** | | | | | |
| Garçon | 40,5 | 38,1 | 6,0 | 11,3 | 4,2 |
| Fille | 34,5 | 34,5 | 7,6 | 14,6 | 8,8 |
| **Milieu moyen** | | | | | |
| Garçon | 28,7 | 36,8 | 5,7 | 23,6 | 5,2 |
| Fille | 24,9 | 34,1 | 11,0 | 19,7 | 10,4 |
| **Milieu supérieur** | | | | | |
| Garçon | 22,4 | 38,3 | 13,4 | 17,4 | 8,5 |
| Fille | 17,3 | 26,3 | 12,3 | 27,9 | 16,2 |

*Observatoire France-Loisirs de la lecture*

## Tableau 4. IDENTITÉ SEXUELLE, MILIEU SOCIAL ET ATTITUDES MATERNELLES VIS-À-VIS DE LA LECTURE

### 4.1. Régularité de la surveillance à la discussion *(% en ligne)*

| | Surveillance | Incitation | Feuilletage | Discussion |
|---|---|---|---|---|
| **Milieu populaire** | | | | |
| Garçon | 37,5 | 54,8 | 45,8 | 29,2 |
| Fille | 38,6 | 52,0 | 43,3 | 31,0 |
| **Milieu moyen** | | | | |
| Garçon | 47,7 | 66,7 | 54,6 | 46,6 |
| Fille | 44,5 | 63,0 | 53,2 | 43,4 |
| **Milieu supérieur** | | | | |
| Garçon | 57,7 | 73,1 | 57,2 | 52,2 |
| Fille | 54,7 | 65,9 | 55,3 | 45,3 |

*Observatoire France-Loisirs de la lecture*

### 4.2. Les raisons de la surveillance* *(% en ligne)*

| | Éviter | | | |
|---|---|---|---|---|
| | Trop de B.D. | Livres «pas de son âge» | Livres médiocres | Livres immoraux |
| **Milieu populaire** | | | | |
| Garçon | 33,9 | 38,7 | 27,4 | 25,8 |
| Fille | 24,4 | 49,6 | 19,8 | 28,2 |
| **Milieu moyen** | | | | |
| Garçon | 39,9 | 29,1 | 38,5 | 25,0 |
| Fille | 32,3 | 42,1 | 34,6 | 27,8 |
| **Milieu supérieur** | | | | |
| Garçon | 38,5 | 28,4 | 35,5 | 23,1 |
| Fille | 27,3 | 37,4 | 36,0 | 21,6 |

* Sous-ensemble des mères qui surveillent

*Observatoire France-Loisirs de la lecture*

## Tableau 5. IDENTITÉ SEXUELLE, MILIEU SOCIAL ET PROFESSIONS SOUHAITÉES

*(% en ligne)*

| | Médecin | Journaliste | Professeur | Juge d'enfant | Cadre dirigeant | Haut fonctionnaire | Chercheur | Ingénieur | Pilote |
|---|---|---|---|---|---|---|---|---|---|
| **Milieu populaire** | | | | | | | | | |
| Garçon | 8,9 | 9,5 | 7,1 | 0 | 3,6 | 3,0 | 10,7 | 17,9 | 22,6 |
| Fille | 17,5 | 15,2 | 21,6 | 7,0 | 0 | 0,6 | 7,6 | 2,3 | 4,1 |
| **Milieu moyen** | | | | | | | | | |
| Garçon | 6,9 | 13,8 | 7,5 | 2,3 | 3,4 | 2,9 | 8,6 | 14,9 | 24,1 |
| Fille | 19,7 | 17,3 | 26,0 | 4,0 | 2,3 | 0,6 | 9,8 | 2,9 | 1,7 |
| **Milieu supérieur** | | | | | | | | | |
| Garçon | 6,5 | 8,0 | 8,0 | 1,5 | 6,0 | 3,5 | 16,9 | 18,9 | 14,4 |
| Fille | 19,0 | 17,9 | 21,8 | 3,4 | 0,6 | 2,2 | 10,1 | 3,9 | 2,8 |

*Observatoire France-Loisirs de la lecture*

## Tableau 6. IDENTITÉ SEXUELLE, MILIEU SOCIAL ET GENRE DE LIVRES PRÉFÉRÉS

*(% en ligne)*

| | Première préférence | | | | |
|---|---|---|---|---|---|
| | B.D. | Revue | Roman | Documentaire | Livre-jeux |
| **Milieu populaire** | | | | | |
| Garçon | 58,9 | 9,5 | 11,9 | 9,5 | 8,3 |
| Fille | 34,5 | 15,2 | 33,3 | 6,4 | 8,8 |
| **Milieu moyen** | | | | | |
| Garçon | 54,0 | 9,2 | 16,1 | 13,2 | 6,9 |
| Fille | 27,2 | 11,0 | 52,6 | 6,9 | 2,3 |
| **Milieu supérieur** | | | | | |
| Garçon | 45,8 | 14,9 | 21,9 | 14,9 | 2,5 |
| Fille | 24,6 | 10,6 | 53,1 | 5,6 | 6,1 |

*Observatoire France-Loisirs de la lecture*

## Tableau 7. IDENTITÉ SEXUELLE, MILIEU SOCIAL ET NOMBRE DE ROMANS LUS DEPUIS UN MOIS

*(% en ligne)*

| | Nombre de romans lus | | | | | |
|---|---|---|---|---|---|---|
| | 0 | 1 | 2, 3 | 4, 5 | 6 et + | Np. |
| **Milieu populaire** | | | | | | |
| Garçon | 41,1 | 30,4 | 16,7 | 1,8 | 3,0 | 7,1 |
| Fille | 31,0 | 23,4 | 26,9 | 6,4 | 4,1 | 8,2 |
| **Milieu moyen** | | | | | | |
| Garçon | 28,7 | 29,9 | 27,6 | 4,6 | 3,5 | 6,3 |
| Fille | 17,9 | 26,6 | 30,6 | 11,0 | 10,4 | 3,5 |
| **Milieu supérieur** | | | | | | |
| Garçon | 19,9 | 29,4 | 32,8 | 9,5 | 5,5 | 3,0 |
| Fille | 17,9 | 25,7 | 36,3 | 12,3 | 6,7 | 1,1 |

*Observatoire France-Loisirs de la lecture*

## Tableau 8. IDENTITÉ SEXUELLE, MILIEU SOCIAL ET THÈMES PRÉFÉRÉS

*(% en ligne)*

| | Policier | Aventure | Histoire de ton âge | Histoire d'amour | Nature | Histoire | Science | Science-fiction | Histoire comique | Bricolage | Reportage |
|---|---|---|---|---|---|---|---|---|---|---|---|
| **Milieu populaire** | | | | | | | | | | | |
| Garçon | 23,8 | 52,5 | 10,0 | 2,5 | 35,6 | 9,4 | 6,9 | 18,8 | 23,8 | 5,6 | 5,6 |
| Fille | 15,2 | 50,0 | 40,9 | 11,0 | 37,8 | 4,9 | 1,8 | 6,1 | 23,8 | 1,2 | 3,0 |
| **Milieu moyen** | | | | | | | | | | | |
| Garçon | 21,7 | 59,6 | 12,7 | 0,6 | 33,7 | 7,8 | 7,2 | 22,9 | 16,9 | 5,4 | 6,6 |
| Fille | 28,6 | 44,6 | 29,8 | 10,1 | 36,9 | 7,1 | 1,2 | 7,1 | 22,6 | 0,6 | 7,1 |
| **Milieu supérieur** | | | | | | | | | | | |
| Garçon | 27,8 | 52,0 | 15,7 | 1,0 | 28,3 | 10,1 | 6,6 | 22,7 | 19,7 | 3,5 | 7,6 |
| Fille | 28,8 | 46,9 | 34,5 | 10,7 | 26,6 | 6,8 | 3,4 | 9,0 | 17,5 | 1,1 | 9,0 |

*Observatoire France-Loisirs de la lecture*

## Tableau 9. IDENTITÉ SEXUELLE, MILIEU SOCIAL ET LECTURE DES OUVRAGES CLASSIQUES

### 9.1. Lecture des ouvrages classiques

*(% en ligne)*

| Milieu | Les Contes du chat perché | La Gloire de mon père | L'Enfant et la rivière | Poil de carotte | Le Petit Nicolas | Le Grand Meaulnes | L'Appel de la forêt |
|---|---|---|---|---|---|---|---|
| **Milieu populaire** | | | | | | | |
| Garçon | 38,8 | 29,4 | 26,3 | 28,8 | 35,0 | 5,6 | 18,8 |
| Fille | 47,6 | 32,9 | 23,2 | 31,7 | 36,6 | 4,9 | 15,2 |
| **Milieu moyen** | | | | | | | |
| Garçon | 44,0 | 33,7 | 25,3 | 31,3 | 42,8 | 5,4 | 25,9 |
| Fille | 56,0 | 47,6 | 33,3 | 39,9 | 45,8 | 10,7 | 21,4 |
| **Milieu supérieur** | | | | | | | |
| Garçon | 53,5 | 48,5 | 33,8 | 37,4 | 51,0 | 12,1 | 32,3 |
| Fille | 61,6 | 52,5 | 42,9 | 41,2 | 56,5 | 14,7 | 22,6 |

*Observatoire France-Loisirs de la lecture*

### 9.2. Score d'appropriation littéraire

*(% en ligne)*

| | Nombre de livres lus* | | | | |
|---|---|---|---|---|---|
| | 0 | 1 | 2 | 3 | 4 et + |
| **Milieu populaire** | | | | | |
| Garçon | 16,3 | 24,4 | 34,4 | 16,3 | 8,8 |
| Fille | 12,8 | 29,9 | 29,3 | 15,9 | 12,2 |
| **Milieu moyen** | | | | | |
| Garçon | 15,0 | 21,7 | 30,7 | 13,9 | 18,7 |
| Fille | 3,0 | 22,6 | 28,6 | 19,6 | 26,2 |
| **Milieu supérieur** | | | | | |
| Garçon | 10,6 | 13,6 | 21,2 | 25,8 | 28,8 |
| Fille | 5,1 | 14,1 | 21,5 | 22,0 | 37,3 |

* Sur les 7 possibles

*Observatoire France-Loisirs de la lecture*

## Tableau 10. IDENTITÉ SEXUELLE, MILIEU SOCIAL ET COMPÉTENCE LITTÉRAIRE

### 10.1. Attributions exactes de l'auteur

*(% en ligne)*

| | Les Contes du chat perché | La Gloire de mon père | L'Enfant et la rivière | Poil de carotte | Le Petit Nicolas | Le Grand Meaulnes | L'Appel de la forêt |
|---|---|---|---|---|---|---|---|
| **Milieu populaire** | | | | | | | |
| Garçon | 15,6 | 36,3 | 15,0 | 15,0 | 21,3 | 5,6 | 10,6 |
| Fille | 16,5 | 39,0 | 13,4 | 15,2 | 15,2 | 5,5 | 11,0 |
| **Milieu moyen** | | | | | | | |
| Garçon | 19,3 | 45,8 | 12,7 | 19,9 | 24,1 | 4,2 | 21,1 |
| Fille | 28,0 | 57,1 | 19,6 | 22,2 | 20,8 | 4,2 | 18,5 |
| **Milieu supérieur** | | | | | | | |
| Garçon | 22,2 | 57,6 | 23,2 | 23,7 | 27,3 | 11,0 | 28,8 |
| Fille | 27,1 | 65,5 | 30,5 | 26,6 | 35,6 | 13,0 | 20,3 |

*Observatoire France-Loisirs de la lecture*

### 10.2. Score de compétence littéraire

*(% en ligne)*

| | Nombre d'attributions exactes* | | | | |
|---|---|---|---|---|---|
| | 0 | 1 | 2 | 3 | 4 et + |
| **Milieu populaire** | | | | | |
| Garçon | 36,3 | 29,4 | 18,8 | 10,6 | 5,0 |
| Fille | 37,2 | 33,5 | 14,0 | 9,8 | 5,5 |
| **Milieu moyen** | | | | | |
| Garçon | 33,7 | 26,5 | 16,3 | 12,7 | 10,8 |
| Fille | 22,6 | 28,6 | 20,8 | 16,7 | 11,3 |
| **Milieu supérieur** | | | | | |
| Garçon | 17,7 | 28,3 | 20,7 | 17,7 | 15,7 |
| Fille | 18,6 | 23,7 | 19,8 | 13,6 | 24,3 |

* Sur les 7 possibles

*Observatoire France-Loisirs de la lecture*

## Tableau 11. IDENTITÉ SEXUELLE, MILIEU SOCIAL ET ORIGINE DU DERNIER LIVRE LU

### 11.1. Obtention du dernier livre lu

*(% en ligne)*

| | Emprunt | | | Cadeau | Achat | | |
|---|---|---|---|---|---|---|---|
| | École | Bib. | Maison | | Seul | Mère | Père |
| **Milieu populaire** | | | | | | | |
| Garçon | 30,1 | 8,2 | 9,6 | 11,6 | 6,8 | 13,7 | 0 |
| Fille | 34,0 | 12,2 | 8,8 | 6,8 | 4,1 | 13,6 | 3,4 |
| **Milieu moyen** | | | | | | | |
| Garçon | 27,6 | 8,6 | 12,5 | 11,8 | 6,6 | 15,8 | 4,6 |
| Fille | 19,9 | 12,4 | 14,3 | 15,5 | 6,2 | 13,0 | 2,5 |
| **Milieu supérieur** | | | | | | | |
| Garçon | 18,4 | 9,5 | 16,8 | 12,1 | 10,0 | 14,7 | 7,4 |
| Fille | 15,2 | 15,8 | 18,2 | 10,3 | 6,7 | 12,7 | 1,8 |

Bib. = bibliothèque

*Observatoire France-Loisirs de la lecture*

### 11.2. Raisons d'acheter ou d'emprunter le dernier livre

*(% en ligne)*

| | Conseil des | | | Autre | Hasard |
|---|---|---|---|---|---|
| | parents | professeurs | copains | | |
| **Milieu populaire** | | | | | |
| Garçon | 8,5 | 31,8 | 15,5 | 15,5 | 26,4 |
| Fille | 5,1 | 31,4 | 11,7 | 11,7 | 38,0 |
| **Milieu moyen** | | | | | |
| Garçon | 10,6 | 32,8 | 12,7 | 17,2 | 23,9 |
| Fille | 16,2 | 25,7 | 13,2 | 20,6 | 22,8 |
| **Milieu supérieur** | | | | | |
| Garçon | 17,4 | 28,1 | 7,8 | 20,4 | 23,4 |
| Fille | 14,2 | 25,7 | 9,5 | 21,6 | 25,7 |

*Observatoire France-Loisirs de la lecture*

# TABLEAUX DU CHAPITRE V

## Tableau 1. PRÉFÉRENCES POUR LE LIVRE OU LA TÉLÉVISION, MILIEU SOCIAL ET TEMPS CONSACRÉ À CHACUNE DE CES ACTIVITÉS

### 1.1. Temps de lecture le dimanche *(% en ligne)*

| Partisans | 0 h | 1/4 h ou – | Entre 1/4 h et 1/2 h | Entre 1/2 h et 1 h | 1 h et + |
|---|---|---|---|---|---|
| **Milieu populaire** | | | | | |
| Livre | 4,4 | 4,4 | 8,9 | 48,9 | 33,3 |
| Télévision | 20,4 | 20,4 | 20,4 | 24,7 | 9,7 |
| **Milieu moyen** | | | | | |
| Livre | 10,1 | 1,4 | 11,6 | 31,9 | 43,5 |
| Télévision | 22,5 | 8,5 | 18,3 | 29,6 | 19,7 |
| **Milieu supérieur** | | | | | |
| Livre | 0 | 0 | 3,8 | 32,1 | 61,5 |
| Télévision | 11,9 | 15,5 | 27,4 | 26,2 | 17,9 |

*Observatoire France-Loisirs de la lecture*

### 1.2. Temps quotidien d'écoute de la télévision *(% en ligne)*

| Partisans | + d'1 h par jour | Entre 1/2 et 1 h/j | – d'1/2 h/j | 2 à 3 fois par semaine | Rarement |
|---|---|---|---|---|---|
| **Milieu populaire** | | | | | |
| Livre | 20,0 | 35,6 | 6,7 | 22,2 | 15,6 |
| Télévision | 48,0 | 35,0 | 7,0 | 8,0 | 2,0 |
| **Milieu moyen** | | | | | |
| Livre | 10,0 | 42,9 | 7,1 | 31,4 | 8,6 |
| Télévision | 44,7 | 38,2 | 5,3 | 6,6 | 5,3 |
| **Milieu supérieur** | | | | | |
| Livre | 6,4 | 26,9 | 15,4 | 26,9 | 24,4 |
| Télévision | 30,2 | 41,9 | 8,1 | 17,4 | 2,3 |

*Observatoire France-Loisirs de la lecture*

## Tableau 2. PRÉFÉRENCE POUR LE LIVRE OU LA TÉLÉVISION, MILIEU SOCIAL ET QUALIFICATIFS ATTRIBUÉS PAR LA MÈRE

*(% en ligne)*

| Partisans | Tout à fait de bonne humeur | Bébé pour son âge | Timide | Tout à fait vif | Manuel | Intellectuel | Tout à fait intellectuel |
|---|---|---|---|---|---|---|---|
| **Milieu populaire** | | | | | | | |
| Livre | 44,4 | 15,6 | 51,0 | 64,4 | 46,7 | 80,0 | 20,0 |
| Télévision | 36,0 | 23,0 | 40,0 | 33,0 | 46,0 | 41,0 | 8,0 |
| **Milieu moyen** | | | | | | | |
| Livre | 44,3 | 17,1 | 30,0 | 28,6 | 37,6 | 81,4 | 40,0 |
| Télévision | 39,5 | 27,6 | 25,0 | 31,6 | 46,1 | 68,4 | 13,2 |
| **Milieu supérieur** | | | | | | | |
| Livre | 55,1 | 14,1 | 28,2 | 53,8 | 42,3 | 94,9 | 43,6 |
| Télévision | 41,9 | 23,3 | 36,0 | 45,3 | 50,0 | 64,0 | 24,4 |

*Observatoire France-Loisirs de la lecture*

## Tableau 3. PRÉFÉRENCE POUR LE LIVRE OU LA TÉLÉVISION, MILIEU SOCIAL ET RAPPORT À L'ÉCOLE

### 3.1. Niveau scolaire

*(% en ligne)*

| Partisans | CM2 | 6e | 5e | 4e |
|---|---|---|---|---|
| **Milieu populaire** | | | | |
| Livre | 4,4 | 26,7 | 57,8 | 11,0 |
| Télévision | 7,0 | 42,0 | 50,0 | 1,1 |
| **Milieu moyen** | | | | |
| Livre | 1,4 | 18,6 | 74,3 | 5,7 |
| Télévision | 3,9 | 25,0 | 67,1 | 2,6 |
| **Milieu supérieur** | | | | |
| Livre | 0 | 20,5 | 66,7 | 12,8 |
| Télévision | 0 | 23,3 | 68,6 | 8,1 |

*Observatoire France-Loisirs de la lecture*

## 3.2. Amour de l'école *(% en ligne)*

| Partisans | «Aimes-tu l'école?» | | | |
|---|---|---|---|---|
| | Beaucoup | Assez | Un peu | Pas du tout |
| **Milieu populaire** | | | | |
| Livre | 26,7 | 46,7 | 26,7 | 0 |
| Télévision | 10,0 | 47,0 | 37,0 | 6,0 |
| **Milieu moyen** | | | | |
| Livre | 24,3 | 61,4 | 12,9 | 0 |
| Télévision | 15,8 | 47,4 | 28,9 | 7,9 |
| **Milieu supérieur** | | | | |
| Livre | 34,6 | 56,4 | 7,7 | 1,3 |
| Télévision | 7,0 | 64,0 | 19,8 | 8,1 |

*Observatoire France-Loisirs de la lecture*

## 3.3. Ambition scolaire de la mère* *(% en ligne)*

| Partisans | 16-19 ans | 20-21 ans | 22-23 ans | 24 ans et + | Np. |
|---|---|---|---|---|---|
| **Milieu populaire** | | | | | |
| Livre | 20,0 | 15,6 | 20,0 | 28,9 | 15,6 |
| Télévision | 28,0 | 23,0 | 13,0 | 11,0 | 25,0 |
| **Milieu moyen** | | | | | |
| Livre | 4,3 | 12,9 | 28,6 | 31,4 | 22,9 |
| Télévision | 22,4 | 18,4 | 21,1 | 21,1 | 17,1 |
| **Milieu supérieur** | | | | | |
| Livre | 5,1 | 6,4 | 23,1 | 47,4 | 17,9 |
| Télévision | 8,1 | 5,8 | 19,8 | 36,0 | 30,2 |

Np. = non-réponse

*Observatoire France-Loisirs de la lecture*

* Age de fin d'études projeté par la mère.

## Tableau 4. PRÉFÉRENCE POUR LE LIVRE OU LA TÉLÉVISION, MILIEU SOCIAL ET NIVEAUX EN FRANÇAIS ET EN MATHS

| Partisans | Niveaux en français | | | Niveaux en mathématiques | | |
|---|---|---|---|---|---|---|
| | Très bon | Bon | Ni très bon ni bon | Très bon | Bon | Ni très bon ni bon |
| **Milieu populaire** | | | | | | |
| Livre | 13,3 | 51,1 | 35,6 | 4,4 | 37,8 | 57,8 |
| Télévision | 3,0 | 11,0 | 80,0 | 8,0 | 35,0 | 57,0 |
| **Milieu moyen** | | | | | | |
| Livre | 24,3 | 40,0 | 35,7 | 18,6 | 45,7 | 35,7 |
| Télévision | 6,6 | 34,2 | 59,2 | 10,5 | 38,2 | 51,0 |
| **Milieu supérieur** | | | | | | |
| Livre | 26,9 | 57,7 | 15,4 | 19,2 | 42,3 | 38,5 |
| Télévision | 8,1 | 37,2 | 54,7 | 16,3 | 41,9 | 41,8 |

*Observatoire France-Loisirs de la lecture*

## Tableau 5. PRÉFÉRENCE POUR LE LIVRE OU LA TÉLÉVISION, MILIEU SOCIAL ET GENRES PRÉFÉRÉS

*(% en ligne)*

| Partisans | Première préférence | | | | |
|---|---|---|---|---|---|
| | B.D. | Revue | Roman | Documentaire | Livre-jeux |
| **Milieu populaire** | | | | | |
| Livre | 26,7 | 6,7 | 46,7 | 15,6 | 2,2 |
| Télévision | 60,0 | 11,0 | 12,0 | 4,0 | 11,0 |
| **Milieu moyen** | | | | | |
| Livre | 12,9 | 5,7 | 72,9 | 7,1 | 1,4 |
| Télévision | 63,2 | 7,9 | 10,5 | 13,2 | 3,9 |
| **Milieu supérieur** | | | | | |
| Livre | 27,7 | 11,9 | 47,5 | 10,9 | 2,0 |
| Télévision | 45,7 | 9,6 | 29,7 | 7,8 | 6,0 |

*Observatoire France-Loisirs de la lecture*

## Tableau 6. PRÉFÉRENCE POUR LE LIVRE OU LA TÉLÉVISION, MILIEU SOCIAL ET RAPPORT CULTIVÉ À LA LECTURE

### 6.1. Identification du dernier livre lu

*(% en ligne)*

| Partisans | Nombre d'éléments indiqués* | | | |
|---|---|---|---|---|
| | 3 | 2 | 1 | 0 |
| **Milieu populaire** | | | | |
| Livre | 40,5 | 33,3 | 19,0 | 7,1 |
| Télévision | 25,0 | 44,0 | 26,6 | 7,1 |
| **Milieu moyen** | | | | |
| Livre | 45,6 | 35,3 | 19,1 | 0 |
| Télévision | 30,6 | 43,5 | 19,4 | 4,8 |
| **Milieu supérieur** | | | | |
| Livre | 54,5 | 26,0 | 19,5 | 0 |
| Télévision | 18,9 | 54,1 | 17,6 | 5,4 |

*Observatoire France-Loisirs de la lecture*

* Les trois éléments sont
le titre, l'auteur, la collection (ou l'éditeur).

## 6.2. Score de compétence littéraire *(% en ligne)*

| Partisans | Nombre d'attributions exactes* | | | | |
|---|---|---|---|---|---|
| | 0 | 1 | 2 | 3 | 4 et + |
| **Milieu populaire** | | | | | |
| Livre | 22,2 | 31,1 | 26,7 | 8,9 | 11,1 |
| Télévision | 41,9 | 28,0 | 14,0 | 11,8 | 4,3 |
| **Milieu moyen** | | | | | |
| Livre | 15,9 | 23,2 | 20,3 | 20,3 | 20,3 |
| Télévision | 40,8 | 26,8 | 16,9 | 9,9 | 5,6 |
| **Milieu supérieur** | | | | | |
| Livre | 12,8 | 16,7 | 19,2 | 17,9 | 33,3 |
| Télévision | 29,8 | 27,4 | 20,2 | 11,9 | 10,7 |

* Sur les 7 possibles

*Observatoire France-Loisirs de la lecture*

## 6.3. Score d'appropriation livresque *(% en ligne)*

| Partisans | Nombre de livres classiques lus | | | | |
|---|---|---|---|---|---|
| | 0 | 1 | 2 | 3 | 4 et + |
| **Milieu populaire** | | | | | |
| Livre | 15,6 | 17,8 | 40,0 | 6,7 | 20,0 |
| Télévision | 15,1 | 34,4 | 26,9 | 19,4 | 4,3 |
| **Milieu moyen** | | | | | |
| Livre | 1,4 | 23,2 | 20,3 | 15,9 | 39,1 |
| Télévision | 16,9 | 19,7 | 36,6 | 14,1 | 12,7 |
| **Milieu supérieur** | | | | | |
| Livre | 2,6 | 7,7 | 12,8 | 20,5 | 56,4 |
| Télévision | 17,9 | 14,3 | 22,6 | 27,4 | 17,9 |

*Observatoire France-Loisirs de la lecture*

## Tableau 7. PRÉFÉRENCE POUR LE LIVRE ET LA TÉLÉVISION, MILIEU SOCIAL ET THÈMES PRÉFÉRÉS *(% en ligne)*

| Partisans | Policier | Aventure | Histoire de ton âge | Histoire d'amour | Nature | Science-fiction | Histoire comique |
|---|---|---|---|---|---|---|---|
| **Milieu populaire** | | | | | | | |
| Livre | 31,1 | 53,5 | 35,6 | 8,9 | 37,8 | 8,9 | 8,9 |
| Télévision | 19,4 | 50,5 | 24,7 | 7,5 | 36,6 | 11,8 | 29,0 |
| **Milieu moyen** | | | | | | | |
| Livre | 40,6 | 56,5 | 23,2 | 7,2 | 26,1 | 7,2 | 14,5 |
| Télévision | 18,3 | 53,5 | 15,5 | 8,5 | 33,8 | 22,5 | 28,2 |
| **Milieu supérieur** | | | | | | | |
| Livre | 38,5 | 51,3 | 30,8 | 9,0 | 23,1 | 9,0 | 10,3 |
| Télévision | 26,2 | 45,2 | 20,2 | 3,6 | 28,6 | 23,8 | 22,6 |

*Observatoire France-Loisirs de la lecture*

## Tableau 8. PRÉFÉRENCE POUR LE LIVRE OU LA TÉLÉVISION, MILIEU SOCIAL ET ATTITUDES RELIGIEUSES

*(% en ligne)*

| Partisans | Sans religion | Catholiques | | | Lecteurs de Bayard Presse* |
|---|---|---|---|---|---|
| | | Non pratiquants | Pratiquant irréguliers | Pratiquants réguliers | |
| **Milieu populaire** | | | | | |
| Livre | 26,7 | 31,1 | 13,3 | 28,9 | 34,6 |
| Télévision | 19,0 | 48,0 | 15,0 | 16,0 | 18,0 |
| **Milieu moyen** | | | | | |
| Livre | 17,1 | 25,7 | 18,6 | 37,1 | 42,9 |
| Télévision | 23,7 | 31,6 | 18,4 | 25,0 | 36,6 |
| **Milieu supérieur** | | | | | |
| Livre | 25,6 | 28,2 | 15,4 | 30,8 | 51,8 |
| Télévision | 33,7 | 37,2 | 4,7 | 24,4 | 40,4 |

* Sous-ensemble des lecteurs de journaux

*Observatoire France-Loisirs de la lecture*

## Tableau 9. INVESTISSEMENT TEMPOREL DANS LA LECTURE, MILIEU SOCIAL ET TYPES DE LECTURE

### 9.1. Thèmes préférés *(% en ligne)*

| | Policier | Aventure | Histoire de ton âge | Histoire d'amour | Nature | Bricolage | Histoire | Science | Science-fiction | Histoire comique |
|---|---|---|---|---|---|---|---|---|---|---|
| **Milieu populaire** | | | | | | | | | | |
| Grand lecteur | 35,2 | 59,3 | 22,2 | 7,4 | 29,6 | 1,9 | 7,4 | 1,9 | 9,3 | 20,4 |
| Moyen lecteur | 13,8 | 51,1 | 31,9 | 6,4 | 34,0 | 2,1 | 10,6 | 3,2 | 9,6 | 27,7 |
| Petit lecteur | 17,6 | 48,9 | 23,3 | 6,8 | 40,3 | 4,5 | 5,1 | 5,7 | 14,8 | 22,7 |
| **Milieu moyen** | | | | | | | | | | |
| Grand lecteur | 31,7 | 51,2 | 20,7 | 8,5 | 32,9 | 0 | 8,5 | 6,1 | 17,1 | 14,6 |
| Moyen lecteur | 25,5 | 54,3 | 23,4 | 3,2 | 34,0 | 1,1 | 7,4 | 3,2 | 14,9 | 23,4 |
| Petit lecteur | 21,5 | 51,3 | 20,3 | 5,1 | 37,3 | 5,7 | 7,0 | 3,8 | 13,9 | 20,3 |
| **Milieu supérieur** | | | | | | | | | | |
| Grand lecteur | 33,1 | 47,6 | 28,2 | 6,5 | 25,8 | 3,2 | 10,5 | 4,8 | 14,5 | 12,9 |
| Moyen lecteur | 27,6 | 55,3 | 26,8 | 4,9 | 25,2 | 0,8 | 8,9 | 4,1 | 15,4 | 17,9 |
| Petit lecteur | 24,2 | 46,1 | 18,8 | 5,5 | 31,3 | 3,1 | 6,3 | 6,3 | 18,8 | 25,0 |

*Observatoire France-Loisirs de la lecture*

### 9.2. Première préférence *(% en ligne)*

| | B.D. | Revue | Roman | Documentaire | Livre-jeux |
|---|---|---|---|---|---|
| **Milieu populaire** | | | | | |
| Grand lecteur | 27,8 | 5,6 | 53,7 | 9,3 | 3,7 |
| Moyen lecteur | 39,4 | 14,9 | 28,7 | 11,7 | 4,3 |
| Petit lecteur | 55,5 | 13,1 | 11,0 | 5,8 | 12,0 |
| **Milieu moyen** | | | | | |
| Grand lecteur | 26,8 | 3,7 | 54,9 | 11,0 | 3,7 |
| Moyen lecteur | 36,2 | 10,6 | 36,2 | 10,6 | 6,4 |
| Petit lecteur | 49,7 | 12,9 | 23,4 | 9,4 | 4,1 |
| **Milieu supérieur** | | | | | |
| Grand lecteur | 24,2 | 6,5 | 55,6 | 11,3 | 2,4 |
| Moyen lecteur | 35,8 | 13,8 | 38,2 | 11,4 | 0,8 |
| Petit lecteur | 46,6 | 18,0 | 17,3 | 9,0 | 9,0 |

### 9.3. Première et seconde préférences *(% en ligne)*

| | B.D. | Revue | Roman | Documentaire | Livre-jeux |
|---|---|---|---|---|---|
| **Milieu populaire** | | | | | |
| Grand lecteur | 59,3 | 29,6 | 72,2 | 22,2 | 14,8 |
| Moyen lecteur | 56,4 | 33,0 | 52,1 | 30,9 | 23,4 |
| Petit lecteur | 75,4 | 36,6 | 31,9 | 14,7 | 34,6 |
| **Milieu moyen** | | | | | |
| Grand lecteur | 62,2 | 18,3 | 73,2 | 35,4 | 9,8 |
| Moyen lecteur | 67,0 | 28,7 | 61,7 | 28,7 | 12,8 |
| Petit lecteur | 74,9 | 38,0 | 39,8 | 24,0 | 21,1 |
| **Milieu supérieur** | | | | | |
| Grand lecteur | 57,3 | 30,6 | 78,2 | 26,6 | 4,8 |
| Moyen lecteur | 61,8 | 37,4 | 62,6 | 29,3 | 8,9 |
| Petit lecteur | 73,7 | 39,8 | 40,6 | 24,1 | 21,1 |

### 9.4. Lecture régulière *(% en ligne)*

| | B.D. | Revue | Roman | Documentaire | Livre-jeux |
|---|---|---|---|---|---|
| **Milieu populaire** | | | | | |
| Grand lecteur | 33,3 | 14,8 | 48,1 | 25,9 | 24,1 |
| Moyen lecteur | 31,9 | 26,6 | 24,5 | 21,3 | 24,5 |
| Petit lecteur | 33,0 | 17,8 | 11,5 | 8,4 | 16,2 |
| **Milieu moyen** | | | | | |
| Grand lecteur | 36,0 | 25,6 | 50,0 | 29,3 | 22,0 |
| Moyen lecteur | 30,9 | 18,1 | 40,4 | 16,0 | 16,0 |
| Petit lecteur | 35,7 | 22,2 | 16,4 | 15,8 | 14,0 |
| **Milieu supérieur** | | | | | |
| Grand lecteur | 33,1 | 34,7 | 58,9 | 23,4 | 5,6 |
| Moyen lecteur | 39,8 | 34,1 | 47,2 | 18,7 | 9,8 |
| Petit lecteur | 35,3 | 27,1 | 18,8 | 12,8 | 12,8 |

## Tableau 10. INVESTISSEMENT TEMPOREL DANS LA LECTURE, MILIEU SOCIAL ET RAPPORT AUX OUVRAGES CLASSIQUES

### 10.1. Livres classiques lus

*(% en ligne)*

| | Les Contes du chat perché | La Gloire de mon père | L'Enfant et la rivière | Poil de carotte | Le Petit Nicolas | Le Grand Meaulnes | L'Appel de la forêt |
|---|---|---|---|---|---|---|---|
| **Milieu populaire** | | | | | | | |
| Grand lecteur | 46,3 | 35,2 | 33,3 | 29,6 | 33,3 | 9,3 | 24,1 |
| Moyen lecteur | 43,6 | 38,3 | 29,8 | 27,7 | 42,6 | 6,4 | 20,2 |
| Petit lecteur | 42,0 | 26,1 | 19,3 | 31,8 | 33,0 | 3,4 | 13,1 |
| **Milieu moyen** | | | | | | | |
| Grand lecteur | 52,4 | 41,5 | 46,3 | 39,0 | 56,1 | 9,8 | 32,9 |
| Moyen lecteur | 51,1 | 50,0 | 25,5 | 40,4 | 39,4 | 5,3 | 26,6 |
| Petit lecteur | 48,1 | 34,8 | 22,8 | 31,0 | 41,1 | 8,9 | 17,1 |
| **Milieu supérieur** | | | | | | | |
| Grand lecteur | 66,1 | 62,1 | 48,4 | 41,1 | 60,5 | 18,5 | 31,5 |
| Moyen lecteur | 59,3 | 55,3 | 42,3 | 48,0 | 61,0 | 10,6 | 28,5 |
| Petit lecteur | 46,9 | 34,4 | 24,2 | 28,9 | 39,8 | 10,9 | 23,4 |

*Observatoire France-Loisirs de la lecture*

### 10.2. Attributions exactes des auteurs

*(% en ligne)*

| | Les Contes du chat perché | La Gloire de mon père | L'Enfant et la rivière | Poil de carotte | Le Petit Nicolas | Le Grand Meaulnes | L'Appel de la forêt |
|---|---|---|---|---|---|---|---|
| **Milieu populaire** | | | | | | | |
| Grand lecteur | 16,7 | 42,6 | 16,7 | 24,1 | 18,5 | 9,3 | 16,7 |
| Moyen lecteur | 13,8 | 46,8 | 21,3 | 16,0 | 21,3 | 8,5 | 7,4 |
| Petit lecteur | 17,0 | 31,3 | 9,7 | 11,9 | 16,5 | 2,8 | 10,8 |
| **Milieu moyen** | | | | | | | |
| Grand lecteur | 30,5 | 51,2 | 29,3 | 20,7 | 28,0 | 4,9 | 25,6 |
| Moyen lecteur | 24,5 | 55,3 | 16,0 | 25,5 | 20,2 | 7,4 | 25,5 |
| Petit lecteur | 19,6 | 49,4 | 9,5 | 19,0 | 20,9 | 1,9 | 13,3 |
| **Milieu supérieur** | | | | | | | |
| Grand lecteur | 33,9 | 71,0 | 35,5 | 27,4 | 37,9 | 16,9 | 29,0 |
| Moyen lecteur | 22,0 | 69,9 | 30,1 | 30,9 | 30,9 | 13,8 | 26,8 |
| Petit lecteur | 18,0 | 43,8 | 14,8 | 17,2 | 25,0 | 5,5 | 18,8 |

*Observatoire France-Loisirs de la lecture*

# TABLEAUX DU CHAPITRE VI

## Tableau 1. TYPOLOGIE ET LIEU DE PROVENANCE DES LIVRES

*(% en ligne)*

| Typologie | Lieu de provenance | | | | | Achat | | |
|---|---|---|---|---|---|---|---|---|
| | École | Bib. | Maison | Amis | Achat | Librairie | Grande surface | Librairie et grande surface |
| **Lecteurs gourmands** | | | | | | | | |
| Pilier de bibliothèque | 33,8 | 81,9 | 40,0 | 28,1 | 57,5 | 54,3 | 26,1 | 14,1 |
| Amateur de suspense | 65,2 | 9,0 | 64,0 | 13,5 | 59,6 | 45,3 | 30,2 | 15,1 |
| Romantique | 55,2 | 2,3 | 33,3 | 6,9 | 55,2 | 62,5 | 25,0 | 8,3 |
| **Lecteurs modestes** | | | | | | | | |
| Futuriste | 35,9 | 23,1 | 41,0 | 17,1 | 57,3 | 43,3 | 38,8 | 11,9 |
| Fouineur | 39,9 | 8,2 | 60,1 | 10,9 | 57,4 | 48,6 | 28,6 | 8,6 |
| Aventurier | 23,8 | 14,3 | 47,6 | 19,0 | 55,6 | 62,9 | 17,1 | 11,4 |
| **Lecteurs sans appétit** | | | | | | | | |
| Scolaire | 81,4 | 18,6 | 30,1 | 12,4 | 47,8 | 50,0 | 31,5 | 11,1 |
| Déchiffreur | 57,4 | 9,9 | 37,6 | 12,9 | 37,6 | 42,1 | 34,2 | 5,3 |
| Bédéphile | 30,0 | 10,0 | 30,8 | 18,3 | 56,7 | 35,3 | 52,9 | 5,9 |

*Observatoire France-Loisirs de la lecture*

## Tableau 2. TYPOLOGIE ET INSCRIPTION À UNE BIBLIOTHÈQUE

*(% en ligne)*

| Typologie | Inscription | | | |
|---|---|---|---|---|
| | Enfants | Parents | | |
| | A une Bib. | A une Bib. | A un club | Ni à l'un, ni à l'autre |
| **Lecteurs gourmands** | | | | |
| Pilier de bibliothèque | 93,8 | 58,8 | 34,4 | 30,0 |
| Amateur de suspense | 34,8 | 39,3 | 38,2 | 39,3 |
| Romantique | 20,7 | 27,6 | 37,9 | 46,0 |
| **Lecteurs modestes** | | | | |
| Futuriste | 51,3 | 35,9 | 34,2 | 41,0 |
| Fouineur | 25,7 | 23,5 | 40,4 | 47,5 |
| Aventurier | 27,0 | 25,4 | 31,7 | 49,2 |
| **Lecteurs sans appétit** | | | | |
| Scolaire | 55,8 | 38,1 | 37,2 | 40,7 |
| Déchiffreur | 18,8 | 20,8 | 30,7 | 54,5 |
| Bédéphile | 26,1 | 21,6 | 26,8 | 56,9 |

Bib. = bibliothèque

*Observatoire France-Loisirs de la lecture*

## Tableau 3. TYPOLOGIE ET THÈMES PRÉFÉRÉS

*(% en ligne)*

| Typologie | Policier | Aventure | Histoire de ton âge | Histoire d'amour | Nature | Bricolage | Reportage | Histoire | Science | Science-fiction | Histoire comique |
|---|---|---|---|---|---|---|---|---|---|---|---|
| **Lecteurs gourmands** | | | | | | | | | | | |
| Pilier de bibliothèque | 41,3 | 46,9 | 33,1 | 8,8 | 26,9 | 1,9 | 8,1 | 10,0 | 2,5 | 0,6 | 15,0 |
| Amateur de suspense | 68,5 | 79,8 | 3,4 | 1,1 | 15,7 | 2,2 | 4,5 | 6,7 | 1,1 | — | 13,5 |
| Romantique | 29,9 | 27,6 | 66,7 | 13,8 | 19,5 | 1,1 | 5,7 | 8,0 | 2,3 | 2,3 | 16,1 |
| **Lecteurs modestes** | | | | | | | | | | | |
| Futuriste | 11,1 | 37,6 | 7,7 | 1,7 | 11,1 | 1,7 | — | 4,3 | 5,1 | 100,0 | 12,8 |
| Fouineur | 19,7 | 51,4 | 18,0 | 2,2 | 57,4 | 2,7 | 10,9 | 8,2 | 9,3 | — | 17,5 |
| Aventurier | 17,5 | 98,4 | 11,1 | 3,2 | 20,6 | 3,2 | 3,2 | 9,5 | 1,6 | — | 31,7 |
| **Lecteurs sans appétit** | | | | | | | | | | | |
| Scolaire | 2,7 | 53,1 | 44,2 | 13,3 | 28,3 | 2,7 | 5,3 | 6,2 | 1,8 | — | 38,1 |
| Déchiffreur | 12,9 | 39,6 | 6,9 | 3,0 | 63,4 | 3,0 | 6,9 | 6,9 | 8,9 | 30,7 | 14,9 |
| Bédéphile | 20,0 | 46,7 | 21,7 | 6,7 | 32,5 | 7,5 | 9,2 | 9,2 | 4,2 | — | 31,7 |

*Observatoire France-Loisirs de la lecture*

## Tableau 4. TYPOLOGIE ET GENRES PRÉFÉRÉS

### 4.1. Première préférence

*(% en ligne)*

| Typologie | B.D. | Revue | Roman | Documentaire | Livre-jeux |
|---|---|---|---|---|---|
| **Lecteurs gourmands** | | | | | |
| Pilier de bibliothèque | 19,4 | 8,1 | 66,3 | 5,0 | 1,3 |
| Amateur de suspense | 18,0 | 11,2 | 65,2 | 4,5 | 1,1 |
| Romantique | 10,3 | 2,3 | 83,9 | 2,3 | 1,1 |
| **Lecteurs modestes** | | | | | |
| Futuriste | 50,4 | 15,4 | 20,5 | 8,5 | 5,1 |
| Fouineur | 53,0 | 10,4 | 8,7 | 23,0 | 4,9 |
| Aventurier | 25,4 | 9,5 | 41,3 | 11,1 | 11,1 |
| **Lecteurs sans appétit** | | | | | |
| Scolaire | 49,6 | 18,6 | 15,9 | 4,4 | 11,5 |
| Déchiffreur | 50,5 | 13,9 | 5,9 | 13,9 | 14,9 |
| Bédéphile | 65,4 | 15,0 | 5,2 | 6,5 | 4,6 |

*Observatoire France-Loisirs de la lecture*

### 4.2. Première et seconde préférences

*(% en ligne)*

| Typologie | B.D. | Revue | Roman | Documentaire | Livre-jeux |
|---|---|---|---|---|---|
| **Lecteurs gourmands** | | | | | |
| Pilier de bibliothèque | 52,5 | 28,8 | 81,9 | 27,5 | 9,4 |
| Amateur de suspense | 48,3 | 40,4 | 84,3 | 18,0 | 4,5 |
| Romantique | 42,5 | 23,0 | 94,3 | 27,6 | 10,3 |
| **Lecteurs modestes** | | | | | |
| Futuriste | 80,3 | 33,3 | 47,0 | 20,5 | 17,1 |
| Fouineur | 74,3 | 23,5 | 48,1 | 42,6 | 11,5 |
| Aventurier | 76,2 | 23,8 | 50,8 | 20,6 | 25,4 |
| **Lecteurs sans appétit** | | | | | |
| Scolaire | 66,4 | 31,9 | 56,6 | 13,3 | 30,1 |
| Déchiffreur | 74,3 | 37,6 | 15,8 | 26,7 | 41,6 |
| Bédéphile | 81,0 | 57,5 | 13,1 | 17,0 | 23,5 |

*Observatoire France-Loisirs de la lecture*

## Tableau 5. TYPOLOGIE ET LECTURE DE ROMANS

*(% en ligne)*

| Typologie | Nombre de romans lus depuis un mois | | | | | | |
|---|---|---|---|---|---|---|---|
| | 0 | 1 | 2, 3 | 4, 5 | 6 à 10 | 11 et + | Np. |
| **Lecteurs gourmands** | | | | | | | |
| Pilier de bibliothèque | 5,6 | 16,9 | 41,3 | 18,8 | 12,5 | 3,8 | 1,3 |
| Amateur de suspense | 7,9 | 19,1 | 48,3 | 18,0 | 4,5 | 1,1 | 1,1 |
| Romantique | 3,4 | 25,3 | 42,5 | 14,9 | 9,2 | 2,3 | 2,4 |
| **Lecteurs modestes** | | | | | | | |
| Futuriste | 28,2 | 20,5 | 35,0 | 6,0 | 5,1 | 0,9 | 4,3 |
| Fouineur | 19,7 | 39,3 | 25,1 | 6,0 | 1,1 | 0,5 | 8,3 |
| Aventurier | 25,4 | 44,4 | 28,6 | 1,6 | — | — | — |
| **Lecteurs sans appétit** | | | | | | | |
| Scolaire | 12,4 | 44,2 | 35,4 | 2,7 | 3,5 | — | 1,8 |
| Déchiffreur | 52,5 | 34,6 | 6,9 | 1,0 | 2,0 | — | 3,0 |
| Bédéphile | 68,0 | 12,4 | 4,6 | — | 1,3 | — | 13,7 |

*Observatoire France-Loisirs de la lecture*

## Tableau 6. TYPOLOGIE ET LECTURE DE DOCUMENTAIRES

*(% en ligne)*

| Typologie | Nombre de documentaires lus depuis un mois | | | | | | |
|---|---|---|---|---|---|---|---|
| | 0 | 1 | 2, 3 | 4, 5 | 6 à 10 | 11 et + | Np. |
| **Lecteurs gourmands** | | | | | | | |
| Pilier de bibliothèque | 38,8 | 21,3 | 23,1 | 9,4 | 2,5 | 1,3 | 3,6 |
| Amateur de suspense | 62,9 | 19,1 | 7,9 | 2,2 | 1,1 | 1,1 | 5,7 |
| Romantique | 37,9 | 25,3 | 18,4 | 2,3 | 1,1 | 1,1 | 13,8 |
| **Lecteurs modestes** | | | | | | | |
| Futuriste | 46,2 | 20,5 | 14,5 | 4,3 | 2,6 | 0,9 | 11,0 |
| Fouineur | 36,6 | 18,6 | 20,2 | 9,3 | 6,0 | 1,6 | 7,7 |
| Aventurier | 68,3 | 15,9 | 9,5 | 1,6 | 1,6 | — | 3,1 |
| **Lecteurs sans appétit** | | | | | | | |
| Scolaire | 43,4 | 31,0 | 11,5 | 2,7 | 2,7 | — | 8,7 |
| Déchiffreur | 60,4 | 13,9 | 15,8 | 2,0 | — | — | 7,9 |
| Bédéphile | 58,7 | 9,2 | 10,5 | 2,6 | 0,7 | 1,3 | 17,0 |

*Observatoire France-Loisirs de la lecture*

## Tableau 7. TYPOLOGIE ET OBTENTION DU DERNIER LIVRE LU

*(% en ligne)*

| Typologie | Emprunt | | | Achat | | | Cadeau |
|---|---|---|---|---|---|---|---|
| | École | Bib. | Maison | Seul | Avec mère | Avec père | |
| **Lecteurs gourmands** | | | | | | | |
| Pilier de bibliothèque | 8,2 | 34,2 | 10,8 | 9,5 | 11,4 | 4,4 | 8,9 |
| Amateur de suspense | 24,7 | 4,7 | 21,2 | 4,7 | 12,9 | 3,5 | 16,5 |
| Romantique | 31,8 | 4,7 | 20,0 | 7,1 | 12,9 | 3,5 | 8,2 |
| **Lecteurs modestes** | | | | | | | |
| Futuriste | 25,2 | 8,1 | 8,1 | 6,3 | 13,5 | 9,0 | 16,2 |
| Fouineur | 23,7 | 4,0 | 15,8 | 9,6 | 15,8 | 1,7 | 11,9 |
| Aventurier | 15,8 | 12,3 | 21,1 | 7,0 | 8,8 | 5,3 | 10,5 |
| **Lecteurs sans appétit** | | | | | | | |
| Scolaire | 40,5 | 10,8 | 11,7 | 4,5 | 12,6 | 1,8 | 6,3 |
| Déchiffreur | 32,5 | 8,4 | 7,2 | 3,6 | 14,5 | | 12,0 |
| Bédéphile | 17,0 | 3,2 | 11,7 | 5,3 | 21,3 | 2,1 | 13,8 |

Bib. = Bibliothèque

*Observatoire France-Loisirs de la lecture*

## Tableau 8. TYPOLOGIE ET RAISONS D'EMPRUNTER OU D'ACHETER LE DERNIER LIVRE LU

*(% en ligne)*

| | Conseil des | | | Autre | Hasard |
|---|---|---|---|---|---|
| | parents | professeurs | copains | | |
| **Lecteurs gourmands** | | | | | |
| Pilier de bibliothèque | 16,0 | 23,6 | 6,3 | 27,1 | 25,0 |
| Amateur de suspense | 9,9 | 26,8 | 12,7 | 23,9 | 25,4 |
| Romantique | 10,3 | 16,7 | 12,8 | 23,1 | 34,6 |
| **Lecteurs modestes** | | | | | |
| Futuriste | 9,7 | 28,0 | 12,9 | 22,6 | 21,5 |
| Fouineur | 10,9 | 35,3 | 16,0 | 14,1 | 22,4 |
| Aventurier | 19,6 | 13,7 | 7,8 | 17,6 | 37,3 |
| **Lecteurs sans appétit** | | | | | |
| Scolaire | 12,5 | 50,0 | 8,7 | 6,7 | 22,1 |
| Déchiffreur | 13,7 | 26,0 | 6,8 | 16,4 | 31,5 |
| Bédéphile | 8,6 | 28,4 | 18,5 | 9,9 | 30,9 |

*Observatoire France-Loisirs de la lecture*

## Tableau 9. TYPOLOGIE ET SUIVI DES CONSEILS SCOLAIRES

*(% en ligne)*

| Typologie | Livres conseillés par un enseignant* | | | |
|---|---|---|---|---|
| | Lu | | | Déjà lu |
| | 0 | 1 | Ps. | |
| **Lecteurs gourmands** | | | | |
| Pilier de bibliothèque | 15,0 | 22,1 | 61,1 | 55,8 |
| Amateur de suspense | 15,5 | 25,4 | 56,3 | 50,7 |
| Romantique | 15,6 | 26,6 | 56,3 | 59,4 |
| **Lecteurs modestes** | | | | |
| Futuriste | 19,3 | 31,8 | 47,7 | 46,6 |
| Fouineur | 19,2 | 32,8 | 45,6 | 47,2 |
| Aventurier | 18,6 | 39,5 | 41,9 | 37,2 |
| **Lecteurs sans appétit** | | | | |
| Scolaire | 9,5 | 32,1 | 58,3 | 46,4 |
| Déchiffreur | 34,0 | 30,2 | 32,1 | 18,9 |
| Bédéphile | 31,3 | 32,5 | 33,8 | 18,8 |

Ps. = plusieurs *Observatoire France-Loisirs de la lecture*
*Sous-ensemble des jeunes qui ont eu un conseil de lecture à l'école

## Tableau 10. TYPOLOGIE ET DIFFICULTÉS D'APPRENTISSAGE DE LA LECTURE

*(% en ligne)*

| Typologie | Lecture avec le doigt | Difficulté à apprendre à lire | | |
|---|---|---|---|---|
| | | Beaucoup | Un peu | Oui |
| **Lecteurs gourmands** | | | | |
| Pilier de bibliothèque | 3,1 | 1,9 | 8,8 | 10,6 |
| Amateur de suspense | 4,5 | 1,1 | 11,2 | 12,4 |
| Romantique | 4,6 | 2,3 | 4,6 | 6,9 |
| **Lecteurs modestes** | | | | |
| Futuriste | 5,1 | 3,4 | 9,4 | 12,8 |
| Fouineur | 7,7 | 3,8 | 13,7 | 17,5 |
| Aventurier | 9,5 | 3,2 | 34,9 | 38,1 |
| **Lecteurs sans appétit** | | | | |
| Scolaire | 8,0 | 3,5 | 28,3 | 31,9 |
| Déchiffreur | 19,8 | 16,8 | 57,4 | 74,3 |
| Bédéphile | 12,5 | 5,8 | 30,8 | 36,7 |

*Observatoire France-Loisirs de la lecture*

## Tableau 11. TYPOLOGIE ET LECTURE DE B.D.

*(% en ligne)*

| Typologie | Nombre de B.D. lues depuis un mois | | | | | | |
|---|---|---|---|---|---|---|---|
| | 0 | 1 | 2, 3 | 4, 5 | 6 à 10 | 11 et + | Np. |
| **Lecteurs gourmands** | | | | | | | |
| Pilier de bibliothèque | 19,4 | 7,5 | 29,4 | 17,5 | 14,4 | 11,3 | 0,5 |
| Amateur de suspense | 27,0 | 18,0 | 14,6 | 20,2 | 11,2 | 5,6 | 3,4 |
| Romantique | 29,9 | 9,2 | 21,8 | 12,6 | 16,1 | 4,6 | 5,8 |
| **Lecteurs modestes** | | | | | | | |
| Futuriste | 15,4 | 7,7 | 19,7 | 13,7 | 29,9 | 10,3 | 3,3 |
| Fouineur | 12,6 | 9,3 | 26,2 | 15,3 | 24,0 | 7,7 | 4,9 |
| Aventurier | 17,5 | 22,2 | 38,1 | 6,3 | 11,1 | 3,2 | 1,6 |
| **Lecteurs sans appétit** | | | | | | | |
| Scolaire | 21,2 | 12,4 | 25,7 | 17,7 | 13,3 | 7,1 | 2,6 |
| Déchiffreur | 21,8 | 11,9 | 31,6 | 18,8 | 11,9 | 3,0 | 1,0 |
| Bédéphile | 17,6 | 11,1 | 19,0 | 14,4 | 17,6 | 12,4 | 7,9 |

*Observatoire France-Loisirs de la lecture*

## Tableau 12. TYPOLOGIE ET TEMPS DE LECTURE

### 12.1. Temps de lecture un jour d'école

*(% en ligne)*

| Typologie | 0 h | 1/4 h | Entre 1/4 h et 1/2 h | Entre 1/2 h et 1 h | 1 h et + |
|---|---|---|---|---|---|
| **Lecteurs gourmands** | | | | | |
| Pilier de bibliothèque | 3,8 | 10,6 | 23,8 | 45,5 | 16,3 |
| Amateur de suspense | 2,2 | 12,4 | 43,8 | 20,2 | 19,1 |
| Romantique | 3,4 | 4,6 | 21,8 | 56,3 | 12,6 |
| **Lecteurs modestes** | | | | | |
| Futuriste | 6,8 | 17,1 | 32,5 | 34,2 | 9,4 |
| Fouineur | 8,7 | 25,7 | 36,1 | 23,5 | 3,8 |
| Aventurier | 9,5 | 15,9 | 31,7 | 41,3 | — |
| **Lecteurs sans appétit** | | | | | |
| Scolaire | 5,3 | 18,6 | 56,6 | 16,8 | 0,9 |
| Déchiffreur | 23,8 | 44,6 | 22,8 | 6,9 | 2,0 |
| Bédéphile | 40,0 | 29,2 | 19,2 | 6,7 | 2,5 |

*Observatoire France-Loisirs de la lecture*

## Tableau 12. TYPOLOGIE ET TEMPS DE LECTURE

### 12.2. Temps de lecture le dimanche

*(% en ligne)*

| | 0 h | 1/4 h ou — | Entre 1/4 h et 1/2 h | Entre 1/2 h et 1 h | 1 h et + |
|---|---|---|---|---|---|
| **Lecteurs gourmands** | | | | | |
| Pilier de bibliothèque | 6,9 | 0,6 | 10,0 | 29,4 | 52,5 |
| Amateur de suspense | 4,5 | 6,7 | 12,4 | 28,1 | 46,1 |
| Romantique | 5,7 | 1,1 | 11,5 | 37,9 | 39,1 |
| **Lecteurs modestes** | | | | | |
| Futuriste | 13,7 | 12,0 | 9,4 | 31,6 | 30,8 |
| Fouineur | 8,2 | 7,7 | 26,8 | 37,2 | 17,5 |
| Aventurier | 4,8 | 7,9 | 15,9 | 57,1 | 14,3 |
| **Lecteurs sans appétit** | | | | | |
| Scolaire | 10,6 | 14,2 | 37,2 | 31,0 | 7,1 |
| Déchiffreur | 31,7 | 23,8 | 24,8 | 10,9 | 5,9 |
| Bédéphile | 35,0 | 17,5 | 16,7 | 15,8 | 8,3 |

*Observatoire France-Loisirs de la lecture*

## Tableau 13. TYPOLOGIE ET LECTURE DES LIVRES CLASSIQUES

*(% en ligne)*

| Typologie | Les Contes du chat perché | La Gloire de mon père | L'Enfant et la rivière | Poil de carotte | Le Petit Nicolas | Le Grand Meaulnes | L'Appel de la forêt |
|---|---|---|---|---|---|---|---|
| **Lecteurs gourmands** | | | | | | | |
| Pilier de bibliothèque | 62,5 | 55,0 | 37,5 | 42,5 | 61,9 | 12,5 | 28,8 |
| Amateur de suspense | 50,6 | 50,6 | 42,7 | 33,7 | 50,6 | 12,4 | 28,1 |
| Romantique | 60,9 | 56,3 | 42,5 | 44,8 | 56,3 | 17,2 | 29,9 |
| **Lecteurs modestes** | | | | | | | |
| Futuriste | 53,8 | 41,9 | 36,8 | 33,3 | 50,4 | 6,8 | 23,1 |
| Fouineur | 50,8 | 37,7 | 29,5 | 36,1 | 40,4 | 10,9 | 23,5 |
| Aventurier | 44,4 | 36,5 | 28,6 | 30,2 | 28,6 | 6,3 | 25,4 |
| **Lecteurs sans appétit** | | | | | | | |
| Scolaire | 56,6 | 38,9 | 27,4 | 32,7 | 45,1 | 5,3 | 17,7 |
| Déchiffreur | 35,6 | 28,7 | 18,8 | 34,7 | 26,7 | 5,9 | 14,9 |
| Bédéphile | 33,3 | 25,0 | 17,5 | 25,8 | 35,8 | 3,3 | 16,7 |

*Observatoire France-Loisirs de la lecture*

## Tableau 14.
## TYPOLOGIE ET SCORE D'APPROPRIATION LIVRESQUE

*(% en ligne)*

| Typologie | Nombre de livres classiques lus* | | | | |
|---|---|---|---|---|---|
| | 0 | 1 | 2 | 3 | 4 et + |
| **Lecteurs gourmands** | | | | | |
| Pilier de bibliothèque | 5,6 | 12,5 | 21,9 | 21,3 | 38,7 |
| Amateur de suspense | 3,4 | 25,8 | 22,5 | 11,2 | 37,1 |
| Romantique | 1,1 | 17,2 | 17,2 | 26,5 | 38,0 |
| **Lecteurs modestes** | | | | | |
| Futuriste | 12,0 | 13,7 | 25,6 | 26,5 | 22,2 |
| Fouineur | 8,2 | 16,9 | 37,2 | 21,9 | 15,8 |
| Aventurier | 14,3 | 27,0 | 25,4 | 17,5 | 15,8 |
| **Lecteurs sans appétit** | | | | | |
| Scolaire | 9,7 | 22,1 | 29,3 | 21,2 | 17,7 |
| Déchiffreur | 14,9 | 34,6 | 30,7 | 12,9 | 6,9 |
| Bédéphile | 25,0 | 26,7 | 28,3 | 10,0 | 10,0 |

* Sur les 7 possibles

*Observatoire France-Loisirs de la lecture*

## Tableau 15.
## TYPOLOGIE ET SCORE DE COMPÉTENCE LITTÉRAIRE

*(% en ligne)*

| Typologie | Nombre d'attributions exactes* | | | | |
|---|---|---|---|---|---|
| | 0 | 1 | 2 | 3 | 4 et + |
| **Lecteurs gourmands** | | | | | |
| Pilier de bibliothèque | 15,6 | 25,6 | 17,5 | 17,5 | 23,8 |
| Amateur de suspense | 13,5 | 24,7 | 22,5 | 14,6 | 24,7 |
| Romantique | 13,8 | 28,8 | 21,8 | 14,9 | 20,7 |
| **Lecteurs modestes** | | | | | |
| Futuriste | 22,2 | 36,8 | 18,8 | 14,5 | 7,7 |
| Fouineur | 23,5 | 30,0 | 19,7 | 13,1 | 13,7 |
| Aventurier | 34,9 | 36,5 | 14,3 | 11,1 | 3,2 |
| **Lecteurs sans appétit** | | | | | |
| Scolaire | 28,3 | 21,2 | 27,5 | 17,7 | 5,3 |
| Déchiffreur | 40,6 | 36,6 | 12,9 | 6,9 | 3,0 |
| Bédéphile | 56,7 | 18,3 | 10,8 | 10,0 | 4,2 |

* Sur les 7 possibles

*Observatoire France-Loisirs de la lecture*

## Tableau 16. TYPOLOGIE ET COLLECTIONS PRÉFÉRÉES

*(% en ligne)*

| Typologie | Bib. verte | Castor poche | Livre poche jeunesse | Bib. rose | Folio Cadet | Sans indication |
|---|---|---|---|---|---|---|
| **Lecteurs gourmands** | | | | | | |
| Pilier de bibliothèque | 11,9 | 14,4 | 7,5 | 4,4 | 12,5 | 26,3 |
| Amateur de suspense | 20,2 | 4,5 | 7,9 | 0 | 15,7 | 25,8 |
| Romantique | 6,9 | 8,0 | 11,5 | 2,3 | 12,6 | 39,1 |
| **Lecteurs modestes** | | | | | | |
| Futuriste | 6,0 | 6,0 | 8,5 | 2,6 | 18,8 | 29,9 |
| Fouineur | 14,2 | 2,7 | 6,6 | 3,8 | 10,9 | 38,3 |
| Aventurier | 7,9 | 6,3 | 6,3 | 7,9 | 6,3 | 54,0 |
| **Lecteurs sans appétits** | | | | | | |
| Scolaire | 9,7 | 5,3 | 2,7 | 8,0 | 14,2 | 32,7 |
| Déchiffreur | 13,9 | 1,0 | 1,0 | 5,0 | 5,0 | 49,5 |
| Bédéphile | 12,5 | 5,0 | 6,7 | 8,3 | 5,8 | 36,7 |

Bib. = Bibliothèque

*Observatoire France-Loisirs de la lecture*

## Tableau 17. TYPOLOGIE ET LECTURE DE JOURNAUX

*(% en ligne)*

| Typologie | Journaux | Journaux éducatifs | Bayard-presse* | Mikado* | Sciences* | Mickey* | Chansons* | Sport* |
|---|---|---|---|---|---|---|---|---|
| **Lecteurs gourmands** | | | | | | | | |
| Pilier de bibliothèque | 70,6 | 47,6 | 46,7 | 7,5 | 43,9 | 53,3 | 35,5 | 24,3 |
| Amateur de suspense | 64,0 | 45,0 | 34,4 | 6,6 | 49,2 | 62,3 | 27,9 | 18,0 |
| Romantique | 79,3 | 42,5 | 52,8 | 3,8 | 41,5 | 50,9 | 37,7 | 20,8 |
| **Lecteurs modestes** | | | | | | | | |
| Futuriste | 61,5 | 39,3 | 23,8 | 8,8 | 40,0 | 57,5 | 38,8 | 31,3 |
| Fouineur | 80,3 | 44,2 | 44,5 | 7,6 | 46,2 | 67,2 | 21,0 | 31,9 |
| Aventurier | 50,8 | 28,6 | 23,3 | 3,3 | 43,3 | 56,7 | 46,7 | 20,0 |
| **Lecteurs sans appétit** | | | | | | | | |
| Scolaire | 72,6 | 32,7 | 33,3 | 4,2 | 31,9 | 54,2 | 63,9 | 27,8 |
| Déchiffreur | 47,5 | 19,8 | 25,0 | 12,5 | 18,8 | 64,6 | 41,7 | 31,3 |
| Bédéphile | 70,6 | 19,6 | 18,9 | 4,4 | 17,8 | 71,1 | 37,8 | 27,8 |

* Sous-ensemble des lecteurs de journaux

*Observatoire France-Loisirs de la lecture*

## Tableau 18. TYPOLOGIE ET PLACE DE LA LECTURE DANS LES LOISIRS

*(% en ligne)*

| Typologie | Activités préférées en 1re ou 2e place | | | | | | | | | Activité non aimée |
|---|---|---|---|---|---|---|---|---|---|---|
| | Jouer avec des amis | Écouter de la musique | Regarder la TV | Lire | Cuisiner | Faire du sport | Bricoler | Ordinateur | Peindre | Lire |
| **Lecteurs gourmands** | | | | | | | | | | |
| Pilier de bibliothèque | 43,1 | 24,4 | 12,5 | 50,6 | 6,3 | 37,5 | 7,5 | 9,4 | 8,8 | 0,6 |
| Amateur de suspense | 32,6 | 18,0 | 12,4 | 43,8 | 9,0 | 47,2 | 5,6 | 21,3 | 10,1 | 1,1 |
| Romantique | 49,4 | 24,1 | 19,5 | 46,0 | 5,7 | 31,0 | 3,4 | 6,9 | 13,8 | |
| **Lecteurs modestes** | | | | | | | | | | |
| Futuriste | 57,3 | 20,5 | 31,6 | 13,7 | 5,1 | 28,2 | 6,0 | 23,9 | 12,8 | 0,9 |
| Fouineur | 48,6 | 16,9 | 30,6 | 14,2 | 7,7 | 41,5 | 10,9 | 16,9 | 11,5 | 1,6 |
| Aventurier | 57,1 | 30,2 | 31,7 | 7,9 | 1,6 | 42,9 | 7,9 | 11,1 | 9,5 | 3,2 |
| **Lecteurs sans appétit** | | | | | | | | | | |
| Scolaire | 66,4 | 24,8 | 25,7 | 6,2 | 8,8 | 37,2 | 4,4 | 10,6 | 14,2 | 1,8 |
| Déchiffreur | 54,5 | 12,9 | 41,6 | 3,0 | 9,9 | 36,6 | 10,9 | 17,8 | 12,9 | 27,7 |
| Bédéphile | 64,7 | 25,5 | 38,6 | 3,3 | 3,9 | 39,9 | 6,5 | 11,1 | 6,5 | 19,6 |

*Observatoire France-Loisirs de la lecture*

## Tableau 19. TYPOLOGIE ET SURVEILLANCE MATERNELLE DES LECTURES

### 19.1. Surveillance maternelle des lectures des jeunes *(% en ligne)*

| Typologie | Régulière | Occasionnelle | Rarement |
|---|---|---|---|
| **Lecteurs gourmands** | | | |
| Pilier de bibliothèque | 53,1 | 27,5 | 19,4 |
| Amateur de suspense | 49,4 | 25,8 | 24,7 |
| Romantique | 43,7 | 32,2 | 24,1 |
| **Lecteurs modestes** | | | |
| Futuriste | 53,8 | 27,4 | 18,8 |
| Fouineur | 53,6 | 35,5 | 10,9 |
| Aventurier | 47,6 | 38,1 | 14,3 |
| **Lecteurs sans appétit** | | | |
| Scolaire | 49,6 | 28,3 | 22,1 |
| Déchiffreur | 33,7 | 39,6 | 26,7 |
| Bédéphile | 35,9 | 34,6 | 29,4 |

*Observatoire France-Loisirs de la lecture*

## Tableau 19. TYPOLOGIE ET SURVEILLANCE MATERNELLES DES LECTURES

### 19.2. Les raisons de la surveillance* *(% en ligne)*

| Typologie | Éviter | | | |
|---|---|---|---|---|
| | Trop de B.D. | Livres «pas de son âge» | Livres médiocres | Livres immoraux |
| **Lecteurs gourmands** | | | | |
| Pilier de bibliothèque | 33,3 | 31,0 | 39,5 | 25,6 |
| Amateur de suspense | 23,9 | 40,3 | 32,8 | 17,9 |
| Romantique | 31,8 | 31,8 | 37,9 | 22,7 |
| **Lecteurs modestes** | | | | |
| Futuriste | 38,9 | 32,6 | 30,5 | 25,3 |
| Fouineur | 35,6 | 41,1 | 36,8 | 28,8 |
| Aventurier | 31,5 | 42,6 | 37,0 | 20,4 |
| **Lecteurs sans appétit** | | | | |
| Scolaire | 35,2 | 40,9 | 26,1 | 27,3 |
| Déchiffreur | 28,4 | 35,1 | 24,3 | 27,0 |
| Bédéphile | 32,4 | 38,0 | 23,1 | 24,1 |

* Sous-ensemble des mères qui surveillent

*Observatoire France-Loisirs de la lecture*

## Tableau 20. TYPOLOGIE ET INCITATION MATERNELLE A LA LECTURE

### 20.1. Incitation à la lecture *(% en ligne)*

| Typologie | Régulière | Occasionnelle | Jamais |
|---|---|---|---|
| **Lecteurs gourmands** | | | |
| Pilier de bibliothèque | 61,3 | 15,6 | 23,1 |
| Amateur de suspense | 58,4 | 22,5 | 19,1 |
| Romantique | 55,2 | 24,1 | 20,7 |
| **Lecteurs modestes** | | | |
| Futuriste | 63,2 | 23,1 | 13,7 |
| Fouineur | 72,1 | 21,9 | 5,5 |
| Aventurier | 63,5 | 31,7 | 4,8 |
| **Lecteurs sans appétit** | | | |
| Scolaire | 76,1 | 19,5 | 4,4 |
| Déchiffreur | 57,4 | 34,7 | 7,9 |
| Bédéphile | 54,2 | 36,6 | 9,2 |

*Observatoire France-Loisirs de la lecture*

## 20.2. «Feuilletage» des livres *(% en ligne)*

| Typologie | Régulière | Occasionnelle | Jamais |
|---|---|---|---|
| **Lecteurs gourmands** | | | |
| Pilier de bibliothèque | 56,9 | 38,1 | 4,4 |
| Amateur de suspense | 49,4 | 39,3 | 11,2 |
| Romantique | 50,6 | 41,4 | 6,9 |
| **Lecteurs modestes** | | | |
| Futuriste | 51,3 | 44,4 | 4,3 |
| Fouineur | 57,9 | 36,6 | 4,9 |
| Aventurier | 44,4 | 49,2 | 6,3 |
| **Lecteurs sans appétit** | | | |
| Scolaire | 59,3 | 36,3 | 4,4 |
| Déchiffreur | 42,6 | 47,5 | 8,9 |
| Bédéphile | 45,1 | 42,5 | 12,4 |

*Observatoire France-Loisirs de la lecture*

## 20.3. Discussion à propos de la lecture

*(% en ligne)*

| Typologie | Régulière | Occasionnelle | Jamais |
|---|---|---|---|
| **Lecteurs gourmands** | | | |
| Pilier de bibliothèque | 54,4 | 37,5 | 6,9 |
| Amateur de suspense | 42,7 | 39,3 | 15,7 |
| Romantique | 42,5 | 46,0 | 10,3 |
| **Lecteurs modestes** | | | |
| Futuriste | 41,9 | 43,6 | 14,5 |
| Fouineur | 45,4 | 41,5 | 12,0 |
| Aventurier | 38,1 | 42,9 | 19,0 |
| **Lecteurs sans appétit** | | | |
| Scolaire | 41,6 | 45,1 | 12,4 |
| Déchiffreur | 32,7 | 44,6 | 21,8 |
| Bédéphile | 30,1 | 47,1 | 21,6 |

*Observatoire France-Loisirs de la lecture*

## Tableau 21. TYPOLOGIE ET APPORTS DE LA LECTURE

*(% en ligne)*

| Typologie | Bonnes bases de français | Culture générale | Développement imagination | Plaisir |
|---|---|---|---|---|
| **Lecteurs gourmands** | | | | |
| Pilier de bibliothèque | 36,9 | 59,4 | 39,4 | 47,5 |
| Amateur de suspense | 55,1 | 53,9 | 38,2 | 33,7 |
| Romantique | 48,3 | 65,5 | 36,8 | 29,9 |
| **Lecteurs modestes** | | | | |
| Futuriste | 51,3 | 67,5 | 33,3 | 29,1 |
| Fouineur | 60,7 | 63,9 | 31,7 | 29,0 |
| Aventurier | 55,6 | 57,1 | 38,1 | 28,6 |
| **Lecteurs sans appétit** | | | | |
| Scolaire | 68,1 | 54,9 | 32,7 | 28,3 |
| Déchiffreur | 66,3 | 51,5 | 38,6 | 14,9 |
| Bédéphile | 62,1 | 54,9 | 32,7 | 21,6 |

*Observatoire France-Loisirs de la lecture*

## Tableau 22. TYPOLOGIE ET VOLUME DE LECTURE DES PARENTS

### 22.1. Nombre de livres lus par la mère le mois dernier

*(% en ligne)*

| Typologie | Nombre de livres lus le mois dernier | | | | |
|---|---|---|---|---|---|
| | 1 ou – | 2, 3 | 4, 5 | + de 5 | Np. |
| **Lecteurs gourmands** | | | | | |
| Pilier de bibliothèque | 41,8 | 29,4 | 10,6 | 11,3 | 6,9 |
| Amateur de suspense | 43,9 | 34,8 | 5,6 | 9,0 | 6,7 |
| Romantique | 50,7 | 24,1 | 12,6 | 10,3 | 2,3 |
| **Lecteurs modestes** | | | | | |
| Futuriste | 49,6 | 25,6 | 12,8 | 9,4 | 2,6 |
| Fouineur | 59,6 | 27,2 | 6,6 | 5,5 | 1,1 |
| Aventurier | 61,9 | 25,4 | 3,2 | 6,3 | 3,2 |
| **Lecteurs sans appétit** | | | | | |
| Scolaire | 50,4 | 31,9 | 8,8 | 7,1 | 1,8 |
| Déchiffreur | 64,3 | 21,8 | 5,9 | 3,0 | 5,0 |
| Bédéphile | 62,1 | 18,4 | 5,2 | 6,5 | 7,8 |

*Observatoire France-Loisirs de la lecture*

## 22.2. Nombre de livres lus par le père le mois dernier

*(% en ligne)*

| Typologie | Nombre de livres lus le mois dernier | | | | |
|---|---|---|---|---|---|
| | 1 ou – | 2, 3 | 4, 5 | + de 5 | Np. |
| **Lecteurs gourmands** | | | | | |
| Pilier de bibliothèque | 41,2 | 22,5 | 10,0 | 11,9 | 14,4 |
| Amateur de suspense | 47,2 | 22,5 | 5,6 | 9,0 | 15,7 |
| Romantique | 55,2 | 20,7 | 6,9 | 4,6 | 12,6 |
| **Lecteurs modestes** | | | | | |
| Futuriste | 49,6 | 24,8 | 6,8 | 8,5 | 10,3 |
| Fouineur | 65,6 | 18,0 | 5,5 | 1,1 | 9,8 |
| Aventurier | 57,1 | 17,5 | 7,9 | 4,8 | 12,7 |
| **Lecteurs sans appétit** | | | | | |
| Scolaire | 62,8 | 14,2 | 7,1 | 8,8 | 7,1 |
| Déchiffreur | 64,4 | 13,8 | 3,0 | 4,0 | 14,8 |
| Bédéphile | 61,4 | 13,7 | 5,9 | 3,3 | 15,7 |

*Observatoire France-Loisirs de la lecture*

## Tableau 23. TYPOLOGIE ET PROFESSION DES PARENTS

*(% en ligne)*

| Typologie | Profession du père | | | | | | | Profession de la mère* | |
|---|---|---|---|---|---|---|---|---|---|
| | Ouvrier qualifié | Ouvrier spécialisé | Employé | Instituteur | Cadre moyen | Professeur | Cadre supérieur | Professeur | Institutrice |
| **Lecteurs gourmands** | | | | | | | | | |
| Pilier de bibliothèque | 6,9 | 2,5 | 10,6 | 16,3 | 18,1 | 23,1 | 22,5 | 23,0 | 10,6 |
| Amateur de suspense | 15,7 | 2,2 | 14,6 | 11,2 | 23,6 | 16,9 | 15,8 | 22,8 | 17,5 |
| Romantique | 16,1 | 4,6 | 13,7 | 9,2 | 17,2 | 21,8 | 17,2 | 23,2 | 14,3 |
| **Lecteurs modestes** | | | | | | | | | |
| Futuriste | 13,7 | 1,7 | 9,4 | 12,0 | 22,2 | 23,1 | 17,9 | 17,3 | 13,3 |
| Fouineur | 13,1 | 4,4 | 16,4 | 8,2 | 25,2 | 13,7 | 19,1 | 14,5 | 10,3 |
| Aventurier | 17,5 | 4,8 | 15,8 | 11,1 | 19,1 | 11,1 | 20,6 | 14,3 | 5,7 |
| **Lecteurs sans appétit** | | | | | | | | | |
| Scolaire | 16,8 | 8,0 | 23,0 | 11,5 | 16,0 | 9,7 | 15,0 | 7,6 | 7,6 |
| Déchiffreur | 27,7 | 6,9 | 20,8 | 7,9 | 17,8 | 7,9 | 10,9 | 5,4 | 10,7 |
| Bédéphile | 17,0 | 7,2 | 21,6 | 9,2 | 23,6 | 11,1 | 10,4 | 9,2 | 13,2 |

* Sous-ensemble des jeunes dont la mère a une activité professionnelle

*Observatoire France-Loisirs de la lecture*

## Tableau 24. TYPOLOGIE ET AMBITION SCOLAIRE DE LA MÈRE

*(% en ligne)*

| Typologie | Âge de fin d'études projeté par la mère | | | | |
|---|---|---|---|---|---|
| | 16-19 ans | 20-21 ans | 22-23 ans | 24 ans et + | Np. |
| **Lecteurs gourmands** | | | | | |
| Pilier de bibliothèque | 6,9 | 8,1 | 27,5 | 41,9 | 15,6 |
| Amateur de suspense | 6,7 | 16,9 | 25,9 | 30,3 | 20,2 |
| Romantique | 5,7 | 16,1 | 19,5 | 41,5 | 17,2 |
| **Lecteurs modestes** | | | | | |
| Futuriste | 15,4 | 12,8 | 19,7 | 31,6 | 20,5 |
| Fouineur | 13,7 | 13,7 | 16,4 | 34,4 | 21,8 |
| Aventurier | 12,7 | 11,1 | 17,5 | 30,1 | 28,6 |
| **Lecteurs sans appétit** | | | | | |
| Scolaire | 20,4 | 18,6 | 18,6 | 20,4 | 22,0 |
| Déchiffreur | 28,6 | 17,8 | 13,9 | 14,9 | 24,8 |
| Bédéphile | 26,8 | 18,3 | 14,4 | 19,6 | 20,9 |

Np. = non-réponse

*Observatoire France-Loisirs de la lecture*

## Tableau 25. TYPOLOGIE ET TEMPS D'ÉCOUTE DE LA TÉLÉVISION

*(% en ligne)*

| Typologie | + d'1 h par jour | Entre 1/2 et 1 h/j | – d'1/2 h/j | 2 à 3 fois par semaine | Rare ou jamais |
|---|---|---|---|---|---|
| **Lecteurs gourmands** | | | | | |
| Pilier de bibliothèque | 16,9 | 26,3 | 12,5 | 28,8 | 15,6 |
| Amateur de suspense | 18,0 | 39,3 | 12,4 | 18,0 | 12,4 |
| Romantique | 25,3 | 36,8 | 9,2 | 19,5 | 9,2 |
| **Lecteurs modestes** | | | | | |
| Futuriste | 35,9 | 35,9 | 6,0 | 17,1 | 5,1 |
| Fouineur | 17,5 | 34,4 | 13,1 | 25,1 | 9,8 |
| Aventurier | 30,2 | 36,5 | 7,9 | 20,6 | 4,8 |
| **Lecteurs sans appétit** | | | | | |
| Scolaire | 35,4 | 34,5 | 8,0 | 17,7 | 4,4 |
| Déchiffreur | 36,6 | 35,6 | 7,9 | 14,9 | 5,0 |
| Bédéphile | 39,9 | 37,9 | 5,9 | 7,2 | 9,2 |

*Observatoire France-Loisirs de la lecture*

## Tableau 26. TYPOLOGIE ET ORGANISATION DU TEMPS LIBRE

*(% en ligne)*

| Typologie | Activités | | | | | |
|---|---|---|---|---|---|---|
| | 0 | 1 | 2 ou 3 | Artistique* | Sportive* | De groupe* |
| **Lecteurs gourmands** | | | | | | |
| Pilier de bibliothèque | 14,4 | 33,8 | 51,8 | 44,5 | 86,9 | 13,1 |
| Amateur de suspense | 24,7 | 36,0 | 39,3 | 29,9 | 95,5 | 3,0 |
| Romantique | 16,1 | 36,8 | 45,9 | 38,9 | 87,5 | 6,9 |
| **Lecteurs modestes** | | | | | | |
| Futuriste | 23,9 | 37,6 | 37,5 | 31,5 | 89,9 | 9,0 |
| Fouineur | 21,9 | 43,7 | 33,4 | 24,6 | 85,2 | 10,6 |
| Aventurier | 25,4 | 38,1 | 36,5 | 27,7 | 91,5 | 6,4 |
| **Lecteurs sans appétit** | | | | | | |
| Scolaire | 21,2 | 38,1 | 40,7 | 21,3 | 89,9 | 12,4 |
| Déchiffreur | 29,7 | 42,6 | 27,7 | 19,7 | 88,7 | 8,5 |
| Bédéphile | 33,3 | 39,2 | 27,5 | 13,7 | 93,1 | 4,9 |

* Sous-ensemble de ceux qui ont une activité au moins

*Observatoire France-Loisirs de la lecture*

## Tableau 27. TYPOLOGIE, OPINIONS POLITIQUES ET SITUATIONS RELIGIEUSES

### 27.1. Opinions politiques

*(% en ligne)*

| Typologie | A droite | A gauche | Pas intéressé | Np. |
|---|---|---|---|---|
| **Lecteurs gourmands** | | | | |
| Pilier de bibliothèque | 8,1 | 16,9 | 61,3 | 13,8 |
| Amateur de suspense | 5,6 | 13,5 | 67,4 | 13,5 |
| Romantique | 6,9 | 12,6 | 62,1 | 18,4 |
| **Lecteurs modestes** | | | | |
| Futuriste | 9,4 | 19,7 | 58,1 | 12,8 |
| Fouineur | 11,5 | 7,7 | 62,8 | 18,0 |
| Aventurier | 14,3 | 9,5 | 69,8 | 6,3 |
| **Lecteurs sans appétit** | | | | |
| Scolaire | 5,3 | 11,5 | 65,5 | 17,7 |
| Déchiffreur | 7,9 | 5,0 | 70,3 | 16,8 |
| Bédéphile | 3,3 | 7,8 | 68,0 | 20,9 |

Np. = non-réponse

*Observatoire France-Loisirs de la lecture*

## 27.2. Situations religieuses

*(% en ligne)*

| Typologie | Sans religion | Catholiques | | |
|---|---|---|---|---|
| | | Non-pratiquants | Pratiquants irréguliers | Pratiquants réguliers |
| **Lecteurs gourmands** | | | | |
| Pilier de bibliothèque | 27,5 | 30,0 | 12,5 | 29,4 |
| Amateur de suspense | 22,5 | 29,2 | 19,1 | 29,2 |
| Romantique | 19,5 | 29,9 | 14,9 | 35,6 |
| **Lecteurs modestes** | | | | |
| Futuriste | 37,6 | 33,3 | 12,8 | 15,4 |
| Fouineur | 20,8 | 29,5 | 16,4 | 32,8 |
| Aventurier | 22,2 | 34,9 | 11,1 | 31,7 |
| **Lecteurs sans appétit** | | | | |
| Scolaire | 20,4 | 25,7 | 28,3 | 24,8 |
| Déchiffreur | 33,7 | 34,7 | 14,9 | 15,8 |
| Bédéphile | 32,7 | 37,9 | 13,7 | 15,0 |

*Observatoire France-Loisirs de la lecture*

## Tableau 28. TYPOLOGIE ET DIVISION SEXUELLE DU TRAVAIL

*(% en ligne)*

| Typologie | Une mère de* famille doit | | | A la maison,** l'aide scolaire est faite par | | | Situation de la mère au foyer |
|---|---|---|---|---|---|---|---|
| | Travailler à plein temps | Travailler à mi-temps | Rester à la maison | La mère | Le père | Les deux | |
| **Lecteurs gourmands** | | | | | | | |
| Pilier de bibliothèque | 13,1 | 59,4 | 27,5 | 31,3 | 11,3 | 55,0 | 29,4 |
| Amateur de suspense | 12,4 | 56,2 | 31,5 | 37,1 | 9,0 | 51,7 | 36,0 |
| Romantique | 13,8 | 50,6 | 35,6 | 42,5 | 5,7 | 47,1 | 34,5 |
| **Lecteurs modestes** | | | | | | | |
| Futuriste | 13,7 | 53,0 | 33,3 | 32,5 | 11,1 | 52,1 | 35,9 |
| Fouineur | 8,2 | 53,0 | 38,8 | 46,4 | 8,7 | 42,1 | 36,1 |
| Aventurier | 15,9 | 42,9 | 41,3 | 36,5 | 12,7 | 42,9 | 44,4 |
| **Lecteurs sans appétit** | | | | | | | |
| Scolaire | 8,0 | 58,4 | 32,7 | 46,9 | 7,1 | 39,8 | 30,1 |
| Déchiffreur | 10,9 | 41,6 | 47,5 | 44,6 | 5,9 | 44,6 | 44,6 |
| Bédéphile | 9,2 | 32,7 | 56,9 | 51,0 | 5,2 | 38,6 | 50,3 |

* Réponses des jeunes ** Réponses des mères

*Observatoire France-Loisirs de la lecture*

## Tableau 29. TYPOLOGIE ET RAPPORT À L'ÉCOLE

### 29.1. Amour de l'école

*(% en ligne)*

| Typologie | «Aimes-tu l'école?» | | | |
|---|---|---|---|---|
| | Beaucoup | Assez | Un peu | Pas du tout |
| **Lecteurs gourmands** | | | | |
| Pilier de bibliothèque | 30,6 | 55,0 | 11,9 | 1,9 |
| Amateur de suspense | 31,5 | 46,1 | 21,3 | 1,1 |
| Romantique | 39,1 | 50,6 | 10,3 | — |
| **Lecteurs modestes** | | | | |
| Futuriste | 13,7 | 59,0 | 22,2 | 5,1 |
| Fouineur | 12,6 | 59,0 | 26,8 | 0,5 |
| Aventurier | 9,5 | 63,5 | 22,2 | 4,8 |
| **Lecteurs sans appétit** | | | | |
| Scolaire | 11,5 | 54,9 | 30,1 | 3,5 |
| Déchiffreur | 7,9 | 42,6 | 40,6 | 8,9 |
| Bédéphile | 11,1 | 47,1 | 33,3 | 8,5 |

*Observatoire France-Loisirs de la lecture*

### 29.2. Niveaux scolaires

*(% en ligne)*

| Typologie | CM2 | 6e | 5e moyen ou mauvais | 5e bon élève | 4e |
|---|---|---|---|---|---|
| **Lecteurs gourmands** | | | | | |
| Pilier de bibliothèque | 3,1 | 11,3 | 14,4 | 62,4 | 8,8 |
| Amateur de suspense | 0 | 16,9 | 15,7 | 58,4 | 9,0 |
| Romantique | 2,3 | 18,4 | 14,9 | 57,5 | 6,9 |
| **Lecteurs modestes** | | | | | |
| Futuriste | 2,6 | 20,5 | 20,5 | 48,7 | 7,7 |
| Fouineur | 1,6 | 24,6 | 18,6 | 49,7 | 5,5 |
| Aventurier | 4,8 | 31,7 | 12,7 | 47,6 | 3,2 |
| **Lecteurs sans appétit** | | | | | |
| Scolaire | 3,5 | 20,4 | 35,4 | 34,5 | 6,2 |
| Déchiffreur | 7,9 | 42,6 | 28,7 | 17,8 | 3,0 |
| Bédéphile | 8,5 | 38,6 | 32,0 | 17,6 | 2,0 |

*Observatoire France-Loisirs de la lecture*

## Tableau 30. TYPOLOGIE ET NIVEAUX EN FRANÇAIS

*(% en ligne)*

| Typologie | Très bon | Bon | Moyen | Mauvais |
|---|---|---|---|---|
| **Lecteurs gourmands** | | | | |
| Pilier de bibliothèque | 26,3 | 43,0 | 29,4 | 1,3 |
| Amateur de suspense | 18,0 | 52,8 | 25,8 | 3,4 |
| Romantique | 24,1 | 43,7 | 27,6 | 4,6 |
| **Lecteurs modestes** | | | | |
| Futuriste | 13,7 | 40,1 | 36,8 | 9,4 |
| Fouineur | 4,9 | 47,5 | 43,2 | 3,8 |
| Aventurier | 4,8 | 39,7 | 46,0 | 9,5 |
| **Lecteurs sans appétit** | | | | |
| Scolaire | 6,2 | 30,1 | 56,6 | 6,1 |
| Déchiffreur | 3,0 | 13,9 | 68,2 | 14,9 |
| Bédéphile | 3,9 | 18,3 | 69,3 | 8,5 |

*Observatoire France-Loisirs de la lecture*

## Tableau 31. TYPOLOGIE ET NIVEAU EN MATHÉMATIQUES

*(% en ligne)*

| Typologie | Très bon | Bon | Moyen | Mauvais |
|---|---|---|---|---|
| **Lecteurs gourmands** | | | | |
| Pilier de bibliothèque | 23,1 | 40,6 | 29,4 | 6,9 |
| Amateur de suspense | 18,0 | 42,7 | 33,7 | 5,6 |
| Romantique | 16,1 | 49,4 | 25,3 | 8,0 |
| **Lecteurs modestes** | | | | |
| Futuriste | 15,4 | 35,0 | 40,2 | 9,4 |
| Fouineur | 13,7 | 39,3 | 42,1 | 4,9 |
| Aventurier | 15,9 | 36,5 | 36,5 | 11,1 |
| **Lecteurs sans appétit** | | | | |
| Scolaire | 10,6 | 41,6 | 38,1 | 9,7 |
| Déchiffreur | 8,9 | 35,6 | 41,6 | 13,9 |
| Bédéphile | 10,5 | 28,8 | 45,7 | 15,0 |

*Observatoire France-Loisirs de la lecture*

# ENQUÊTE SUR LA LECTURE DES JEUNES ADOLESCENTS

*Observatoire France-Loisirs de la lecture*

Novembre 1988

---

**QUESTIONNAIRE LECTURE**

---

Bonjour,

Je suis.... de la société ... Nous réalisons actuellement une étude sur la lecture et j'aimerais vous poser à ce sujet quelques questions.
Tout d'abord, j'aimerais vous informer du déroulement de l'entretien .
Je vous pose quelques questions afin de vérifier si vous et votre enfant entrez dans mes quotas puis j'interroge votre enfant tout seul pendant environ 45 minutes et ensuite je vous pose à votre tour quelques questions.

---

Q1. Avez-vous dans votre foyer un enfant de 12 ans, c'est-à-dire né entre le 1er janvier 1976 et le 31 décembre 1976 ?

OUI........................ 1
NON........................ 2 → STOP CONTACT

Q2. Est-ce...

... un garçon.................. 1
... une fille.................. 2

Q3. Vivez-vous avec un conjoint ?

OUI........................ 1
NON........................ 2 → STOP CONTACT

Q3 Bis. Votre conjoint est-il le père de l'enfant ?

OUI........................ 1
NON........................ 2

Q4. Votre conjoint a-t-il une activité professionnelle ?

OUI........................ 1
NON........................ 2 → Q5

Q5. Est-il...

- Au chômage................ 1
- Handicapé................. 2
- Retraité ou préretraité.... 3

Q.6a - Quelle est, ou quelle était son activité professionnelle ?
**Indiquer en clair puis coder**

| | | |
|---|---|---|
| . Ouvrier... | - qualifié.............. | 1 |
| | - spécialisé, manoeuvre. | 2 |
| . Employé... | - de commerce........... | 3 |
| | - de bureau............. | 4 |
| . Instituteur........................... | | 5 |
| . Cadre moyen | - administratif......... | 6 |
| | - technique............. | 7 |
| . Professeur........................ | | 8 |
| . Cadres supérieurs | - administratif......... | 9 |
| | - ingénieur............. | 0 |
| . Autre............................... | ! **Stop contact** | X |

Q.6b - Il est professeur dans...

| | |
|---|---|
| ... un CES.................................... | 1 |
| ... un lycée.................................. | 2 |
| ... un établissement d'enseignement supérieur.. | 3 |

Q.6c - Est-il salarié...

| | |
|---|---|
| ... de l'état, collectivités locales y compris Hopitaux, Sécurité Sociale. | 1 |
| ... du secteur nationalisé.............. | 2 |
| ... du secteur privé.................... | 3 |

## QUESTIONNAIRE LECTURE 1 ENFANT

Q1. En quelle année es-tu né(e) ? |1|9| | |

**Voir quota : hors 1976 = stop contact**

Q2. En quelle classe es-tu ?

En CM.2.................... 1
En 6ème.................... 2
En 5ème.................... 3
En 4ème.................... 4

Q.3a Et quelle est ta première langue vivante ?

- anglais.......................... 1
- allemand......................... 2
- autre............................ 3

Q.3b Aimes-tu l'école ?

Oui, beaucoup................1
Oui, assez...................2
Oui, un peu..................3
Non, pas du tout.............4

Q4. Tout d'abord, je vais te citer des types d'ouvrages et pour chacun, tu me diras si tu les lis...
**Tendre liste**

| ... | REGULIEREMENT | DE TEMPS EN TEMPS | RAREMENT | JAMAIS |
|---|---|---|---|---|
| - Des bandes dessinées.............. | 1 | 2 | 3 | 4 |
| - Des revues,journaux, magazines..... | 1 | 2 | 3 | 4 |
| - Des romans ou contes.............. | 1 | 2 | 3 | 4 |
| - Des livres documentaires.......... | 1 | 2 | 3 | 4 |
| - Des livres-jeux................... | 1 | 2 | 3 | 4 |

SI 3 CODES 4 CERCLES
PASSER A Q.35

**Enq. Poser Q5. pour chaque type d'ouvrage lu, même rarement Voir Q4.**

Q5. Je vais maintenant te demander combien tu as lu depuis un mois, et en entier de... **(citer chaque type d'ouvrage lu)** et combien en as-tu feuilleté depuis un mois ?
**Laisser liste**

| | LU EN ENTIER | NSP | FEUILLETE | NSP |
|---|---|---|---|---|
| - bandes dessinées | ⊔⊔⊔⊔ | | ⊔⊔⊔⊔ | |
| - revues, journaux,magazines | ⊔⊔⊔⊔ | | ⊔⊔⊔⊔ | |
| - romans ou contes | ⊔⊔⊔⊔ | | ⊔⊔⊔⊔ | |
| - livres documentaires | ⊔⊔⊔⊔ | | ⊔⊔⊔⊔ | |
| - livres-jeux | ⊔⊔⊔⊔ | | ⊔⊔⊔⊔ | |

Q6. Et parmi ces types d'ouvrages, quel est celui que tu préfères en premier, en second ?
**Laisser liste**

| | - en 1er - | - en 2nd - |
|---|---|---|
| - bandes dessinées......... | 1 | 1 |
| - revues, journaux, magazines................. | 2 | 2 |
| - romans ou contes......... | 3 | 3 |
| - livres documentaires.... | 4 | 4 |
| - livres-jeux.............. | 5 | 5 |

Q7. Lis-tu régulièrement certains journaux ou magazines ?

Oui.............. 1
Non.............. 2 PASSEZ A Q9

Q8. Lesquels ?
**Enumérez**

| | OUI | NON |
|---|---|---|
| - Okapi, Je bouquine, J'aime lire (Bayard Presse). | 1 | 2 |
| - Mikado ( Edition Milan) .................... | 1 | 2 |
| - Mickey, Picsou, Pif, Spirou, Tintin.......... | 1 | 2 |
| - Ca m'intéresse, Science et vie, Science et Nature, Géo, Wapiti...................... | 1 | 2 |
| - Podium, Hit, O.K, (revues sur chanteurs et chansons)................................ | 1 | 2 |
| - Journaux de sport........................... | 1 | 2 |
| - Autre (préciser)............................ | 1 | 2 |

Q9. Es-tu en train de lire un livre **(précisez)** et non une bande dessinée ou un journal ou magazine ?

OUI.... 1 passez à Q11
NON..... 2

Q10. Depuis combien de temps n'as-tu pas lu en entier un livre **(précisez)**, et non une bande dessinée, journal, magazine ?

- Entre quelques jours et quinze jours.......... 1
- Entre quinze jours et un mois.................. 2
- Plus d'un mois........... 3
NSP.................... 4

Q11. Je vais te poser quelques questions sur le dernier livre que tu as lu.
Peux-tu me donner son titre ?

NSP...................... 9

Q12. Peux-tu me donner le nom de l'auteur de ce livre ?

NSP...................... 9

Q13. Et connais-tu le nom de l'éditeur ou de la collection de ce livre ?

Q14. Quel est le thème de ce livre ?

Q15. Et ce dernier livre, depuis combien de temps l'as-tu fini ?

- moins d'une semaine....... 1
- entre 1 semaine et 1 mois. 2
- plus longtemps............ 3
- NSP....................... 4

**Voir Q11. Q12. Q13.et coder**

L'enfant a cité :

. Les 3 éléments.... 1
. 2 éléments........ 2
. 1 élément......... 3
. aucun............. 4

Q16. Peux-tu me dire si ce dernier livre que tu as lu est à ton avis...

**Tendre liste**

... un roman.......... 1
... un documentaire.... 2
... un livre jeu....... 3
... autre (précisez)... 4
NSP............... 5

Q17. Et comment ce livre t'es-t-il parvenu entre les mains ?
**Tendre liste**

- Je l'ai emprunté à l'école........................ 1
- Je l'ai emprunté à une bibliothèque en dehors de l'école........................ 2
- Je l'ai acheté seul........................ 3
- Je l'ai acheté avec ma mère........................ 4
- Je l'ai acheté avec mon père........................ 5
- Je l'ai acheté avec quelqu'un d'autre de la famille........................ 6
- Je l'ai acheté avec un ou des copains........................ 7
- Un copain me l'a prêté........................ 8
- Un frère ou une soeur me l'a prêté........................ 9
- Je l'ai pris dans les livres de la maison........................ 0
- autre (précisez)........................ X
- on me l'a offert........................ Y

Q18. Qui te l'a offert ?

- Mon père........................ 1
- Ma mère........................ 2
- Quelqu'un d'autre........................ 3

Q19. Peux-tu me dire, parmi les raisons figurant sur cette liste, celle qui t'a poussé à acheter ou à emprunter ce livre.
**Tendre liste**

- l'un de mes parents me l'a conseillé........................ 1
- l'un de mes professeurs ou instituteur me l'a conseillé........................ 2
- l'un de mes copains me l'a conseillé........................ 3
- autre (précisez)........................ 4
- par hasard........................ 5

Parlons à présent de la lecture en général.

Q20. Parmi les thèmes de lecture suivants, peux-tu me dire quels sont les deux que tu préfères ? **(uniquement 2 réponses possibles)**
**Tendre liste**

- les enquêtes policières........................ 1
- les aventures........................ 2
- les histoires concernant des enfants de ton âge........................ 3
- les histoires d'amour........................ 4
- les animaux, la nature........................ 5
- le bricolage........................ 6
- les reportages, les pays lointains........................ 7
- l'histoire........................ 8
- les sciences, l'astronomie........................ 9
- la science fiction........................ 0
- les histoires comiques........................ X
- autre (précisez)........................ Y

Q21. Et parmi les livres qui traient de....**(citer 1er thème à Q20)** ou de...
**(citer 2ème thème à Q20)**
Est-ce que...

| | |
|---|---|
| ... n'importe quel livre t'interesse........ | 1 |
| ou ... tu préfères certains types de livres.... | 2 |

Q22. Et peux-tu me dire le nom de la collection ou de l'éditeur que tu préfères ?
**NE PAS ENUMERER**

| | |
|---|---|
| - Bibliothèque rose ou verte, Hachette.... | 1 |
| - Folio Jeunesse (junior), Gallimard...... | 2 |
| - Castor poche.......................... | 3 |
| - livre de Poche Jeunesse............... | 4 |
| - G.B. rouge et or...................... | 5 |
| - J'ai lu............................... | 6 |
| - Harlequin............................. | 7 |
| - autre (précisez)...................... | 8 |
| - aucune................................ | 9 |
| NSP..................................... | X |

Q23. Les jours d'école, combien de temps consacres-tu à la lecture, en dehors des livres scolaires, des bandes dessinées, des journaux ?
**Tendre liste**

| | | |
|---|---|---|
| - un quart d'heure ou moins....... | 1 | 1 |
| - entre 1/4 d'heure et 1/2 heure.. | 2 | 2 |
| - entre 1/2 heure et 1 heure...... | 3 | 3 |
| - 1 heure et plus................. | 4 | 4 |
| - je ne lis pas................... | 5 | 5 |
| - NSP............................. | 6 | 6 |

Q24. Et le dimanche, ou les jours où tu n'as pas école, combien de temps consacres-tu à la lecture d'un livre, toujours hors livres scolaires, bande dessinées, journaux ?
**(laisser liste)**

Q25. Parmi les raisons que tu peux avoir de lire, dis moi quelle est celle qui s'applique à toi.
**Tendre liste**

| | |
|---|---|
| - je lis parce que ça me fait plaisir..... | 1 |
| - je lis parce que mes parents me le demandent............................... | 2 |
| - je lis parce que, je suis obligé(e) par l'école et les professeurs.......... | 3 |
| - je lis parcequ'on me le demande, mais cela ne me déplait pas................. | 4 |
| - autre (précisez)........................ | 5 |

Q26 Et par rapport à avant, dirais-tu que...

| | |
|---|---|
| ... tu aimais mieux lire avant.............. | 1 |
| ... tu aimes mieux lire maintenant.......... | 2 |
| ... tu aimes autant lire qu'avant........... | 3 |
| ... NSP..................................... | 4 |

Q27. Quand tu lis, mets-tu ton doigt sur la ligne pour mieux suivre ?

- oui....... 1
- non....... 2

Q28. A l'école primaire, a-tu-eu des difficultés dans l'apprentissage de la lecture ?

Oui, beaucoup.................... 1
Oui, un peu...................... 2
Non pas du tout.................. 3
NSP.............................. 4

Q29. En général, d'où viennent les livres que tu lis ?
**Tendre liste**

- de l'école, de la bibliothéque de l'école, CDI... 1
- d'une autre bibliothèque, de quartier ou municipale.................................... 2
- de la maison.................................... 3
- d'amis, de copains.............................. 4
- ← autre (précisez).............................. 5
- on les achète.................................... 6

Q30 Où achètes-tu, toi-même ou tes parents, le plus souvent tes livres ?
**Enumerez**

- dans une librairie........... 1
- dans une grande surface...... 2
- dans un club................. 3
- autre........................ 4

Q31. Je vais te parler maintenant de livres conseillés par l'un de tes professeurs ou ton instituteur.

| | OUI | NON |
|---|---|---|
| - l'un de tes professeurs ou ton instituteur t'a-t-il donné une liste de livres........... | 1 | 2 |
| - l'un de tes professeurs ou ton instituteur t'a-t-il conseillé des livres.......... | 1 | 2 |

**Si les 2 codes 2 sont entourés**
**Passer à Q34**

Q32. Et combien de livres conseillés as-tu lu ?

- plusieurs.............. 1
- un seul................ 2
- aucun.................. 3

Q33. Et parmi les livres que t'a conseillés tes professeurs ou ton instituteur, y en avait-il que tu avais déjà lu ?

- oui............ 1
- non............ 2

Q34. Je vais maintenant te lire des titres de livres et pour chacun tu me diras, si tu le connais, si tu connais le nom de l'auteur et si tu l'as lu.

| TITRES **ENUMERER** | AUTEUR **NE PAS ENUMERER** | con-nais | bonne attri-bution | mau-vaise attri-bution | NSP | a lu | n'a pas lu |
|---|---|---|---|---|---|---|---|
| **Tendre liste** | | | | | | | |
| . Les contes du chat perché | Marcel AYME | 1 | 1 | 2 | 3 | 1 | 2 |
| . La gloire de mon père | Marcel PAGNOL | 2 | 1 | 2 | 3 | 1 | 2 |
| . L'enfant et la rivière | Henri BOSCO | 3 | 1 | 2 | 3 | 1 | 2 |
| . Poil de carotte | Jules RENARD | 4 | 1 | 2 | 3 | 1 | 2 |
| . Le petit Nicolas | * GOSCINNY et SEMPE | 5 | 1 | 2 | 3 | 1 | 2 |
| . Le grand Meaulnes | Alain FOURNIER | 6 | 1 | 2 | 3 | 1 | 2 |
| . L'appel de la forêt | Jack LONDON | 7 | 1 | 2 | 3 | 1 | 2 |

*** Si l'un des deux auteurs est cité ——→ coder bonne attribution**

**Indiquer le nombre de bonnes attributions** ! !

**Indiquer le nombre de livres lus** ! !

Q35. Aimes-tu lire ?

- beaucoup...................... 1
- assez......................... 2
- peu........................... 3
- pas du tout................... 4

Q36. Aimes-tu de temps en temps ne rien faire ?

- non, je cherche toujours quelque chose à faire.......... 1
- oui, j'aime bien ne rien faire quelquefois............. 2

Q37. Parmi ces deux choses, quelle est celle qui te plaît le mieux ?

- être sur une plage à bronzer au soleil..................... 1
- marcher dans la montagne....... 2

NSP.......................... 3

Q38. Parmi les activités que je vais te citer, peux-tu me dire quelle est celle que tu préfères en premier et celle que tu préfères en second, puis les autres.
**Tendre liste**

| | en 1er | en 2ème | ensuite | aucune |
|---|---|---|---|---|
| - jouer et sortir avec des copains, des amis............ | 1 | 2 | 3 | 4 |
| - écouter de la musique......... | 1 | 2 | 3 | 4 |
| - regarder la télévision........ | 1 | 2 | 3 | 4 |
| - lire.......................... | 1 | 2 | 3 | 4 |
| - cuisiner...................... | 1 | 2 | 3 | 4 |
| - faire du sport................ | 1 | 2 | 3 | 4 |
| - bricoler...................... | 1 | 2 | 3 | 4 |
| - me servir d'un micro-ordinateur.................... | 1 | 2 | 3 | 4 |
| - peindre, dessiner, ou pratiquer une autre activité artistique. | 1 | 2 | 3 | 4 |

Q39. Regardes-tu la télé...

... tous les jours ou presque....... 1
... 2/3 fois par semaine............ 2
... rarement........................ 3
... jamais.......................... 4
n'a pas de télévision........... 5

PASSER A Q.41

Q40. Lorsque tu regardes la télévision tous les jours, est-ce pendant...

... moins de 30 minutes.. 1
... entre 1/2 heure et 1 heure............. 2
... plus d'une heure..... 3
NSP................. 4

Q41. As-tu des amis ?

- NON................. 1
- OUI, un seul......... 2
- OUI, plusieurs....... 3

Q42. Fais-tu partie d'une bande d'amis ?

- OUI................. 1
- NON................. 2

Q43. T'arrive-t-il de parler de tes lectures avec tes amis ?

- régulièrement........ 1
- occasionellement..... 2
- jamais.............. 3

Q44. As-tu un amoureux, une amoureuse ?

- OUI................. 1
- NON................. 2

Q45. Si tu avais pu choisir, aurais-tu préféré être un garçon **(si l'interviewée est une fille)** une fille **(si l'interviewé est un garçon)**

- OUI................. 1
- NON................. 2
- ça dépend........... 3

Q46. En français, dans ta classe, es-tu...

| | Q46 | Q47 |
|---|---|---|
| ... très bon........... | 1 | 1 |
| ... bon................. | 2 | 2 |
| ... moyen............... | 3 | 3 |
| ... mauvais............. | 4 | 4 |
| ... nul................. | 5 | 5 |
| NSP................. | 6 | 6 |

Q47. Et en mathématiques ?

Q48. Si on te parle de quelqu'un qui a fait fortune en quelques années, éprouves-tu à son égard...

... plutôt de l'admiration...................... 1
... plutôt de la méfiance....................... 2
... ni l'un ni l'autre.......................... 3

Q49. Voici une liste de choses qui peuvent arriver, peux-tu me dire pour chacune si à ton avis elle mérite une sanction, si elle est grave, si elle n'est pas vraiment grave elle est normale.

**Tendre liste**

| | NORMALE | PAS VRAI-MENT GRAVE | GRAVE | MERITE UNE SANCTION | NSP |
|---|---|---|---|---|---|
| tricher à un examen, à un contrôle........................ | 1 | 2 | 3 | 4 | 5 |
| rouler à 100 km/heure sur une route ordinaire................ | 1 | 2 | 3 | 4 | 5 |
| voler dans un rayon d'un grand.. magasin........................ | 1 | 2 | 3 | 4 | 5 |
| piquer de l'argent dans le porte-monnaie de ses parents.... | 1 | 2 | 3 | 4 | 5 |

**Indiquer le nombre de codes entourés pour les items**

**- c'est grave** |__|

**- ça mérite une sanction** |__|

Q50. A table, en famille dois-tu...

| | OUI | NON |
|---|---|---|
| ... manger de tout............. | 1 | 2 |
| ... finir ton assiette.......... | 1 | 2 |
| ... mettre tes mains sur la table | 1 | 2 |
| ... ne pas parler la bouche pleine | 1 | 2 |

**Enquêteur indiquer le nombre de OUI** |____|

Q51. Quand tu as des soucis, à qui te confies-tu de préférence ?

- ton père.................. 1
- ta mère................... 2
- les deux.................. 3
- ton frère/ta soeur........ 4
- tes amis.................. 5
- autre..................... 6
- à personne................ 7

Q52. Chez toi, as-tu le droit...

| | OUI | NON |
|---|---|---|
| ... de regarder n'importe quelle émission de télévision.............................. | 1 | 2 |
| ... de donner ton avis dans toutes les conversations........................... | 1 | 2 |
| ... de porter les vêtements que tu veux...... | 1 | 2 |
| ... de manger quand tu en as envie.......... | 1 | 2 |

**Enquêteur indiquer le nombre de OUI |__|**

Q53. En France, quel est le problème qui te paraît le plus grave ?
**Enumérer une seule réponse possible**

- le chômage................ 1
- le racisme................ 2
- la sauvegarde de la nature 3
- la délinquance............ 4

Q54. En politique, de quel côté penches-tu ?

- à droite................. 1
- à gauche................. 2
- au centre................ 3
- ne s'intéresse pas à la politique........... 4
- refus.................... 5

NSP...................... 6

Q55. Selon toi, pour une femme qui a des enfants, est-il préférable qu'elle....

| | Q55 | Q56 |
|---|---|---|
| ... ait un travail à l'extérieur à temps plein......... | 1 | 1 |
| ... ait un travail à l'extérieur à mi-temps............ | 2 | 2 |
| ... reste à la maison.................................. | 3 | 3 |

Q56. Et pour un homme ? ↑

Q57. Es-tu...

... catholique................ 1
... protestant................ 2
... d'une autre religion...... 3
... sans religion............. 4 → ! PASSER A Q59

Q58. Vas-tu à l'église ou dans un autre lieu de culte...

... plus d'une fois par mois.................... 1
... plusieurs fois dans l'année................ 2
... rarement................. 3
... jamais................... 4

Q59. Si tu avais à choisir parmi les emplois suivants, lequel choisirais-tu ?
**Tendre liste**

un emploi de...

| | |
|---|---|
| ... cadre dirigeant d'entreprise .. | 1 |
| ... médecin........................ | 2 |
| ... haut fonctionnaire............. | 3 |
| ... journaliste.................... | 4 |
| ... chercheur...................... | 5 |
| ... ingénieur...................... | 6 |
| ... professeur..................... | 7 |
| ... juge pour enfants.............. | 8 |
| ... pilote de lignes............... | 9 |
| ... aucun.......................... | 0 |
| NSP............................ | X |

Q60. Pour finir, quel est ton poids ? |__|__| Kgs

Q61. Et quelle est ta taille ? |1m| |__|__|

## QUESTIONNAIRE LECTURE 2 MERE

Q1. Quel est le dernier diplôme le plus élevé que vous avez obtenu ?

Q2. Et votre conjoint ?

Q3. La dernière école ou établissement d'enseignement que vous avez fréquenté à temps complet était-ce......

| | Q3 | Q4 |
|---|---|---|
| - Une école primaire.................. | 1 | 1 |
| - Un collège ou lycée d'enseignement technique, commercial ou professionnel | 2 | 2 |
| - Un collège ou lycée d'enseignement général............................ | 3 | 3 |
| - Un établissement d'enseignement universitaire....................... | 4 | 4 |
| - Une grande école.................... | 5 | 5 |
| - Autre (Précisez).................... | 6 | 5 |

Q4. Et votre conjoint ?

Q5. Avez-vous une activité professionnelle ?

OUI à plein temps........................ 1
OUI à temps partiel...................... 2
NON...................................... 3

PASSER A Q7

Q6. Laquelle ?
**Indiquer en clair et coder**

- professeur.......................... 1
- profession libérale, ingénieur cadre supérieur.................. 2
- instituteur......................... 3
- profession intermédiaire de la santé et de la fonction publique. 4
- cadre moyen administratif........ 5
- cadre moyen technicien........... 6
- employé administratif............ 7
- employé de commerce.............. 8
- personnel de service............. 9
- ouvrier qualifié.................. 0
- ouvrier non qualifié............. X
- agricultrice..................... Y
- industrielle-gros commerçant..... 1
- artisan-petit commerçant......... 2

Q7. Etes-vous...

... salariée de l'état, des collectivités locales, y compris hopitaux et Sécurité Sociale.................. 1
... salariée du secteur nationalisé..... 2
... salarié du secteur privé........... 3

Q8. Quel est votre âge ? |__|__|

Q9. Et celui de votre conjoint ? |__|__|

Q10. Combien d'enfant(s) avez-vous ? |__|__|

**Poser Q11. si plus de un enfant à Q10. - Sinon passer à Q.12**

Q11. Et quelle est la position de l'enfant que je viens d'interroger ? |__| position

Q12. Etes-vous, ou votre conjoint, personnellement abonné(e) à un club ?

- OUI...... 1
- NON...... 2 → PASSER A Q14

Q13. Lequel ?

Q14. Etes-vous ou votre conjoint personnellement inscrit à une bibliothèque ?

- OUI...... 1
- NON...... 2

Q15. Et votre enfant, est-il inscrit à une bibliothèque autre que la bibliothèque scolaire ?

- OUI...... 1
- NON...... 2

Q16. Personnellement, combien de livres en dehors des bandes dessinées, magazines, journaux, livres scolaires, lisez-vous par mois ?

Q17. Et votre conjoint ?

| | Q16 | Q17 |
|---|---|---|
| - 1 ou moins............. | 1 | 1 |
| - 2 ou 3................. | 2 | 2 |
| - 4 ou 5................. | 3 | 3 |
| - Plus de 5.............. | 4 | 4 |
| NSP...................... | 5 | 5 |

Q18. Depuis trois mois, vous est-il arrivé de visiter un musée ?

| | |
|---|---|
| OUI, un seul........... | 1. |
| OUI, 2 ou plus......... | 2 |
| NON.................... | 3 |
| NSP.................... | 4 |

Q19. Parmi les collections de livres suivantes, pouvez-vous me dire quelles sont toutes celles que vous connaissez, ne serait-ce que de nom ?
**Tendre liste**

Q20. Vous arrive-t-il de surveiller(vous-même ou votre conjoint) les lectures de votre enfant ?

- OUI, régulièrement..... 1
- OUI, de temps en temps. 2
- rarement.............. 3
- jamais................ 4

Q21. Pour quelles raisons ?
**Tendre liste**

- pour éviter qu'il ne lise trop de bandes dessinées, de livres illustrés........................................... 1
- pour éviter qu'il ne lise des livres qui ne sont pas de son âge............................................... 2
- pour éviter qu'il ne lise certains livres mal écrits, ou trop médiocres........................................ 3
- pour éviter certains livres immoraux....................... 4
- autre (précisez)........................................ 5

Q22. A votre avis, votre enfant lit-il ?

- suffisamment............ 1
- insuffisamment.......... 2
- trop.................... 3

Q23. Incitez-vous, vous-même ou votre conjoint, votre enfant à lire ?

- régulièrement........... 1
- occasionellement........ 2
- jamais.................. 3

Q24. Vous arrive-t-il de feuilleter les livres que votre enfant apporte à la maison ?

Q25. Et vous arrive-t-il, vous même ou votre conjoint, de parler avec lui de ses ectures ?

| | Q24 | Q25 |
|---|---|---|
| - régulièrement.......... | 1 | 1 |
| - occasionellement....... | 2 | 2 |
| - jamais................. | 3 | 3 |

Q26. En dehors des activités strictement scolaires, votre enfant est-il inscrit à des activités sportives, artistiques ou participe-t-il à des activités de groupe d'enfants ?

- OUI....................... 1
- NON....................... 2 → PASSER A Q.29

Q27. Combien en pratique-t-il ?

- 1......................... 1
- 2......................... 2
- 3 et plus................. 3

Q28. Laquelle, lesquelles ?

**Ne pas énumérer. Indiquer en clair et coder**

- artistique...... 1
- sportive........ 2
- groupe de jeunes (scoutisme)..... 3

Q29. Je vais vous lire des phrases concernant votre enfant et pour chacune vous me direz si elle s'applique, tout à fait, assez, peu ou pas du tout à lui ?

**Tendre liste**

| Votre enfant est... | TOUT A FAIT | ASSEZ | PEU | PAS DU TOUT | NSP |
|---|---|---|---|---|---|
| ... habituellement de bonne humeur...... | 1 | 2 | 3 | 4 | 5 |
| ... bébé pour son âge................. | 1 | 2 | 3 | 4 | 5 |
| ... timide.......... | 1 | 2 | 3 | 4 | 5 |
| ... vif............. | 1 | 2 | 3 | 4 | 5 |
| ... manuel, bricoleur | 1 | 2 | 3 | 4 | 5 |
| ... intellectuel..... | 1 | 2 | 3 | 4 | 5 |

Q30. En classe, diriez-vous que votre enfant est considéré comme un élève....

- très bon............... 1
- bon.................... 2
- moyen.................. 3
- mauvais................ 4
- très mauvais........... 5
- NSP.................... 6

Q31. Parmi ces trois attitudes quelle est celle qui vous paraît, en tant que mère, la plus importante ?
**Une seule réponse possible**
**Tendre liste**

- Je veux aider mon enfant à réussir ses études.............. 1
- Je veux aider sa personnalité à s'épanouir................. 2
- Je veux lui apporter beaucoup d'affection.................. 3
- aucune............................ 4
- NSP............................... 5

Q32. Quelle importance donnez-vous à l'obéissance dans l'éducation de votre enfant, est-ce pour vous...

| | |
|---|---|
| ... très important | 1 |
| ... assez important | 2 |
| ... peu important | 3 |
| ... pas du tout | 4 |

Q33. Selon vous, qu'apporte surtout la lecture à un enfant ?
**Tendre liste, uniquement 2 réponses possibles**

| | |
|---|---|
| - de bonnes bases d'orthographe et de vocabulaire | 1 |
| - de la culture générale | 2 |
| - cela développe son imagination | 3 |
| - du plaisir | 4 |
| - autre (Précisez) | 5 |

Q34. Jusqu'à quel âge pensez-vous que votre enfant poursuivra ses études ?

| | |
|---|---|
| - 16-17 ans | 1 |
| - 18-19 ans | 2 |
| - 20-21 ans | 3 |
| - 22-23 ans | 4 |
| - 24-25 ans | 5 |
| - 26 et plus | 6 |
| NSP | 7 |

Q35. Et quel niveau de formation pensez-vous qu'il atteindra ?
**Tendre liste**

| | |
|---|---|
| - BEP-CAP | 1 |
| - Bac technique | 2 |
| - Bac général | 3 |
| - DEUG/BTS (Bac+2) | 4 |
| - Licence maitrise | 5 |
| - Diplôme d'ingénieur ou doctorat | 6 |
| NSP | 7 |

Q36. Souhaitez-vous que votre enfant plus tard soit fonctionnaire ?

| | |
|---|---|
| - OUI | 1 |
| - NON | 2 |
| - ça m'est égal | 3 |

Q37. Etes-vous fier de votre enfant ?

| | |
|---|---|
| - OUI | 1 |
| - NON | 2 |

Q38. Votre enfant vous embrasse-t-il...

| | |
|---|---|
| ... tous les jours | 1 |
| ... souvent | 2 |
| ... parfois | 3 |
| ... jamais | 4 |

Q39. Vous entendez-vous avec votre enfant...

| | |
|---|---|
| ... très bien................ | 1 |
| ... plutôt bien.............. | 2 |
| ... plutôt mal............... | 3 |
| ... très mal................. | 4 |

Q40. La santé de votre enfant est selon vous...

| | |
|---|---|
| ... très bonne............ | 1 |
| ... bonne................. | 2 |
| ... moyenne............... | 3 |
| ... mauvaise.............. | 4 |

Q41. Donnez-vous une somme fixe par mois à votre enfant ?

| | |
|---|---|
| - OUI.................... | 1 |
| - NON.................... | 2 |

PASSER A Q43

Q42. Combien ?

Q43. Dans votre foyer qui s'occupe des tâches ménagères suivantes, est-ce le plus souvent...

| ... | VOUS-MEME | VOTRE CONJOINT | QUELQU'UN D'AUTRE |
|---|---|---|---|
| - la cuisine........... | 1 | 2 | 3 |
| - la lessive........... | 1 | 2 | 3 |
| - le repassage.......... | 1 | 2 | 3 |
| - l'aide scolaires aux enfants.......... | 1 | 2 | 3 |

Q44. Quelle est votre nationalité ?

Q45. Et celle de votre conjoint ?

---

Q46. Catégorie d'agglomération :

| | |
|---|---|
| .commune rurale de moins de 2 000 habitants.................. | 1 |
| . ville ou agglo de 2 000 à 19 999 habitants................. | 2 |
| . ville ou agglo de 20 000 à 99 000 habitants................ | 3 |
| . ville ou agglo de 100 000 à 199 999 habitants.............. | 4 |
| . ville ou agglo de 200 000 habitants et plus................ | 5 |
| . agglomération parisienne................................... | 6 |

Nom de l'interviewé : ____________________

Adresse : ____________________

Localité : ____________________

Département : / / /

# QUESTIONNAIRE ENFANT

### LISTE RÉPONSE Q.4 — Q.5 — Q.6

— Bandes dessinées
— Revues, journaux, magazines
— Romans ou contes
— Livres documentaires
— Livres-jeux

### LISTE RÉPONSE Q.16

— Roman
— Documentaire
— Livre-jeu
— Autre (précisez)

### LISTE RÉPONSE Q.17

— Je l'ai emprunté
  - à l'école
  - à une bibliothèque en dehors de l'école

— Je l'ai acheté
  - seul
  - avec ma mère
  - avec mon père
  - avec quelqu'un d'autre de la famille
  - avec un ou des copains

— On me l'a prêté
  - un copain
  - un frère ou une sœur

— Je l'ai pris dans les livres de la maison
— On me l'a offert
— Autre (précisez)

### LISTE RÉPONSE Q.19

— L'un de mes parents me l'a conseillé
— L'un de mes professeurs ou instituteur me l'a conseillé
— L'un de mes copains me l'a conseillé
— Par hasard
— Autre (précisez)

### LISTE RÉPONSE Q.20

— Les enquêtes policières
— Les aventures
— Les histoires concernant les enfants de ton âge
— Les histoires d'amour
— Les animaux, la nature
— Le bricolage
— Les reportages, les pays lointains
— L'histoire
— Les sciences, l'astronomie
— La science fiction
— Les histoires comiques
— Autre (précisez)

**LISTE RÉPONSE Q.23 et Q.24**

— Un quart d'heure ou moins
— Entre 1/4 d'heure et 1/2 heure
— Entre 1/2 heure et 1 heure
— 1 heure et plus
— Je ne lis pas

**LISTE RÉPONSE Q.25**

— Je lis parce que ça me fait plaisir
— Je lis parce que mes parents me le demandent
— Je lis parce que je suis obligé(e) par l'école et les professeurs
— Je lis parce qu'on me le demande, mais cela ne me déplaît pas
— Autre (précisez)

**LISTE RÉPONSE Q.29**

— De l'école, de la bibliothèque de l'école, CDI
— D'une autre bibliothèque, de quartier ou municipale
— De la maison
— D'amis, de copains
— On les achète
— Autre (précisez)

**LISTE RÉPONSE Q.34**

— Les Contes du chat perché
— La Gloire de mon père
— L'Enfant et la rivière
— Poil de carotte
— Le petit Nicolas
— Le grand Meaulnes
— L'Appel de la forêt

**LISTE RÉPONSE Q.38**

— Jouer et sortir avec des copains, des amis
— Écouter de la musique
— Regarder la télévision
— Lire
— Cuisiner
— Faire du sport
— Bricoler
— Me servir d'un micro-ordinateur
— Peindre, dessiner, ou pratiquer une autre activité artistique

**LISTE RÉPONSE Q.49**

— Normale
— Pas vraiment grave
— Grave
— Mérite une sanction

# QUESTIONNAIRE MÈRE

### LISTE RÉPONSE Q.21

— Pour éviter qu'il ne lise trop de bandes dessinées, de livres illustrés
— Pour éviter qu'il ne lise des livres qui ne sont pas de son âge
— Pour éviter qu'il ne lise certains livres mal écrits, ou trop médiocres
— Pour éviter certains livres immoraux
— Autre (précisez)

### LISTE RÉPONSE Q.29

— Tout à fait
— Assez
— Peu
— Pas du tout

### LISTE RÉPONSE Q.31

— Je veux aider mon enfant à réussir ses études
— Je veux aider sa personnalité à s'épanouir
— Je veux lui apporter beaucoup d'affection
— Aucune

### LISTE RÉPONSE Q.33

— De bonnes bases d'orthographe et de vocabulaire
— De la culture générale
— Cela développe son imagination
— Du plaisir
— Autre (précisez)

### LISTE RÉPONSE Q.35

— BEP-CAP
— Bac technique
— Bac général
— DEUG/BTS (Bac + 2)
— Licence maîtrise
— Diplôme d'ingénieur ou doctorat

### LISTE RÉPONSE Q.59

Un emploi de:
— Cadre dirigeant d'entreprise
— Médecin
— Haut fonctionnaire
— Journaliste
— Chercheur
— Ingénieur
— Professeur
— Juge pour enfants
— Pilote de lignes

# TABLE DES MATIÈRES



Imprimé en France en octobre 1989 sur les presses de l'Imprimerie Carlo Descamps
à Condé-sur-l'Escaut — N° d'éditeur : H50072 I (D.o. VII) GH — N° d'imprimeur : 6091